Bibliothek
Arabischer Erzähler

Der syrische Emir Usâma ibn Munqidh (1095–1188) war eine der interessantesten Gestalten des syrischen Arabertums zur Zeit der Kreuzzüge – ein Ritter und Jäger, Literat und Höfling. Seine Memoiren sind ein einzigartiges Dokument der Mentalität, der Sitten und des Alltags eines moslemischen Adligen im 12. Jahrhundert.

»... eine Perle der arabischen Literatur des Mittelalters.«
Kölnische Rundschau

Herausgeber und Übersetzer
Prof. Gernot Rotter, geboren 1941, studierte in Würzburg, Bonn und Köln Islamkunde, Afrikanistik und vergleichende Religionswissenschaft.
1968/69 arbeitete er als wissenschaftlicher Referent am Orient-Institut der Deutschen Morgenländischen Gesellschaft in Beirut und unternahm zahlreiche Reisen im Vorderen Orient, in Nord- und Ostafrika. Er habilitierte sich 1977, war mehrere Jahre Direktor des Orient-Instituts in Beirut und lehrt heute in Hamburg.

Die »Bibliothek Arabischer Erzähler« besteht aus zehn Bänden.
Außer dem vorliegenden Band sind
als Goldmann-Taschenbücher lieferbar:

Ibn Ishâg, Das Leben des Propheten (8773)
Abu l-Faradsch, Und der Kalif beschenkte ihn reichlich (8774)
Al-Mas'ûdî, Bis zu den Grenzen der Erde (8775)
Al-Hamadhânî, Vernunft ist nichts als Narretei (8777)
Löwe und Schakal – Altarabische Fabeln (8778)
Ibn Challikân, Die Söhne der Zeit (8779)
Ibn Dschubair, Taschenbuch eines Mekkapilgers (8780)
Al-Qazwînî, Die Wunder des Himmels und der Erde (8781)
Ibn Iyâs, Alltagsnotizen eines ägyptischen Bürgers (8782)

Usâma ibn Munqidh

EIN LEBEN IM KAMPF GEGEN KREUZRITTERHEERE

Aus dem Arabischen übertragen
und bearbeitet von
Gernot Rotter

Goldmann Verlag

Bibliothek Arabischer Erzähler
herausgegeben von Gernot Rotter

Umschlagbild: Das Fest Sultan Murats III. zur Beschneidung seines Sohnes Mehmet in Istanbul, 1583. Zeitgenössische Buchmalerei aus dem »Buch der Feste« (Ausschnitt: Bettler als Zaungäste).

Der Goldmann Verlag
ist ein Unternehmen der Verlagsgruppe Bertelsmann

Made in Germany · 10/88 · 1. Auflage
Genehmigte Taschenbuchausgabe

Umschlaggestaltung: Design Team München
Umschlagfoto: Archiv für Kunst und Geschichte, Berlin
Druck: Elsnerdruck, Berlin
Verlagsnummer: 8776
Au · Herstellung: Heidrun Nawrot
ISBN 3-442-08776-7

INHALT

VORWORT

Syrien im 11. und 12. Jahrhundert

Verläßt man auf der Fahrt von Damaskus nach Aleppo im Norden Syriens in der Stadt Hama die vorzügliche Autostraße und folgt in Richtung Nordwesten einer Piste, die am linken Ufer des Orontes entlangführt, so gelangt man nach etwa 25 km Fahrt an einen Steilfelsen, der an drei Seiten vom Orontes umspült wird und auf dem sich die Ruinen einer ausgedehnten Festungsanlage erheben. Der Reisende hat Schaizar vor sich, das schon in Inschriften aus der Mitte des zweiten vorchristlichen Jahrtausends erwähnt wird und wo am 4. Juli 1095 unserer Zeitrechnung der Ritter Usâma ibn Munqidh, der Autor der vorliegenden Memoiren, geboren wurde.

Seit in der Mitte des achten Jahrhunderts das Reich der omaijadischen Kalifen zusammengebrochen war und Bagdad, die neue glänzende Metropole der abbasidischen Kalifen, Damaskus als Zentrum der arabisch-islamischen Welt abgelöst hatte, war Syrien nicht mehr aus seiner politischen Ohnmacht erwacht. Über hundert Jahre wurde es zunächst von Statthaltern, die der Kalif aus Bagdad entsandte, regiert, bevor es von 877 bis 905 – erstmals in islamischer Zeit – unter die Kontrolle Ägyptens geriet, wo die turkstämmigen Tulûniden weitgehende Unabhängigkeit von Bagdad erlangt hatten. Syrien hatte wieder begonnen, seine so alte wie undankbare Rolle als Zankapfel zwischen dem Irak und Ägypten zu spielen. Das Ende der Tulûniden brachte wieder die Kontrolle Bagdads mit sich, doch schon 935 erhielt Syrien einen neuen Herrn mit den Ichschîdiden, deren Vorfahren aus Zentralasien stammten und die – nur nominell vom Kalifen in Bagdad abhängig – in Ägypten für drei Jahrzehnte eine eigene Dynastie etablierten. Erstmals wurde in diesen Jahren auch die noch heute spürbare Spannung innerhalb Syriens zwischen Damaskus im Süden und Aleppo im Norden sichtbar. Von Mesopotamien aus gelang es den Hamdâniden, einer Sippe aus arabischem Stammesadel, sich zur Schutzmacht der Kalifen von Bagdad aufzuschwingen, und im Jahre 944 besetzte Saifaddaula, der berühmteste Sproß dieser Dynastie, Aleppo und entzog es der Kontrolle der von Ägypten aus regierenden Ichschîdiden, die aber weiterhin im Besitz von Damaskus und damit des südlichen Syriens blieben. An dieser

Zweiteilung Syriens änderte sich auch nichts, als die Ichschîdiden in Ägypten im Jahre 969 durch die aus dem westlichen Nordafrika vordringenden Fâtimiden abgelöst wurden. Die fâtimidischen Kalifen, die Gründer der Stadt Kairo, standen als glühende Verfechter einer bestimmten Richtung des schiitischen Islam in Konfrontation zu den abbasidischen Kalifen von Bagdad, die den sunnitischen oder orthodoxen Islam vertraten. Die Fâtimiden versuchten nun in den folgenden drei Jahrzehnten, auch den Norden Syriens ihrem Herrschaftsgebiet einzuverleiben, was ihnen aber erst um die Jahrtausendwende, als die Dynastie der Hamdâniden von Aleppo zusammenbrach, für einige Zeit gelang. Die Hamdâniden von Aleppo mußten sich in diesen Jahren jedoch nicht nur der fâtmidischen Einflußnahme ständig erwehren, sondern sahen sich in zunehmendem Maße auch von Byzanz bedrängt. In ihrem verzweifelten Versuch, eine gewisse Selbständigkeit zu bewahren, waren sie gezwungen, bald mit der einen und bald mit der anderen Seite zu paktieren.
Die bedeutende strategische Position der Festung Schaizar am Oberlauf des Orontes bewog den byzantinischen Kaiser Basileios II. während eines Feldzugs im Jahre 999, eine ständige Garnison in die Festung zu legen, um auf diese Weise das Territorium von Antiochia, das die Byzantiner schon 969 den Muslimen entrissen hatten, nach Süden hin zu schützen. Schaizar blieb danach bis 1081 in byzantinischer Hand, während sich Aleppo, das inzwischen von der arabischen Dynastie der Mirdâsiden regiert wurde, in all diesen Jahren weiter mit wechselndem Erfolg den ständigen Angriffen der Fâtimiden zur Wehr setzte. Es war der Begründer dieser Mirdâsiden, der um 1025 einem Vorfahren unseres Usâma das Land nordöstlich von Schaizar als Lehen schenkte, doch erst Usâmas Großvater Alî ibn Muqallad gelang es im Dezember 1081, Schaizar selbst in seinen Besitz zu bringen und damit den Banu Munqidh – unter diesem Namen ging das Fürstengeschlecht in die Geschichte ein – ein wehrhaftes Zentrum zu schaffen. Als Alî bereits im folgenden Jahr starb, übernahm sein ältester Sohn Izzaddaula die Leitung des Emirats von Schaizar, das damals mit den Städten Kafartâb, Apamea und Lâdhiqîja seine größte je erreichte territoriale Ausdehnung besaß.
Schaizar hätte dank der klugen und diplomatisch geschickten Staatsführung seiner Emire gewiß für längere Zeit eine bedeutende Rolle in Mittelsyrien spielen können, wenn es nicht schon bald aufgrund sei-

ner geographischen Lage mitten in die gewaltigen Umwälzungen hineingezogen worden wäre, die in den folgenden Jahren die politische und militärische Landschaft des Vorderen Orients völlig veränderten.
In der ersten Hälfte des 11. Jahrhunderts waren die nomadischen Seldschuken von Turkestan in Zentralasien unaufhaltsam nach Westen vorgedrungen und hatten sich bereits Persien und den Irak unterworfen. Im Dezember 1055 mußte der abbasidische Kalif den Seldschuken die Tore Bagdads öffnen, und die Seldschuken wurden – erstmals mit dem Titel Sultan – die neue Schutzmacht des Kalifats. Als glühende Verfechter des sunnitischen Islams sahen sie es als ihre religiöse Pflicht an, einerseits die schiitischen Fâtimiden von Ägypten, die zweite islamische Großmacht jener Zeit, aufs schärfste zu bekämpfen und andererseits den Kampf gegen Byzanz wiederaufzunehmen. In den siebziger Jahren konnten sie sich Aleppo abhängig machen und sich durch den Sieg über den byzantinischen Kaiser bei Manzikert (1071) in Armenien ganz Kleinasien unterwerfen, womit sie den Grundstein für die Islamisierung und Türkifizierung dieses Gebietes legten. Im Jahre 1084 fiel ihnen schließlich auch Antiochia, die letzte byzantinische Bastion auf syrischem Boden, in die Hände. Ebenfalls in den siebziger Jahren gelang es ihnen auch, die Fâtimiden aus Jerusalem und Damaskus zu vertreiben.
Die Söhne und Enkel des seldschukischen Eroberers Tutusch herrschten in Damaskus bis 1104 und in Aleppo bis 1117, doch waren sie, zum Teil aufgrund innerer Zwistigkeiten, nicht in der Lage, in Syrien stabile politische und militärische Verhältnisse zu schaffen. Dies gestattete zwar einerseits einigen kleinen lokalen Dynastien, so auch den Emiren von Schaizar, durch geschicktes Taktieren weitgehend selbständig zu bleiben, ermöglichte es aber auch wieder anderen Mächten, von außen nach Syrien einzudringen. So konnten die Fâtimiden noch vor der Jahrhundertwende erneut große Teile Palästinas einschließlich Jerusalems unter ihre Kontrolle bringen. Völlig unvorbereitet bekam es das in sich zerstrittene Syrien aber nun mit den Kreuzfahrern zu tun, einem bislang unbekannten Angreifer, dessen Kampfmoral und Aggressivität man anfangs völlig unterschätzte. Nachdem die Kreuzfahrer, die von den Muslimen generell »Franken« genannt wurden, bereits im ersten Ansturm Edessa (1098), Antiochia (1098) und ihr Hauptziel Jerusalem (1099) erreicht hatten, konnten sie sich im darauffolgenden Jahrzehnt in fast allen

syrischen und palästinensischen Küstenstädten festsetzen und erreichten 1116 sogar Ailat am Roten Meer. Damit schoben sich die Kreuzfahrerstaaten wie ein Keil zwischen den östlichen und den westlichen Teil der islamischen Welt.
Im Binnenland von Syrien vermochten sich zwar Aleppo und Damaskus, wie übrigens auch Schaizar, der Kreuzfahrer zu erwehren, doch fehlte eine einende Hand, die die Muslime zu einem gemeinsamen Vorgehen gegen die Kreuzfahrerstaaten, zwischen denen ja auch immer wieder starke Gegensätze ausbrachen, hätte bewegen können. Anfang des 12. Jahrhunderts mußten die seldschukischen Herrscher von Aleppo und Damaskus die Macht an ihre ehemaligen militärischen Oberbefehlshaber, an die Atabeks (zum Begriff vgl. das Namenregister) abtreten, die sogleich wieder eigene Dynastien bildeten. Ihr Interesse galt mehr der Sicherung ihrer eigenen Kleinstaaten als dem gemeinsamen Heiligen Krieg gegen die christlichen Eindringlinge aus dem Abendland.
Die Ereignisse des Jahres 1115 – unser Autor war damals zwanzig Jahre alt – mögen als charakteristisches Beispiel dafür dienen, zu welch paradoxen Zweckbündnissen es in dieser Zeit kommen konnte: In Damaskus regierte seit 1103 der Atabek Tughtakîn, während Aleppo zwar noch einen seldschukischen Herrscher hatte, die tatsächliche Macht in der Stadt aber von dem Atabek des jugendlichen Fürsten, dem Eunuchen Lu'lu', ausgeübt wurde. Im nördlichen Mesopotamien herrschte ein weiterer Atabek, nämlich Nadschmaddîn Îlghâzî, der Begründer der Ortoqiden-Dynastie von Mardin. Im Auftrag des irakischen Großseldschuken Mohammed rückte im Frühjahr 1115 der Feldherr Bursuq mit einem starken Heer vom Irak nach Nordsyrien vor. Er sollte Aleppo als Standort wählen, um einerseits eine Strafexpedition gegen Tughtakîn zu führen, mit dem es zuvor zu Differenzen gekommen war, und andererseits dem Heiligen Krieg gegen die Kreuzfahrer einen neuen Impuls geben. Der Eunuch Lu'lu' dachte jedoch nicht daran, Bursuq die Tore von Aleppo zu öffnen, sondern bat Tughtakîn von Damaskus und Nadschmaddîn von Mardîn um Hilfe, und diese beiden wiederum wandten sich an Roger von Antiochia um Unterstützung. In der Nähe von Apamea bezogen die seltsamen Verbündeten Stellung, allerdings in zwei verschiedenen Lagern, um Bursuq entgegenzutreten. Roger erhielt auch noch Unterstützung von den anderen Kreuzfahrerfür-

sten, König Baldium I. von Jerusalem, Balduin II. von Edessa und Pons, dem Grafen von Tripoli. Die Emire von Schaizar scheinen es dagegen mit Bursuq gehalten zu haben. Nach längerem Hin und Her wurde Bursuq in der Schlacht von Dânîth am 14. September von Roger vernichtend geschlagen. Die Kreuzfahrer metzelten dreitausend Männer nieder, versklavten die Frauen und übergaben die Kinder und Greise den Flammen. Gerächt wurde dieses Gemetzel erst vier Jahre später in einer Schlacht westlich von Aleppo, in der Roger gegen Nadschmaddîn, seinen früheren Verbündeten, selbst den Tod fand.

Eine Wende zugunsten der Muslime kündigte sich erst ein Vierteljahrhundert später an. Ihr Urheber war der Atabek Zankî, der den Ehrentitel Imâdaddîn, »Stütze des Glaubens«, trug und mit Recht als einer der Vorläufer des großen Saladin angesehen wird. Zankî war der Sohn eines Sklaven des Großseldschuken Malikschâh, wurde 1126 zum Militärgouverneur des Irak ernannt und übernahm ein Jahr später als Atabek die Provinz Mosul. Wieder ein Jahr später bemächtigte er sich Aleppos. In Nordmesopotamien vergrößerte er ständig sein Herrschaftsgebiet auf Kosten der Ortoqiden, und in Syrien konnte er die Nachkommen Tughtakîns in Damaskus immer stärker isolieren. Sein Ruhm gründet sich aber vor allem auf die Eroberung von Edessa, des ältesten Kreuzfahrerstaates, am Heiligen Abend des Jahres 1144. Die Schreckenskunde löste in Europa den zweiten Kreuzzug aus, der sich aber als Fehlschlag erwies. Als Zankî im Jahre 1146 von einem Sklaven ermordet wurde, fielen seine syrischen Besitzungen an seinen Sohn Mahmûd, der den Ehrentitel Nûraddîn, »Licht des Glaubens«, trug und sich als ebenso fähig wie sein Vater erwies. Er führte den Kampf gegen die Kreuzfahrer entschieden fort und erzielte vor allem im Gebiet von Antiochia beachtliche territoriale Gewinne. Mit der Eroberung von Damaskus im Jahre 1154 einte er das muslimische Syrien nach Jahrhunderten der Spaltung erstmals wieder unter einer einzigen Herrschaft. Auch Schaizar, das 1157 von einem schweren Erdbeben stark zerstört worden war, ging in den Besitz Nûraddîns über.

Gleichzeitig mit der Festigung der Herrschaft der Zankiden in Syrien zerfiel in Ägypten die Macht der Fâtimiden immer mehr, und Nûraddîn erkannte die einmalige Gelegenheit, die sich daraus ergab, nämlich einerseits dem schiitischen Kalifat in Kairo den Todesstoß zu versetzen und andererseits mit der Eroberung Ägyptens die

Kreuzfahrer in Palästina in die Zange zu nehmen. Schîrkûh, einem seiner fähigsten kurdischen Feldherrn, gelang es nach mehreren militärischen Erfolgen, unter dem letzten Fâtimidenkalifen das Amt des Wesirs zu übernehmen. Als er bereits wenige Wochen später im Jahre 1169 starb, fiel das Amt an seinen damals noch wenig bekannten Neffen Saladin. Bereits 1171 ersetzte Saladin in der Freitagspredigt den Namen des fâtimidischen Kalifen durch den des abbasidischen von Bagdad, womit auch in Ägypten der sunnitische Islam wieder Staatsreligion wurde. Saladin unterstand offiziell noch Nûraddîn von Damaskus, doch kam es zwischen den beiden bald zu Spannungen, und nach Nûraddîns Tod 1174 erklärte sich Saladin in Ägypten für unabhängig. Noch im gleichen Jahr bemächtigte er sich Damaskus'. Nach der Einnahme von Aleppo (1183) und großer Teile Mesopotamiens war er auch der unumstrittene Herrscher des muslimischen Syriens und konnte seine ganze Kraft dem Heiligen Krieg gegen die Kreuzfahrer widmen. Die Schlacht von Hattîn am 4. Juli 1187 und die Einnahme von Jerusalem drei Monate später bildeten den Höhepunkt seines Lebens. Den Kreuzfahrern blieben nur noch wenige Festungen an der Küste, und auch im folgenden dritten Kreuzzug vermochten sie trotz einiger Erfolge die Größe der ehemaligen Kreuzfahrerstaaten nicht mehr wiederherzustellen.
Usâma ibn Munqidh, der Zeitgenosse all dieser Ereignisse, starb ein Jahr nach der Eroberung von Jerusalem.

Usâma ibn Munqidh und sein Werk

Die eben aufgeführten Namen, Daten und Fakten sind zwar zum Verständnis der politischen und militärischen Situation im Syrien des 12. Jahrhunderts wichtig, sie sagen aber noch nichts aus über die Mentalität und die Sitten, über die Freuden und Nöte des einzelnen muslimischen Ritters in jener wechselvollen Zeit. Daß uns diese menschliche Seite der Kreuzfahrerzeit nicht für immer unbekannt blieb und daß wir den im Abendland oft allzu verklärten Kreuzfahrer auch einmal mit den Augen eines unmittelbar betroffenen muslimischen Ritters betrachten können, verdanken wir nicht zuletzt dem Emir Usâma ibn Munqidh von Schaizar. Er »gehört zu den interessantesten Gestalten des syrischen Arabertums zur Zeit der Kreuzzüge. Ein Mann der Tat und der Feder, Ritter und Jäger, Literat und Höfling, politischer Intrigant ohne Skrupel, verbrachte er

sein langes Leben in Beziehungen mit den Franken, den Emiren Syriens und den Fâtimidenkalifen Ägyptens und starb endlich vergessen zur Zeit Saladins größter Triumphe« (Gabrieli 1973).
Usâmas vollständiger Name lautet: Madschdaddîn (der Ruhm des Glaubens) Muajjadaddaula (die Hilfe des Staates) Abu l-Muzaffar Usâma ibn Murschid ibn Alî ibn Muqallad ibn Nasr ibn Munqidh al-Kinânî al-Kalbî. Wie die letzten beiden Namen anzeigen, gehörte die Familie zum arabischen Stamm der Kinâna, die zum Großverband der syrischen Kalb zählten. Als Usâma am 4. Juli 1095 in Schaizar geboren wurde, regierte das Fürstentum sein Oheim Abu l-Murhaf, der aber schon drei Jahre später starb. Abu l-Murhaf hatte Murschid, den Vater Usâmas, zum Nachfolger bestimmt, doch dieser verzichtete auf die Herrschaft zugunsten seines jüngeren Bruders Izzaddîn, der dann die Geschicke des Emirats bis 1154 bestimmte. Sein Oheim Izzaddîn und sein Vater Murschid waren die beiden Persönlichkeiten, die Usâmas Jugend entscheidend prägten. Von ihnen wurde er im Kriegshandwerk und in der Kunst der Jagd unterwiesen, und sie trugen Sorge dafür, daß renommierte Gelehrte als Hauslehrer auf die Festung kamen, um Usâma wie auch seine Brüder und Vettern in der arabischen Sprache, in der Literatur, im Koran und in den theologischen Disziplinen zu unterweisen. Schon früh wurde er Zeuge der Angriffe der Kreuzfahrer, die seit 1106 das nahe gelegene Apamea in Besitz hatten und in den folgenden Jahren regelmäßig vor Schaizar auftauchten, wo sie auf dem gegenüberliegenden Ufer des Orontes »an der üblichen Stelle« ihre Zelte aufschlugen. Im Jahre 1119, im Alter von 24 Jahren, leitete er erstmals selbständig einen Überfall auf Apamea, wobei er einem fränkischen Ritter den Panzer durchbohrte, ohne daß allerdings dem Ritter, wie er selbst in einer makaber grotesken Schilderung erzählt, etwas geschah. An anderer Stelle bezeichnet er sich schon mit vierzehn Jahren als Meister im Kampf. Anfang der dreißiger Jahre schloß er sich dann dem Atabek Zankî an, der gerade Nordsyrien erobert hatte, kehrte jedoch immer wieder zu seinem Vater nach Schaizar zurück. Die geistigen und kriegerischen Fähigkeiten, die Usâma an den Tag legte und die ihn zum künftigen Herrn von Schaizar prädestinierten, scheinen jedoch den Argwohn seines Onkels erregt zu haben, und Usâma sah sich nach dem Tod seines Vaters im Jahre 1137 gezwungen, Schaizar endgültig zu verlassen. Offenbar war es aber auch zu Spannungen

mit dem Atabek Zankî gekommen, denn Usâma begab sich nun nicht wieder zu ihm, sondern nach Damaskus, wo er in dem Wesir Mu'înaddîn einen neuen Protektor fand. Sein sechsjähriger Aufenthalt in Damaskus gab ihm Gelegenheit zu zahlreichen Kontakten mit den Kreuzfahrern von Jerusalem, als zwischen diesen und Damaskus eine mehrjährige Waffenruhe herrschte. Im Jahre 1144 ließ Mu'înaddîn aufgrund innenpolitischer Entwicklungen in Damaskus jedoch Usâma fallen, und dieser mußte sich wieder nach einem neuen Betätigungsfeld umsehen. Er fand es am Fâtimidenhof in Ägypten, wo er trotz seiner Verwicklung in zahlreiche gefährliche Intrigen zehn Jahre ungeschoren überstand. Schließlich wurde ihm der Boden aber doch zu heiß unter den Füßen, und er folgte im Sommer 1154 einer Einladung Nûraddîns, der seit April dieses Jahres Herr von Damaskus war. Seine Flucht aus Ägypten und die Ausplünderung seiner später aus Ägypten nachfolgenden Familie durch die Franken hatten Usâma nun schon zum zweiten Mal wirtschaftlich ruiniert. Am meisten bedauerte er jedoch den Verlust seiner Bibliothek, die viertausend Bände umfaßt hatte.
Wir müssen davon ausgehen, daß Usâma immer noch hoffte, eines Tages wieder nach Schaizar zurückzukehren, wo inzwischen sein Vetter Tâdschaddaula regierte. Als dann im Jahre 1157 Schaizar durch ein Erdbeben stark zerstört wurde und fast alle Mitglieder der Sippe den Tod fanden, ließ Nûraddîn die Festung zwar wieder instand setzen, übergab sie jedoch nicht an Usâma, sondern behielt sie selbst in Besitz. Wir wissen nicht, wie Usâma diese Entscheidung aufnahm, doch mag hier schon einer der Gründe für die spätere Entfremdung zwischen Usâma und Nûraddîn zu suchen sein. Anfang der sechziger Jahre nahm er zwar noch an kriegerischen Unternehmungen Nûraddîns teil, folgte dann jedoch einer Einladung des Ortoqiden-Fürsten Fachraddîn von Hisn Kaifa am oberen Tigris in der heutigen Türkei. Der Aufenthalt in diesem »verlassenen Winkel der Erde jenseits der Berge und Ebenen ohne Geld und ohne Angehörige« wurde ihm jedoch bald zur Qual, und er wandte sich an Saladin mit der Bitte, ihn doch aus seiner trostlosen Lage zu befreien. Inzwischen stand Usâmas Sohn in Saladins Diensten, und wohl nicht zuletzt durch seine Vermittlung wurden Usâmas Bitten im Jahre 1174 endlich erhört. Usâma wurde nach Damaskus geholt, erhielt ein großzügiges Haus in der Stadt und ein Landgut bei Ma'arra, das ihm

seinen Lebensunterhalt sicherte. Von Saladin zunächst hoch geehrt, verlor er jedoch bald wieder die Gunst des Fürsten und starb zurückgezogen in Damaskus am 16. November 1188 im Alter von 93 Jahren. Usâma verfaßte im Verlaufe seines langen Lebens etwa ein Dutzend Schriften, von denen aber nur wenige erhalten sind. Es ist ein glücklicher Zufall, daß gerade seine Memoiren, denen er den Titel al-I'tibâr, d. h. »Lernen anhand von Beispielen«, gab, nicht auch für immer verlorengingen. Es war der französische Orientalist Derenbourg, der im Jahre 1880 im Kloster Escorial bei Madrid eine Abschrift des Werkes fand. Bislang ist keine weitere Abschrift entdeckt worden. Leider fehlen am Anfang der Handschrift 42 Seiten, und der erhaltene Text beginnt mitten in einer Schlachtschilderung. Die verlorenen Seiten enthielten wohl Usâmas Werdegang bis zum Jahr 1135, denn in diesem Jahr setzt der Text ein und führt dann in chronologischer Ordnung bis zur Rückkehr seiner Familie aus Ägypten nach Damaskus im Jahre 1155. Danach gibt Usâma die chronologische Erzählweise auf, und es folgt der Hauptteil des Werkes, nämlich eine ungemein bunte Sammlung von eigenen Erlebnissen, Erfahrungen und Anekdoten, wobei sich nur ansatzweise größere Themenkreise, wie z. B. besonders groteske Schwertstreiche, kühne Frauen, seltsame Heilverfahren, der Charakter der Franken u. a. m. erkennen lassen. Am Ende dieses Hauptteils steht der Dank an Saladin, daß dieser ihn 1174 wieder nach Damaskus zurückgeholt hatte. Es folgen noch zwei Appendices, die Usâma erst kurz vor seinem Tod hinzugefügt zu haben scheint und von denen der erste vor allem Geschichten über fromme Männer enthält, während der zweite noch einmal ausführlich von der Jagd handelt.

Zur Übersetzung

Wie bereits im Vorwort zum ersten Band der Bibliothek Arabischer Klassiker dargelegt, ist es das Ziel dieser Reihe, dem interessierten Laien im deutschsprachigen Raum die Möglichkeit zu geben, sich einen Eindruck von der Vielfalt der arabischen Literatur des Mittelalters zu verschaffen. Mit Usâmas Memoiren kann nun erstmals ein Text vollständig und nicht nur in Auszügen vorgestellt werden. Verkürzt habe ich lediglich die oft sehr langen Namen und Titel; die vollständigen Namen können im Register nachgesehen werden. Außerdem habe ich die den Fluß der Erzählung oft unterbre-

chenden Eulogien meist weggelassen. Alle Kapitelüberschriften sind von mir eingefügt. Zur Übersetzungsproblematik im allgemeinen und den in dieser Reihe beachteten Grundsätzen verweise ich den Leser auf das Vorwort zu den bereits vorliegenden Bänden.
Die Umschrift der arabischen Namen wurde wesentlich vereinfacht und der deutschen Schreibweise weitgehend angeglichen. Die Längen bei häufig auftretenden Worten wurden nicht angegeben (z. B. abu statt abû), und auf eine Kennzeichnung der emphatischen Laute wurde generell verzichtet. Zu den übrigen Konsonanten ist lediglich folgendes zu beachten: th = engl. th in thing (stimmlos); dh = engl. th in there (stimmhaft); ch immer wie in deutsch Bach, niemals wie in ich; mit h habe ich zwei im Arabischen verschiedene h-Laute zusammengefaßt, von denen der eine unser h (aber nie als Dehnungszeichen!) und der andere ein schärferes, mehr in der Kehle gesprochenes h (z. B. in Mohammed) darstellt; gh = etwa einem Gaumen-r; z stimmhaftes s wie in franz. zéro oder in deutsch sehr, q ein am Gaumensegel artikuliertes, nicht aspiriertes k; das Apostroph ' kennzeichnet einen Explosions- oder »Knack«laut (glottal stop), den wir im Deutschen unbewußt bei jedem mit einem Vokal anlautenden Wort sprechen, z. B. 'Urlaub, aber auch zum Beispiel be'-urlaubt; das Zeichen ' stellt einen für das Arabische besonders typischen, in der Kehle gebildeten stimmhaften Reibelaut dar, dessen Nachahmung dem Ungeübten oft schwerfällt, weshalb im Zweifelsfalle eine Aussprache wie für das ' empfohlen wird; zu Beginn eines Wortes wurden ' und ' nicht gekennzeichnet.
Die sachlichen Anmerkungen wurden auf ein Minimum beschränkt und finden sich im Anschluß an die Übersetzung. Einige Ortsnamen sowie die Namen derjenigen Personen, Sippen und Stämme, die historisch oder kulturgeschichtlich eine bedeutende Rolle spielten, deren Kenntnis aber nicht vorausgesetzt werden kann, sind im Text jeweils bei ihrem ersten Erscheinen innerhalb eines Kapitels kursiv gedruckt. Im Anhang findet sich ein alphabetisches Verzeichnis dieser Namen mit kurzen Erläuterungen. Ebenfalls in den Anhang aufgenommen wurde eine bibliographische Liste, anhand deren sich der interessierte Leser über weiterführende Literatur und andere Übersetzungen in europäische Sprache informieren kann.

Tübingen, im Herbst 1978 GERNOT ROTTER

Usâma ibn Munqidh

EIN LEBEN IM KAMPF GEGEN KREUZRITTERHEERE

Der Tod des Ritters im goldenen Harnisch

(Die ersten 42 Seiten der einzigen erhaltenen Handschrift des Werkes sind verloren, weshalb der Text hier unmittelbar am Ende einer Schlachtschilderung einsetzt; vgl. dazu die Einleitung des Übers.)

... In dieser Schlacht[1] fanden nur wenige Muslime den Tod. Von seiten des Kalifen von Bagdad, *ar-Râschid*, dem Sohn des Kalifen al-Mustarschid – möge Gott ihnen beiden barmherzig sein! –, war *Ibn Bischr* zum *Atabek* mit der Botschaft gekommen, er möge sich beim Kalifen einfinden. Ibn Bischr trug einen goldenen Harnisch, als er sich in den Kampf stürzte, doch ein fränkischer Ritter namens Benedikt stieß ihm die Lanze in die Brust, so daß sie am Rücken wieder herauskam. Möge Gott sich seiner erbarmen! Von den Franken jedoch fanden viel mehr Männer den Tod, denn als der Atabek nach der Schlacht die Köpfe der gefallenen Feinde auf einem Feld gegenüber der Festung zusammentragen ließ, zählte man deren dreitausend.

Wie die Franken die Festung Schaizar, die Stätte meiner Geburt, belagern

Im Jahre 532 der Hidschra (= 1138 n. Chr.) zog der Byzantinische Kaiser erneut gegen Syrien[2]. Er verbündete sich mit den Franken – möge Gott ihnen Seine Hilfe versagen! –, und gemeinsam beschlossen sie, auf *Schaizar* vorzurücken und die Festung anzugreifen. Darauf fragte mich *Mohammed ibn Ajjûb*, ob ich schon wüßte, was sein Sohn Ahmad, dieser traurige Tropf, der eigentlich die Festung verteidigen sollte, getan hatte. Ich wußte es nicht. Da erzählte mir Mohammed ibn Ajjûb, sein Sohn habe ihm ausrichten lassen, er solle sich einen anderen suchen, der Schaizar verteidigt. Und als ich von Mohammed ibn Ajjûb wissen wollte, was er darauf veranlaßt, berichtete er mir, daß er dem *Atabek* mitgeteilt habe, er möge die Festung und ihre Verteidigung übernehmen. »Aber nein!« entfuhr es mir, »er wird dir antworten, du habest das Fleisch selbst verzehrt und wolltest ihm nun die Knochen hinwerfen.« Mohammed ibn

Ajjûb bat mich, ihm einen besseren Vorschlag zu machen, worauf ich ihm erwiderte: »Ich werde mich selbst in die Festung setzen! Wenn Gott der Erhabene die Festung unversehrt erhält, wird es dir zum Glück gereichen, und dein Ansehen bei Gott wird sich mehren. Wird dagegen die Festung von den Feinden eingenommen und werden wir getötet, so ist es nur unser eigenes Schicksal, und du bist frei von jeglicher Schuld.« Mohammed ibn Ajjûb beteuerte, er habe noch von niemandem solche Worte vernommen.

Ich schloß daraus, daß er meinem Vorschlag zustimmte und daß er selbst entsprechend handeln würde. So brachte ich denn Ziegen und Schafe, reichlich Mehl und Butter und all das übrige zusammen, was ein Belagerter braucht. Indes, als ich mich bei Sonnenuntergang zu Hause befand, kam ein Bote von Mohammed ibn Ajjûb und meldete, er werde am übernächsten Tag nach Mosul ziehen, und auch ich solle mich für diesen Zug marschbereit machen. Da ward mein Herz von großem Kummer erfüllt, und ich fragte mich, ob ich denn wirklich meine Kinder, meine Brüder und meine Frauen im belagerten Schaizar zurücklassen und nach Mosul ziehen konnte. Am folgenden Morgen ritt ich zu Mohammed ibn Ajjûb, der sich noch in seinem Zeltlager aufhielt, und bat ihn, mich nach Schaizar begeben zu dürfen, um mich dort mit allem für den Zug nach Mosul Nötigen zu versehen. Mohammed ibn Ajjûb erteilte mir die Erlaubnis, mahnte mich jedoch, ich sollte mich beeilen. So ritt ich los, doch als ich in Schaizar anlangte, bot sich mir ein Anblick, der mein Herz zutiefst bewegte: Trotz des tapferen Widerstandes meines Sohnes hatte sich der Feind bis zu meinem Hause durchgekämpft, alle meine Zelte, Waffen und Gerätschaften fortgeschleppt, meine Liebsten gefangengenommen und meine Gefährten in die Flucht geschlagen. Es war eine gewaltige, schreckliche Heimsuchung.

Die Zuneigung des Emirs, und wie ich dennoch Damaskus wieder verlassen muß

Die Umstände zwangen mich, nach Damaskus zu gehen. Der *Atabek* schickte immer wieder Boten zum Herrn von Damaskus, damit dieser mich an ihn ausliefere. Ich blieb acht Jahre in der Stadt und nahm in dieser Zeit an zahlreichen Schlachten teil[3]. Der Herr von

Damaskus – Gott erbarme sich seiner! – bedachte mich reichlich mit Geld und Lehen, nahm mich in seine Umgebung auf und zeichnete mich mit mancherlei Ehren aus. Außerdem umhüllte mich der Emir *Mu'înaddîn* – Gott sei ihm gnädig! – mit all seiner Gunst, ließ mir ständig seine Gesellschaft angedeihen und trug Sorge um meinen Unterhalt. Dann ergaben sich jedoch Gründe, die mich zwangen, nach Ägypten zu ziehen, wodurch ich all den Hausrat und all die Waffen verlor, die ich nicht mit mir nehmen konnte. Und zu allem Unglück mußte ich auch noch meine Besitzungen aufgeben. Obwohl mir der Emir Mu'înaddîn in höchstem Maße zugetan war und mein Scheiden zutiefst bedauerte, mußte er sich dennoch eingestehen, daß er nichts für mich zu tun vermochte. Schließlich sandte er mir seinen Sekretär, den Kammerherrn Mahmûd al-Mustarschidî, mit folgender Botschaft:
»Bei Gott! Hätte ich die Hälfte der Leute auf meiner Seite, würde ich mit ihrer Hilfe die andere Hälfte schlagen, und hätte ich sogar nur ein Drittel auf meiner Seite, würde ich die beiden anderen Drittel schlagen und mich nicht von dir trennen. Doch alle Leute haben sich gegen mich zusammengetan, und ich stehe ihnen machtlos gegenüber. Aber wo immer du auch sein wirst, an der Freundschaft zwischen uns beiden wird sich nichts ändern.«
Diese Zeilen des Emirs nahm ich zum Anlaß für die folgenden Verse:

O Mu'înaddîn, wie manches Band aus deiner Gunst
  ist mir wie einer Taube um den Hals gespannt!
Deine große Güte macht mich dir zum Sklaven,
  denn die Güte ist der Edlen Sklavenstand.
Obwohl ich selbst in Blut und Tat von Adel bin,
  so bist's doch du, an den ich meinen Stammbaum band.
Du weißt, es ist allein die Freundschaft zwischen uns,
  weshalb ich all die Feindschaft bei den andern fand.
Und wäre es nicht deinetwegen, läge jetzt,
  dem Zwang zu trotzen, dieses Schwert in meiner Hand.
Doch ich fürchtete für dich der Feinde Feuer
  und entschloß mich drum, zu löschen diesen Brand.

Als ich am Donnerstag, dem 2. Dschumâdâ des Jahres 539 d. H. (= 30. Nov. 1144), in Kairo anlangte, lud mich der Kalif *al-Hâfiz* sogleich zum Verweilen ein, ließ mich in seiner Gegenwart in ein

Ehrengewand kleiden und befahl, mir einen Kasten voller Kleider und hundert Golddinare zu übergeben. Er erlaubte mir, sein Bad zu benutzen, und wies mir als Wohnung eines der Häuser des al-Afdal, des Sohnes des »Emirs der Heere«, zu. Das Haus war prächtig gestaltet und mit Teppichen, Mobiliar und Kupfergerät bestens eingerichtet; und von alledem, so sagte man mir, brauchte ich nichts zurückgeben. In der ganzen langen Zeit, die ich dort wohnte, wurde mir alle Ehre und jeder Respekt zuteil, ich genoß Wohltaten ohne Unterlaß und hatte für meinen Unterhalt ein Lehen zur Verfügung, dessen Erträge leicht einzubringen waren.

Der Kampf der schwarzen Garden in Kairo

Nun kam es in Ägypten zu einer üblen Auseinandersetzung [4] zwischen den verschiedenen Einheiten der äußerst zahlreichen Waffensklaven, und zwar einerseits zwischen der sogenannten Raihanîja, den Sklaven des Kalifen, und andererseits der Dschujûschîja, der Iskandarîja und der Farahîja, die sich alle gegen die Raihanîja zusammengetan hatten. Der Dschujûschîja hatte sich zudem noch ein Teil der Leibgarde angeschlossen. Während sich der Kalif zurückzog, rotteten sich beide Seiten in der Nähe der Stadt zusammen und kamen den Aufforderungen des Kalifen, der ihnen, um den Frieden wiederherzustellen, einen Boten nach dem anderen sandte, nicht mehr nach. Am nächsten Morgen stießen die beiden Seiten in Kairo aufeinander. Die Dschujûschîja und ihre Verbündeten besiegten die Raihanîja und töteten am »Kleinen Markt des Emirs der Heere« eintausend Mann, so daß die Leichen dort den Durchgang versperrten. Wir selbst hielten Tag und Nacht die Waffen bereit, aus Furcht, die Sklaven könnten sich gegen uns wenden, so wie sie es schon einmal getan hatten, bevor ich nach Ägypten kam.
Nachdem die Raihanîja auf diese Weise niedergemetzelt worden waren, dachten die Leute, der Kalif würde dies mißbilligen und die Mörder zu Fall bringen. Doch der Kalif war krank und dem Tode nahe. Er starb zwei Tage später – Gott sei ihm gnädig! –, und kein Hahn krähte mehr nach dem Gemetzel.

Ibn as-Sallâr wird Wesir gegen den Willen des Kalifen und kommt einer Verschwörung zuvor

Nachdem der Kalif al-Hâfiz gestorben war, folgte ihm sein jüngster Sohn *az-Zâfir* auf den Thron und nahm sich Nadschmaddîn, einen hochbetagten Greis, zum Wesir. Der Emir *Ibn as-Sallâr,* der sich damals in seiner Provinz aufhielt, stellte daraufhin Truppen zusammen, zog gen Kairo und sandte eine entsprechende Nachricht an seine Leute zu Hause. Der Kalif aber versammelte die Emire im Palast des Wesirs und ließ uns durch seinen Hausmeier wissen, daß Nadschmaddîn sein Wesir und sein Stellvertreter sei und daß jeder diesem wie ihm selbst zu gehorchen habe. Die Emire erwiderten: »Wir sind die Sklaven unseres Fürsten, wir hören und gehorchen!«
Nachdem sich der Hausmeier entfernt hatte, um dem Kalifen diese Antwort zu überbringen, richtete jedoch der Emir Lakrûn an die anderen in der Versammlung die Frage, ob sie es wirklich zulassen wollten, daß Ibn as-Sallâr getötet würde. »Bei Gott, nein!« riefen sie empört, worauf Lakrûn sie aufforderte, sich auf den Weg zu machen. Sie verließen alle eilends den Palast, sattelten ihre Pferde und Maulesel und ritten zu Ibn as-Sallâr, um ihm beizustehen. Als der Kalif dies bemerkte und sich eingestehen mußte, daß er Ibn as-Sallâr nichts entgegenzusetzen hatte, übergab er Nadschmaddîn eine große Menge Geldes und befahl ihm, sich in die Provinz *al-Hauf* zu begeben, um dort mit Hilfe des Geldes Truppen zusammenzuziehen und mit diesen Ibn as-Sallâr abzuwehren. Nadschmaddîn machte sich auf den Weg, um den Befehl des Kalifen auszuführen.
Inzwischen drang Ibn as-Sallâr in Kairo ein und besetzte den Wesirspalast. Das Heer leistete ihm geschlossen Gehorsam, und er ließ den Soldaten reichlichen Sold zukommen. Mir selbst befahl er, ich solle mit meinen Gefährten die Nacht in seinem Hause verbringen, in dem er mir ganz allein eine Wohnung zuwies. Während Nadschmaddîn inzwischen in der Provinz al-Hauf eine große Anzahl *Lawâta*-Berber, einheimische ägyptische Soldaten, Neger und arabische Beduinen zusammenbrachte, schlug Abbâs, ein Stiefsohn des Ibn as-Sallâr, am Stadtrand von Kairo sein Lager auf. Am frühen Morgen überfiel eine Streifschar der Lawâta-Berber unter Führung eines Verwandten des Nadschmaddîn das Lager des Abbâs, worauf ein Teil seiner ägyptischen Soldaten die Flucht ergriff. Abbâs selbst

aber verteidigte mit seinen Sklaven und mit denjenigen Soldaten, die bei ihm ausharrten, die Stellung während der ganzen Nacht.
Als *Ibn as-Sallâr* davon erfuhr, rief er mich mitten in der Nacht zu sich – ich war ja in seinem Haus – und sprach: »Diese Hunde von ägyptischen Soldaten haben den Emir Abbâs mit allen möglichen Nichtigkeiten so lange beschäftigt, bis eine Gruppe von Lawâta-Berbern den Fluß durchschwimmen und sein Lager angreifen konnte. Dann haben sie ihn auch noch im Stich gelassen und sind geflohen, einige von ihnen gleich bis nach Hause hier in Kairo. Der Emir hält dagegen dem Feinde weiterhin stand.«
»Mein Fürst«, erwiderte ich ihm, »laßt uns in der Morgendämmerung gegen sie reiten. Noch bevor der Tag seine ersten Sonnenstrahlen aussendet, werden wir sie, so Gott will, erledigt haben!«
Ibn as-Sallâr stimmte zu und bat mich, früh aufzubrechen. Zeitig am folgenden Morgen zogen wir gegen die Feinde, und nur diejenigen von ihnen entkamen unversehrt, deren Pferde mit ihnen durch den Nil schwammen. Der Verwandte des Nadschmaddîn wurde ergriffen und enthauptet. Abbâs sammelte daraufhin erneut seine Truppen und führte sie gegen Nadschmaddîn selbst. Er stieß auf ihn bei dem Ort *Dalâs* und schlug ihn vernichtend. Nadschmaddîn selbst fiel, und mit ihm gingen siebzehntausend Neger und andere zugrunde. Nadschmaddîns Kopf wurde nach Kairo gebracht, und niemand wagte es mehr, sich Ibn as-Sallâr zu widersetzen oder sich gegen ihn aufzulehnen. Der Kalif aber verlieh ihm das Ehrengewand des Wesirs und den Titel al-Malik al-ʿÂdil, »der Gerechte König«. Ibn as-Sallâr übernahm als Wesir die Verwaltung aller Staatsgeschäfte.
Trotz alledem blieb ihm der Kalif abgeneigt, haßte ihn und führte insgeheim Böses im Schilde. Schließlich arbeitete er sogar darauf hin, Ibn as-Sallâr zu töten. Mit einigen seiner Leibwächter und anderen, die er mit Geld bestochen hatte, beschloß er, sie sollten Ibn as-Sallâr in seinem Hause überfallen und umbringen. Eines Abends im Monat Ramadan (= Januar 1150) trafen sich die Verschwörer in einem Haus in der Nähe des Palastes des Ibn as-Sallâr und warteten darauf, daß ihn gegen Mitternacht seine Freunde verließen. Auch ich befand mich in jener Nacht bei ihm. Als sich dann die Gäste nach dem Abendessen auf den Heimweg machten, rief Ibn as-Sallâr, dem einer der Verschwörer den Plan verraten hatte, einige seiner Sklaven zu sich und befahl ihnen, das Haus zu stürmen, in dem die Verschwörer

versammelt waren. Dieses Haus hatte aber, da Gott einige heil entkommen lassen wollte, zwei Ausgänge, nämlich einen näher am Palast des Ibn as-Sallâr und einen anderen weiter entfernt. Als nun der eine Teil seiner Leute durch die nahe gelegene Tür eindrang, bevor der andere Teil die entferntere Tür erreichte, gelang es den Verschwörern, durch diesen Ausgang zu entfliehen. Im Verlaufe der Nacht kamen dann etwa zehn Leibgardisten des Kalifen, die mit meinen eigenen Sklaven befreundet waren, zu mir nach Hause und baten uns, sie zu verstecken. Am Morgen erlebte die Stadt eine eifrige Suche nach den Flüchtigen, und alle, die man fing, wurden getötet.

Wie ich einem schwarzen Sklaven das Leben rette, und ein Unterschriftenfälscher seine Strafe erhält

Zu den denkwürdigen Erlebnissen, die ich an jenem Tage hatte, gehört dies: Einer der Neger, die sich an der Verschwörung beteiligt hatten, flüchtete sich, von Männern mit Schwertern verfolgt, auf das Dach meines Hauses. Von hoch oben sah er in den Innenhof hinunter, wo ein großer Lotusbaum stand. Vom Dach sprang er auf den Baum und klammerte sich daran fest. Dann kletterte er vom Baum herunter und schlich sich durch einen nahe gelegenen Seiteneingang in den Empfangsraum, wo er sich, nachdem er über einen kupfernen Kerzenständer gestolpert war und diesen zerbrochen hatte, hinter einem Kamelsattel versteckte. Seinen Verfolgern, die vom Dach herabblickten, rief ich zu, sie sollten verschwinden, und schickte meine Sklaven hinauf, die sie vertrieben. Als ich dann zu dem Neger hineinging, zog dieser ein Gewand aus und bat mich, es anzunehmen. Dankend lehnte ich ab und schickte ihn unter dem Schutz einiger meiner Sklaven weg. So wurde er gerettet.

Während ich danach auf einer Steinbank in der Vorhalle meines Hauses saß, trat ein junger Mann ein, grüßte und setzte sich. Ich fand sein Gespräch sehr anregend, doch mitten in der Unterhaltung kam ein weiterer Mann herbei und forderte ihn auf mitzukommen, worauf sie sich beide entfernten. Neugierig, weshalb man ihn gerufen hatte, schickte ich einen Sklaven hinterdrein. Ich wohnte damals in der Nähe des Palastes des Wesirs *Ibn as-Sallâr,* und sobald der junge

Mann bei ihm erschien, befahl er, ihn zu enthaupten, was auch auf der Stelle geschah. Mein Sklave, der sich nach dem Vergehen des jungen Mannes erkundigt hatte, erzählte mir bei seiner Rückkehr, er sei beschuldigt worden, Unterschriften gefälscht zu haben. – Gepriesen sei Gott, der die Dauer des Lebens bestimmt und die Stunde des Todes festsetzt!

Während der ganzen bürgerkriegsähnlichen Unruhen fanden zahlreiche Ägypter und Neger den Tod.

Aufbruch gegen die Franken und eine Begegnung mit seltsamen Beduinen

Kurz darauf gab mir *Ibn as-Sallâr* den Auftrag, mich zu rüsten, um zu *Nûraddîn* nach Syrien zu ziehen. Ich sollte Geld mitnehmen und Nûraddîn dazu bewegen, Tiberias zu belagern, um auf diese Weise die Aufmerksamkeit der Franken von Ägypten abzulenken, so daß er, Ibn as-Sallâr, Gaza angreifen und die Stadt zerstören könne. Die Franken – Gott vernichte sie! – hatten nämlich damit begonnen, Gaza wieder zu befestigen, um dadurch die Stadt Askalon abzuschneiden. »O mein Fürst«, erwiderte ich, »was soll ich tun, wenn Nûraddîn Ausflüchte sucht oder wenn er tatsächlich aus irgendwelchen Gründen deinem Wunsch nicht nachkommen kann?«

»Wenn er Tiberias angreift«, so befahl mir Ibn as-Sallâr, »dann gib ihm das Geld, das du bei dir hast! Wenn ihn aber etwas daran hindert, so hebe selbst so viele Truppen aus, wie du kannst! Mit diesen ziehe nach Askalon und setze dich dort fest, um gegen die Franken zu kämpfen. Schreibe mir, sobald du dort eingetroffen bist, damit ich dir über dein weiteres Vorgehen Befehle schicken kann!«

Er ließ mir sechstausend ägyptische Golddinare und eine Kamelladung dabîqische Gewänder, Stoffe aus Saklaton, Kleider aus Eichhornfellen, dimjatischen Brokat und Turbane übergeben. Einige Beduinen schickte er mir als Führer mit. Nachdem er mir alles Erdenkliche, was ich brauchte, zur Verfügung gestellt und mir so den Weg für meine Reise geebnet hatte, brach ich auf.

Als wir uns der Oase al-Dschufr näherten, sagten mir die Führer, der Ort sei selten frei von Franken. Ich schickte deshalb zwei von ihnen auf Mahri-Kamelen voraus nach al-Dschufr, doch sie waren kaum aufgebrochen, als sie mit dem Ruf »Franken in al-Dschufr!« zurückgeritten kamen, so schnell, daß man meinen konnte, ihre Kamele würden mit ihnen fliegen. Ich ließ sogleich anhalten und die Lastkamele zusammenbringen und schickte sie mit einigen Männern der Karawane, die mich begleiteten, nach Westen zurück. Dann beauftragte ich sechs meiner *Mamelucken*, mit ihren Pferden vorauszureiten, und sagte ihnen, ich würde ihnen unmittelbar folgen. Sie galoppierten davon, und ich hinter ihnen her. Schließlich kam einer von ihnen zurück und meldete, in al-Dschufr sei überhaupt niemand, und die Führer hätten wohl nur einige Beduinen gesehen. Während sich der Mameluck noch mit den Führern herumstritt, schickte ich einen meiner Männer los, um die Kamele zurückzuholen, und setzte meinen Weg fort.

In al-Dschufr gab es reichlich Wasser, Gras und Bäume. Als wir dort ankamen, erhob sich plötzlich vor uns aus dem Gras ein schwarzgekleideter Mann. Wir nahmen ihn fest, und meine Begleiter, die daraufhin den Platz absuchten, brachten noch einen weiteren Mann, zwei Frauen und einige Halbwüchsige. Eine der beiden Frauen kam zu mir, ergriff mein Gewand und flehte: »O Scheich, ich bin in deiner Gewalt!« Ich erklärte ihr, sie habe nichts zu befürchten, und fragte sie, was mit ihr los sei. Da klagte sie, meine Leute hätten ihr ein Gewand, einen Esel, einen Hund und eine Perle gestohlen. Als ich daraufhin meine Sklaven aufforderte, jeder, der etwas an sich genommen habe, solle es auf der Stelle zurückgeben, brachte einer von ihnen einen vielleicht zwei Ellen langen Kleiderfetzen herbei, und die Frau rief: »Das ist mein Gewand!« Ein anderer Sklave holte ein Stück Sandarak-Harz hervor, worauf die Frau sprach: »Das ist meine Perle!« Und als ich die Sklaven nach dem Esel und dem Hund fragte, antworteten sie, den Esel hätten sie an allen vieren gefesselt und ins Gras geworfen, den Hund dagegen losgelassen, und dieser laufe nun frei herum.

Ich ließ dann die Beduinen zusammenbringen und merkte, in welch beklagenswertem Zustand sie sich befanden, denn ihre Haut war bis auf die Knochen vertrocknet. Auf meine Frage, wer sie seien, erklärten sie mir, sie gehörten zum Stamm der Banu Ubajj. Obwohl sich dieser Stamm, der zum Großverband der *Tajji'* gerechnet wird, nur von Aas ernährt, behaupten die Banu Ubajj, sie seien die gesündesten Beduinen, und es gebe weder Elephantiasis noch Lepra und we-

der chronische Leiden noch Blindheit unter ihnen. Nur wenn sie ein Gast besucht, schlachten sie für ihn eines ihrer Tiere und geben ihm etwas anderes zu essen als das, was sie gewöhnlich verzehren. Als ich mich erkundigte, was sie an diesen Ort geführt hatte, erzählten sie mir, sie hätten eine große Menge Dura-Hirse in der Hisma-Wüste vergraben und seien nun gekommen, um diese zu holen. Wie ich weiter von ihnen erfuhr, befanden sie sich dort bereits seit dem letzten Ramadan-Fest und hatten seitdem nichts mehr an Nahrung gesehen. Sie lebten von verwesten weggeworfenen Knochen, die sie fein zermahlten und mit Wasser und zusammen mit den Blättern des dort häufigen Qataf-Baumes kochten. Ihren Hunden gaben sie von ihrer eigenen Nahrung zu fressen, während sich die Esel vom Gras ernährten. Als ich schließlich noch wissen wollte, warum sie denn nicht nach Damaskus gezogen seien, sagten sie, sie hätten Angst vor der Pest gehabt. Dabei konnte keine Pest schlimmer sein als der Zustand, in dem sie sich befanden! Inzwischen war bereits das Opferfest vorbei, das heißt, seit dem Ramadan-Fest waren bereits über zwei Monate vergangen.
Ich wartete in al-Dschufr, bis die Kamele nachgekommen waren, und schenkte den Beduinen etwas von dem Proviant, den wir bei uns hatten. Das Tuch, das ich auf dem Kopf trug, zerschnitt ich in zwei Teile und gab sie den beiden Frauen. Die Freude über das Essen brachte sie beinahe um ihren Verstand. Bevor wir aufbrachen, mahnte ich sie noch, nicht an diesem Ort zu bleiben, damit die Franken sie nicht gefangennähmen.

Wie ich mich in der Wüste verirre und auf seltsame Weise beinahe mein Geld verliere

Auf dem weiteren Weg widerfuhr mir etwas Seltsames. Eines Abends stieg ich vom Kamel, um Morgen- und Abendgebet in einem und in verkürzter Form zu verrichten, während unsere Kamele weiterzogen. Ich stand auf einer Anhöhe und befahl nach dem Gebet meinen Sklaven, sie sollten sich verteilen, um die Kamele zu suchen, und dann zu mir zurückkehren; ich würde an diesem Platz auf sie warten. Sie taten wie befohlen und liefen in alle Richtungen, konnten die Tiere aber nirgends entdecken. Schließlich kehrten sie alle zu mir zurück und sagten, sie hätten die Kamele nicht gefunden und wüßten auch nicht, wohin sie gezogen seien. Darauf erklärte ich ihnen: »So wollen wir denn Gott um Hilfe bitten, unseren Weg zu Fuß fortsetzen und uns dabei nach dem Lauf der Sterne richten!« So gingen wir los, wobei uns der Verlust unserer Kamele in der Wüste sehr zu schaffen machte.

Nun befand sich unter unseren Führern, die vorausgezogen waren, ein Mann namens Dschazzijja, der besonders klug und aufgeweckt war. Nachdem er lange vergebens auf uns gewartet hatte, begriff er, daß wir uns verirrt haben mußten. Er holte deshalb ein Feuerzeug hervor und begann, auf seinem Kamel sitzend, Feuer zu bohren, worauf die Funken vom Feuerholz nach allen Seiten hin sprühten. Wir sahen es aus der Ferne und hielten auf das Feuer zu, bis wir sie einholten. Wäre Gott nicht so gütig gewesen und hätte er dem Mann nicht diesen Gedanken eingegeben, wären wir zugrunde gegangen.

Auf dem gleichen Weg widerfuhr mir auch noch dies: Der Wesir *Ibn as-Sallâr* hatte mich ermahnt, meinen Führern nichts von dem Geld zu erzählen. Ich verstaute deshalb viertausend Dinar in einer Satteltasche auf einem Reitmaultier, das neben mir hergeführt wurde und das ich der Obhut eines Sklaven anvertraute. Die restlichen zweitausend Dinar steckte ich zusammen mit meiner eigenen Barschaft und einem Halftergriff, gefüllt mit einigen magrebinischen Dinaren, in eine andere Satteltasche auf einem Pferd, das ebenfalls neben mir hergeführt wurde und das ich einem anderen Sklaven anvertraute. Immer wenn wir lagerten, legte ich die Satteltaschen in die Mitte eines Teppichs, schlug dessen Enden über die Taschen und breitete einen weiteren Teppich darüber, auf dem ich mich dann zur Ruhe legte. Zur Zeit des Aufbruchs erhob ich mich dann jeweils vor meinen Begleitern und übergab den beiden Sklaven die Satteltaschen. Sobald sie sie den Tieren zu meiner Seite aufgebunden hatten, bestieg ich mein eigenes Reittier und weckte die anderen zum Aufbruch.

Eines Nachts nun lagerten wir in der Wüste der Kinder Israels. Als ich dann aufstand, um weiterzuziehen, kam der Sklave, unter dessen Obhut das mir zur Seite geführte Maultier stand, nahm die Satteltasche und warf sie dem Maultier hinten auf den Rücken. Dann wandte er sich zur Seite, um die Tasche mit den Sattelriemen festzubinden. In diesem Augenblick entschlüpfte das Maultier und lief mitsamt der Satteltasche davon. Ich schwang mich sofort auf mein

Pferd, das mir mein Knecht gebracht hatte, rief einem meiner Sklaven zu: »Sitz auf, sitz auf!«, und preschte hinter dem Maultier her, konnte es aber nicht einholen, da es so flink war wie ein Wildesel. Als mein Pferd von dem langen Weg bereits erschöpft war, holte mich mein Sklave ein. Ich befahl ihm, das Maultier in einer bestimmten Richtung weiterzuverfolgen. Er tat es, kam aber nach einer Weile zurück und sagte: »O mein Herr, ich habe das Maultier wirklich nirgends gesehen. Dafür habe ich hier diese Satteltasche gefunden und mitgebracht.«

»Genau diese Satteltasche ist es, die ich suchte«, erklärte ich ihm. »Der Verlust des Maultiers ist mir nicht so wichtig.« Als ich dann in unser Lager zurückkehrte, siehe, da kam auch das Maultier angaloppiert, lief mitten in das Pferdegehege und blieb dort stehen, so als hätte es nichts anderes im Sinn gehabt, als nur die viertausend Dinar zu verlieren.

Begegnung mit Nûraddîn

Schließlich gelangten wir auf unserem Weg nach *Busrâ*, wo ich erfuhr, daß *Nûraddîn* – Gott sei ihm gnädig! – mit seinem Heer vor Damaskus stand. Zusammen mit dem Emir *Schîrkûh*, der nach Busrâ gekommen war, zog ich zu Nûraddîns Lager und traf dort am Sonntagabend ein. Am folgenden Morgen unterrichtete ich ihn von meinem Auftrag, worauf er mir erklärte, er könne es nicht riskieren, sich zwischen die beiden Fronten zu stellen, da sowohl die Damaszener als auch die Franken seine Feinde seien. Da bat ich ihn, er möge mir erlauben, wenigstens diejenigen Männer zu rekrutieren und mit zurückzunehmen, die nicht in sein Heer aufgenommen worden waren, und ich schlug ihm vor, mir einen seiner Leute an der Spitze von dreißig Reitern mitzugeben, damit das Unternehmen unter seinem Namen laufe. Er stimmte zu, und bis zum nächsten Montag rief ich 860 Reiter zu den Fahnen. Mit diesen machte ich mich auf den Weg mitten in das Gebiet der Franken, wobei nur das Signalhorn unsere Lager- und unsere Aufbruchzeiten bestimmte. Nûraddîn hatte mir den Emir al-Jârûqî mit dreißig Reitern mitgeschickt.

Wie ein frommer Sklave an einer Legende verzweifelt

Auf unserem Weg kamen wir auch an der Höhle der Siebenschläfer in Petra vorbei, wo ich anhalten ließ, um in der Moschee zu beten. Ich kam allerdings nicht durch den engen Felsspalt, der die Moschee mit der Höhle verbindet. Als einer der mich begleitenden türkischen Emire namens Barschak hinzutrat und sich durch den engen Spalt zwängen wollte, fragte ich ihn, was er in der Höhle wolle, er könne ja auch vor der Höhle beten. Da rief er aus: »Es gibt keinen Gott außer Gott! Ich wäre ein Hurensohn, wenn ich nicht durch diesen Spalt hindurchkäme!« – »Warum das denn?« wollte ich wissen, worauf er behauptete, daß kein Sohn einer Ehebrecherin fähig sei, diesen Ort zu betreten. Seine Worte brachten mich dazu, mich doch noch durch den Spalt zu zwängen und in der Höhle mein Gebet zu verrichten.

Nachdem ich wieder herausgekommen war, ohne natürlich, wie Gott weiß, den Worten des Türken zu glauben, folgte der größte Teil des Heeres meinem Beispiel. Nun hatte Barâq az-Zubaidî, einer meiner Leute, einen frommen schwarzen Sklaven bei sich, der sehr viel zu beten pflegte. Auch er kam herbei, doch obwohl er der dürrste Kerl war, den man sich vorstellen konnte, gelang es ihm trotz aller Bemühungen nicht, durch den Spalt hineinzukommen. Der Arme weinte, heulte und schluchzte, als er sein Unterfangen erfolglos aufgeben mußte.

Gegen die Franken vor Askalon

Im Morgengrauen kamen wir in Askalon an und luden unsere Lasten beim Gebetsplatz ab. Kaum waren wir damit fertig, erschienen mit den ersten Sonnenstrahlen auch schon die Franken. Jâqût, der Statthalter von Askalon, kam eilends herbei und rief uns zu, wir sollten uns schleunigst mit unserem Gepäck davonmachen. »Fürchtest du etwa, die Franken könnten es uns rauben?« fragte ich ihn, und als er bejahte, fuhr ich fort: »Habe keine Angst! Sie haben uns in der Wüste gesehen und sind bis nach Askalon neben uns hergezogen, ohne daß wir Angst vor ihnen bekommen haben. Sollen wir sie jetzt fürchten, wo wir bei einer Stadt sind, die uns gehört?!«

Die Franken hielten in einiger Entfernung von uns an. Nach einer Weile zogen sie in ihr Gebiet ab, sammelten dort weitere Männer und kamen mit Reitern, Fußsoldaten und Zelten zurück, um zum Kampf gegen Askalon anzutreten. Als wir hinausritten, um sie anzugreifen, bemerkte ich, daß auch die Fußsoldaten von Askalon vor die Stadt gezogen waren. Ich ritt zu ihnen hin und rief ihnen zu: »Geht hinter euere Mauern zurück, Freunde, und laßt uns allein gegen die Franken kämpfen! Wenn wir sie besiegen, könnt ihr euch uns wieder anschließen. Wenn sie uns aber besiegen, seid ihr hinter eueren Mauern in Sicherheit!« Als sie sich jedoch weigerten umzukehren, ließ ich sie gewähren und wandte mich wieder in Richtung der Franken, die gerade ihre Zelte abgeladen hatten, um sie aufzustellen. Wir umzingelten sie und setzten ihnen derart zu, daß sie keine Zeit mehr fanden, ihre Zelte wieder zusammenzufalten. Sie warfen sie ausgebreitet, wie sie waren, weg und machten sich eilends auf den Rückzug. Als sie sich eine Strecke Wegs von der Stadt entfernt hatten, folgten ihnen ein paar wehruntüchtige und kraftlose Halbwüchsige, worauf sich die Franken umwandten, sich auf sie stürzten und einige von ihnen niedermachten. Auch die Fußsoldaten, die ich vergebens zur Umkehr hatte bewegen wollen, wurden in die Flucht geschlagen und warfen ihre Schilde weg. Darauf stießen wir selbst wieder auf die Franken und trieben sie zurück. Sie kehrten um und zogen in das Gebiet, das sie in der Nähe von Askalon unter ihrer Herrschaft hatten. Unsere geschlagenen Fußsoldaten aber kamen herbei und machten sich gegenseitig Vorwürfe, indem sie sprachen: »Ibn Munqidh war doch erfahrener als wir! Er riet uns noch, wir sollten umkehren! Hätten wir auf ihn gehört, wären uns diese Niederlage und diese Schande erspart geblieben!«
Mein Bruder *Abu l-Hasan Alî* – Gott sei ihm gnädig! – hatte mich mit einigen Gefährten von Damaskus nach Askalon begleitet. Er war einer jener muslimischen Ritter, die für ihren Glauben und nicht für die Güter dieser Welt kämpften. Eines Tages brachen wir von Askalon auf, um einen Angriff auf *Bait Dschibrîl* zu machen. Wir erreichten den Ort und kämpften gegen die Bewohner. Als wir uns wieder auf den Heimweg begaben, sah ich eine große Menge Getreide. Ich hielt mit meinen Begleitern sogleich an, wir entzündeten Feuerbrände und warfen sie auf die Tennen. Von einem Ort zum andern verfuhren wir nun in der gleichen Weise, während der Hauptteil meines

Heeres bereits vorausgezogen war. In der Zwischenzeit strömten aber die Franken – Gott verfluche sie! – von ihren nahe beieinanderliegenden Burgen zusammen, wo sie, um ständig für einen Überfall auf Askalon gerüstet zu sein, immer viele Reiter bereitstehen hatten, und griffen unser Heer an. Einer unserer Reiter kam zu mir herangeprescht und rief: »Die Franken sind da!« Und als ich das Heer einholte, hatten die ersten Franken es bereits erreicht. Die Franken, die in der Kriegführung äußerst vorsichtig sind, zogen einen Hügel hinauf und machten dort halt, und wir taten das gleiche auf einer gegenüberliegenden Anhöhe. Dazwischen lag eine freie Ebene, durch die, unterhalb von den Franken, unsere ungeschützten Gefährten und die Führer der Handpferde zogen. Aus Furcht vor einer Kriegslist oder einem Hinterhalt ritt jedoch keiner der fränkischen Ritter hinab, um sie anzugreifen. Wären die Franken hinuntergekommen, hätten sie unsere Leute bis auf den letzten Mann gefangennehmen können, da wir ihnen nur in geringer Zahl gegenüberstanden und der Großteil unseres Heeres bereits fluchtartig vorausgeeilt war. Die Franken verharrten auf ihrem Hügel, bis unsere Leute die Ebene durchquert hatten und wandten sich erst dann gegen uns. Kämpfend flohen wir. Jeden von uns, der sein Pferd anhielt, töteten sie, und jeden, der stürzte, nahmen sie gefangen. Sie verfolgten uns jedoch nicht ernsthaft und ließen schließlich ganz von uns ab. Gott – gepriesen sei Er! – hat vorherbestimmt, daß wir dank ihrer Vorsicht heil davonkamen. Wären wir ihnen zahlenmäßig gewachsen gewesen und hätten wir sie besiegt, wie sie uns besiegten, hätten wir sie völlig vernichtet!

Gegen die Franken kämpfend blieb ich in Askalon vier Monate. Während dieser Zeit unternahmen wir auch einen Angriff auf die Hafenstadt Jubnâ, töteten dort etwa fünfhundert Mann und machten Gefangene. Am Ende der vier Monate erreichte mich ein Brief des Wesirs *Ibn as-Sallâr,* in dem er mich aufforderte, nach Ägypten zurückzukehren, und ich kam seiner Bitte nach. Mein Bruder Abu l-Hasan Alî – Gott sei ihm gnädig! – blieb in Askalon und fand dort bei einem Angriff des muslimischen Heeres auf Gaza den Märtyrertod. Er war ein herausragender Gelehrter unter den Muslimen, ein trefflicher Ritter und ein frommer Diener Gottes gewesen.

Wie der Wesir Ibn as-Sallâr einer Verschwörung Nasrs zum Opfer fällt, wie dessen Vater der neue Wesir wird, und wie dieser den Kalifen ermordet

Die Machenschaften, in deren Verlauf der Wesir *Ibn as-Sallâr* zu Tode kam, begannen damit, daß er ein Heer ausrüstete und unter Führung seines Stiefsohnes Abbâs nach Bilbîs in Marsch setzte, um jenes Gebiet gegen die Franken zu verteidigen. Abbâs hatte seinen Sohn Nasr bei sich, der aber schon nach einigen Tagen das Heer verließ und ohne Erlaubnis Ibn as-Sallârs nach Kairo zurückkehrte. Der Wesir tadelte ihn deswegen und befahl ihm, sich wieder dem Heer anzuschließen, wobei er davon ausging, der junge Nasr sei nach Kairo zurückgekommen, um sich zu amüsieren und weil ihn das Leben im Heer verdroß. Nasr hatte sich aber mit *az-Zâfir,* dem Kalifen, verschworen und einen Plan ausgeheckt, wonach er mit einigen Sklaven des Kalifen den Wesir in seinem Palast überrumpeln und töten wollte. Dies sollte zu einem Zeitpunkt geschehen, wenn Ibn as-Sallâr sich in seinen Harem begeben haben würde, um sich zu erfrischen und zu schlafen. Mit einem Eunuchen Ibn as-Sallârs hatte Nasr ausgemacht, daß er ihm Bescheid geben sollte, sobald sein Herr eingeschlafen sei. Außerdem war die Herrin des Hauses, d. h. die Frau Ibn as-Sallârs, eine Großmutter Nasrs, weshalb dieser ständig freien Zugang zu den Privatgemächern hatte.

Als der Eunuch meldete, daß Ibn as-Sallâr schlief, drang Nasr mit seinen Sklaven in den Harem ein, tötete Ibn as-Sallâr – Gott sei ihm gnädig! –, schlug ihm den Kopf ab und brachte diesen zum Kalifen. Dies geschah am Donnerstag, dem 6. Muharram im Jahre 548 d. H. (= 4. April 1153). Im Palast Ibn as-Sallârs hatten sich damals etwa eintausend Mann von seinen *Mamelucken* und diensthabenden Wachen aufgehalten, doch befanden sie sich in den öffentlichen Teilen des Palastes, während er im Harem getötet wurde. Diese Männer stürzten nun aus dem Palast, und es entbrannte ein Kampf zwischen ihnen und den Leuten des Kalifen und Nasrs. In dem Augenblick, in dem jedoch der Kopf Ibn as-Sallârs auf einer Lanze hochgehalten wurde, zerfielen seine Leute in zwei Gruppen. Die einen verließen die Stadt durch das Kairo-Tor und begaben sich zu Nasrs Vater Abbâs, um sich in seinen Dienst zu stellen und ihm Gehorsam zu leisten; die anderen warfen ihre Waffen weg, traten vor Nasr hin, küß-

ten den Boden vor ihm und traten in seinen Dienst. Am folgenden Morgen hielt Abbâs seinen Einzug in Kairo und nahm Ibn as-Sallârs Platz im Wesirspalast ein. Der Kalif bekleidete ihn mit dem Ehrengewand des Wesirs und betraute ihn mit den Staatsgeschäften.
Nasr pflegte engsten Umgang mit dem Kalifen zum Mißfallen seines Vaters Abbâs, der die Gewohnheit der Leute kannte, den einen gegen den anderen auszuspielen, um sie beide zu vernichten und ihren Besitz an sich zu reißen. Eines Abends, als Vater und Sohn allein zu Hause waren und sich gegenseitig Vorwürfe machten, baten sie mich zu sich. Als ich bei ihnen eintraf, wies Abbâs seinen Sohn gerade heftig zurecht, während dieser, den Kopf wie ein Leopard gesenkt, jeden Vorwurf mit einer Gegenbeschuldigung beantwortete, worauf Abbâs noch wütender wurde und er Nasr noch heftiger tadelte. Da wandte ich mich an Abbâs und sprach: »Mein Fürst! Wieviel Tadel und Schelte willst du noch über meinen Herrn Nasr ausgießen, während er schweigend dasitzt? Richte deinen Tadel gegen mich, denn ich begleite ihn in allem, was er tut, und bin an keiner seiner Handlungen, sei sie richtig oder falsch, schuldlos! Worin liegt denn sein Vergehen? Er hat keinem deiner Freunde etwas getan, hat nichts von deinem Besitz vergeudet und hat deine Art der Staatsführung nicht mit Schmähungen bedacht. Vielmehr hat er sein Leben aufs Spiel gesetzt, damit du dein hohes Amt erreichtest. Er hat nichts getan, was deinen Tadel verdiente!« Da ließ Abbâs von seinem Sohn ab, der meine Worte mit Wohlwollen vernommen hatte.
Az-Zâfir, der Kalif, versuchte nun, Nasr dazu zu bringen, seinen Vater zu töten, versprach ihm dafür das Amt des Wesirs anstelle seines Vaters und bedachte ihn mit reichen Geschenken. Als ich eines Tages zu Nasr kam, hatte der Kalif ihm gerade zwanzig silberne Präsentierteller mit zwanzigtausend Golddinaren geschickt. Nachdem er ihn dann einige Tage nicht weiter beachtete, ließ er ihm eine Sammlung verschiedenartigster Gewänder überbringen, wie ich sie noch nie auf einmal gesehen hatte. Dann schenkte er ihm erneut einige Tage keine Beachtung, schickte ihm darauf aber fünfzig silberne Präsentierteller mit fünfzigtausend Golddinaren. Und wieder einige Tage später, in denen er ihn nicht beachtet hatte, ließ er ihm dreißig Reitmaultiere und vierzig Kamele bringen, die mit Zaumzeug, Taschen und Stricken voll ausgerüstet waren. Der Vermittler zwischen dem Kalifen und Nasr war ein Mann namens Murtafa' ibn Fahl.

Während all dieser Vorgänge befand ich mich ständig bei Nasr, der mir weder bei Tag noch bei Nacht erlaubte, mich von ihm zu entfernen, und wenn wir schliefen, ruhte mein Kopf am Ende seines Kissens. Eines Abends, als wir im Schâbûra-Palast weilten, erschien wieder Murtafa' und unterhielt sich mit Nasr, bis das erste Drittel der Nacht verstrichen war. Ich hielt mich abseits. Nachdem sich Murtafa' wieder entfernt hatte, rief mich Nasr zu sich und fragte mich, wo ich gewesen sei, worauf ich ihm sagte, daß ich am Fenster im Koran gelesen hätte, da ich den ganzen Tag noch nicht dazu gekommen sei. Dann eröffnete er mir einiges von seinem Plan, um meine Meinung darüber zu erfahren und um mich dazu zu bringen, ihn in dem üblen Vorhaben zu bestärken, zu dem ihn der Kalif anstiftete.

»Mein Fürst«, erwiderte ich ihm, »möge der Teufel dich nicht straucheln lassen, und lasse dich nicht von jemandem täuschen, der dich verblenden will! Deinen eigenen Vater zu ermorden ist etwas anderes als Ibn as-Sallâr umzubringen! Tue nichts, dessentwegen du bis zum Jüngsten Tag verflucht sein wirst!« Nasr senkte sein Haupt, beendete das Gespräch, und wir begaben uns zur Ruhe. Am nächsten Tag unterrichtete er seinen Vater von der Sache, worauf dieser ihn liebevoll behandelte, und er wieder seine Zuneigung gewann. Gemeinsam beschlossen sie dann, den Kalifen zu töten.

Nasr und der Kalif hatten die Gewohnheit, des Abends verkleidet auszugehen. In der Nacht zum Donnerstag, dem letzten Muharram im Jahre 549 d. H. (= 15. April 1154), lud Nasr den Kalifen in sein Haus in der Marktstraße der Schwertmacher ein. Neben dem Haus hatte er einige seiner Gefährten postiert, die, als der Kalif Platz genommen hatte, hereinstürzten und ihn töteten. Den Leichnam warf Nasr in einen Brunnen des Hauses. Auch einen schwarzen Diener, den der Kalif ständig um sich hatte, brachten sie um.

Am folgenden Morgen begab sich Abbâs wie an jedem Donnerstag zum Palast, als wollte er dem Kalifen seine Aufwartung machen, und setzte sich in eine Seitenkammer des Wesiratsraumes, so, als warte er darauf, daß der Kalif käme, um die Audienz zu gewähren. Als die Zeit der Audienz verstrich, ohne daß *az-Zâfir* erschien, ließ Abbâs den Hausmeier rufen und fragte ihn, weshalb der Kalif nicht zur Audienz gekommen sei. Der Hausmeier war verwirrt und wußte nicht, was er sagen sollte. »Warum antwortest du mir nicht?« schrie

Abbâs ihn an, worauf der Hausmeier gestand, sie wüßten nicht, wo der Fürst sich befinde. »Ein Kalif geht doch nicht so einfach verloren!« schimpfte Abbâs und forderte den Hausmeier auf, unverzüglich nachzusehen, was geschehen sei. Der Hausmeier machte sich davon, kam aber mit den Worten zurück: »Wir können unseren Herrn nicht finden.« Da erklärte Abbâs: »Die Muslime dürfen nicht ohne Kalif bleiben. Geh zu seinen Brüdern! Einer von ihnen soll herkommen, damit wir ihm als dem neuen Kalifen huldigen!« Der Hausmeier gehorchte, doch die Brüder des Kalifen erklärten ihm, sie hätten mit der Sache nichts zu tun, da ihr Vater sie einst von der Macht ausgeschlossen und das Kalifat dem az-Zâfir übertragen habe, weshalb nun dieses Amt allein dem Sohne az-Zâfirs zukomme. Als der Hausmeier dem Abbâs diese Antwort überbrachte, befahl er ihm, az-Zâfirs Sohn zu holen, damit sie diesem huldigten.

Nun, da Abbâs mit Hilfe seines Sohnes den Kalifen az-Zâfir umgebracht hatte, beschloß er, dessen Brüder des Mordes zu bezichtigen und sie unter diesem Vorwand ebenfalls zu töten. Az-Zâfirs Sohn war noch ein kleines Kind und wurde von einem der Palasteunuchen auf den Schultern hereingebracht. Abbâs nahm sich den Jungen auf den Arm und trug ihn, während die Anwesenden weinten, in den Empfangsraum seines ermordeten Vaters, wo sich dessen Brüder, die Emire Jûsuf und Dschibrîl, sowie sein Neffe, der Emir Abu l-Baqâ, versammelt hatten.

Wir saßen in der Säulenhalle, und im Palast befanden sich über tausend ägyptische Soldaten, als plötzlich eine Schar Männer aus dem Empfangsraum heraus in die Halle stürzte, und wir hörten, wie drinnen mit Schwertern auf einen menschlichen Körper eingeschlagen wurde. Ich befahl einem meiner armenischen Sklaven, er solle nachsehen, wen man umgebracht habe. Als er zurückkam, rief er aus: »Nein, das sind keine Muslime mehr! Sie haben meinen Herrn Abu l-Amâna – er meinte den Emir Dschibrîl – ermordet, und einer hat seinen Leib aufgeschnitten und reißt ihm die Eingeweide heraus!« Dann erschien Abbâs und zerrte den Emir Jûsuf hinter sich her, wobei er dessen unverhüllten Kopf, aus dem nach einem Schwerthieb das Blut quoll, unter den Arm preßte. Sein Sohn Nasr brachte auch noch Abu l-Baqâ, den Neffen des toten Kalifen. Sie schleppten beide in eine Kammer des Palastes und brachten sie dort um. Dies alles

konnte geschehen, obwohl im Palast tausend blanke Schwerter waren.
Dieses schändliche, von Gott und Seinen Geschöpfen verabscheute Unrecht machte jenen Tag zu einem der schrecklichsten, die ich bis dahin erlebt hatte.
Zu den ungewöhnlichen Dingen, die sich an jenem Tage ereigneten, gehört auch dies: Als Abbâs damals am Morgen den Audienzraum betreten wollte, fand er die Tür von innen verschlossen. Verantwortlich für das Öffnen und Schließen der Tür war ein alter Eunuch, namens Amînalmulk. Als es Abbâs und seinen Leuten schließlich doch gelang, die Tür mit einem Trick zu öffnen, fanden sie den Eunuchen mit dem Schlüssel in der Hand tot hinter der Tür.

Abbâs kommt in Bedrängnis

Nachdem Abbâs die Söhne des Kalifen *al-Hâfiz* – Gott sei ihm gnädig! – allesamt umgebracht hatte, erfüllten sich die Herzen der Muslime mit Groll gegen ihn und waren voll mit Feindschaft und Haß. Al-Hâfiz' Töchter, die noch im Kalifenpalast lebten, schrieben an den Ritter der Muslime, »den Vater der Raubzüge«, *Ibn Ruzzîk*, und flehten ihn um Hilfe an. Ibn Ruzzîk sammelte daraufhin seine Truppen und verließ die ihm unterstellte Provinz, um nach Kairo zu ziehen. Abbâs seinerseits ordnete an, die Flotte instand zu setzen und Verpflegung, Waffen und Schätze auf die Schiffe zu bringen, und befahl seinem Heer, die Reittiere zu besteigen und sich mit ihm in Marsch zu setzen. Dies war am 15. Safar des Jahres 549 d. H. (= 26. April 1154). Seinem Sohn Nasr trug er auf, in Kairo auszuharren, und mir befahl er, bei Nasr zu bleiben.
Als Abbâs aufbrechen wollte, um Ibn Ruzzîk entgegenzuziehen, verweigerten ihm seine Truppen den Gehorsam und verschlossen die Tore von Kairo. In den Straßen und Gassen der Stadt entwickelte sich zwischen ihnen und uns ein erbitterter Kampf. Die Reiter griffen uns auf den Straßen an, die Fußsoldaten schossen Pfeile und schleuderten Steine von den Dächern auf uns herab, und auch die Frauen und Kinder bewarfen uns von den Fenstern mit Steinen. Der Kampf währte vom frühen Morgen bis zum späten Nachmittag. Schließlich gewann Abbâs die Oberhand, die Aufständischen öffne-

ten die Tore und flohen. Er verfolgte sie bis ins Innere des Landes und tötete von ihnen so viele er konnte. Dann kehrte er in die Stadt zurück und übernahm wieder die uneingeschränkte Befehlsgewalt. Er ordnete an, das Barqîja-Viertel, in dem sich alle Unterkünfte der Truppen befanden, niederzubrennen, doch konnte ich ihn von diesem Vorhaben abbringen, indem ich ihm in ruhigem Ton klarmachte, daß das Feuer auch auf solche Teile übergreifen werde, die er gar nicht zerstören wolle und daß er dann nicht wissen werde, wie er das Feuer wieder löschen solle. Auch gelang es mir, bei Abbâs ein Sicherheitsversprechen für den Emir al-Mu'taman ibn abi Ramâda zu erwirken, nachdem er bereits seine Hinrichtung beschlossen hatte; ich brachte eine Entschuldigung für ihn vor, worauf Abbâs ihm vergab.

Der Aufruhr beruhigte sich zwar, doch war sich Abbâs mit Schrekken bewußt geworden, daß das Heer und die Emire ihm feindlich gesonnen waren und daß er nicht länger mitten unter ihnen bleiben konnte. Er entschloß sich deshalb, Ägypten zu verlassen und sich nach Syrien zu *Nûraddîn* zu begeben, um diesen um Unterstützung zu bitten. Inzwischen gingen die Boten zwischen den Mitgliedern der Kalifenfamilie in den Palästen Kairos und Ibn Ruzzîk hin und her. Mich verband mit Ibn Ruzzîk eine enge Freundschaft seit den Tagen meiner Ankunft in Ägypten. Er schickte mir nun einen Boten, der mir die folgende Nachricht überbrachte: »Abbâs kann nicht länger in Ägypten bleiben, sondern wird sich nach Syrien begeben. Ich selbst werde die Herrschaft im Lande übernehmen, und du weißt, was uns beide verbindet. Gehe deshalb nicht mit ihm! Da er dich in Syrien braucht, wird er dich zu überreden suchen, mit ihm zu kommen. Ich beschwöre dich aber bei Gott, begleite ihn nicht dorthin, denn du wirst an allem Guten Anteil haben, das ich erreiche!«

Ich weiß nicht, ob die Teufel es Abbâs eingeflüstert haben oder ob er es nur vermutete, weil er meine Freundschaft zu Ibn Ruzzîk kannte, jedenfalls merkte er, was zwischen mir und Ibn Ruzzîk vorging. Er beorderte mich sogleich zu sich und zwang mich, bindende und heilige Eide zu schwören, daß ich mit ihm ziehen und ihn ständig begleiten würde. Und nicht einmal dies genügte ihm, sondern in der Nacht schickte er auch noch seinen obersten Eunuchen, der freien Zugang zu seinem Harem hatte, und ließ durch ihn meine Frauen, meine Mutter und meine Kinder zu sich in den Palast holen. Er wer-

de, so erklärte er mir, selbst die Reisekosten für meine Familie übernehmen und sie zusammen mit seiner eigenen Frau, der Mutter Nasrs, nach Syrien reisen lassen.
Abbâs bereitete nun seine Pferde, Kamele und Maultiere zum Aufbruch vor. Er hatte 200 Hengste und Stuten, die nach ägyptischer Sitte von Fußsoldaten geführt wurden, sowie 200 Reitmaultiere und 400 Kamele, die die Lasten trugen. Er vertraute sehr auf die Sterne und entschloß sich aufgrund eines entsprechenden günstigen Horoskopes, am Samstag, dem 15. Rabî I. des Jahres 549 d. H. (= 30. Mai 1154) loszuziehen. Als ich mich bei ihm einfand, war auch gerade sein Sklave Anbar der Große bei ihm erschienen und sprach: »Mein Fürst! Was haben wir von diesem Zug nach Syrien zu erhoffen? Nimm deine Schätze, deine Familie, deine Sklaven und alle deine Gefolgsleute und laß uns nach Alexandria gehen! Dort können wir neue Truppen sammeln und mit ihnen hierher zurückkommen, um gegen Ibn Ruzzîk und seine Leute zu kämpfen. Siegen wir, so kannst du in deinen Palast zurückkehren und deine Herrschaft wieder übernehmen. Gelingt es uns dagegen nicht, ihn zu schlagen, ziehen wir uns in das Gebiet von Alexandria zurück und verschanzen uns in einem Ort, in dem der Feind uns nichts anhaben kann.« Abbâs jedoch wies den Sklaven barsch ab und hielt seinen Vorschlag für abwegig, obgleich der Sklave recht hatte.
Am Freitag morgen rief mich Abbâs in aller Frühe zu sich. Bei ihm eingetroffen, erklärte ich ihm: »Mein Fürst! Wenn ich von der Morgendämmerung bis in die Nacht den ganzen Tag bei dir bin, wann soll ich dann meine eigenen Reisevorbereitungen treffen?« – »Wir haben Boten aus Damaskus hier«, erwiderte er mir, »bringe sie auf den Weg, dann gehe und kümmere dich um deine eigenen Sachen!«
Tags zuvor hatte Abbâs eine Reihe von Emiren zu sich gebeten und ihnen den Eid abgenommen, daß sie ihm treu bleiben und sich nicht gegen ihn verschwören würden. Auch eine Anzahl Stammesführer der arabischen Stämme Darmâ', Zuraiq, Dschudhâm, Sinbis, Talha, Dscha'far und *Lawâta* hatte er zu sich gerufen und ihnen beim Koran und bei der Scheidung [5] den gleichen Schwur abgenommen. Als ich mich nun am frühen Freitagmorgen bei Abbâs befand, rückten plötzlich Bewaffnete gegen uns vor, die eben von jenen Emiren angeführt wurden, die er tags zuvor hatte Treue schwören lassen. Abbâs befahl sofort, die Reittiere zu satteln und vor dem Palast be-

reitzustellen, worauf diese gleichsam einen Damm zwischen uns und den Ägyptern bildeten, die wegen der dichtgedrängten Tiere nicht zu uns durchstoßen konnten.
Der Sklave Anbar der Große, der Abbâs den oben genannten Rat gegeben hatte, trat jedoch vor den Palast hinaus und schrie die ihm unterstellten Pferdeknechte, Maultierführer und Kameltreiber an, sie sollten nach Hause verschwinden, worauf sie davonliefen und die Tiere unbeaufsichtigt zurückließen. Sogleich begannen die Ägypter, ein Tier nach dem anderen zu stehlen.

Wie ich ausgeraubt und verwundet nach Damaskus zurückkehre

Nun befahl mir Abbâs, ich sollte hinausgehen und die türkischen Garden holen, die am Nasr-Tor stationiert waren, und die Schreiber sollten Geld unter sie verteilen. Als ich aber bei den Türken anlangte und sie aufforderte mitzukommen, schwangen sich alle – es waren achthundert an der Zahl – auf ihre Pferde und verließen durch das Kairo-Tor fluchtartig die Stadt, um nicht kämpfen zu müssen. Und auch die *Mamelucken*, die noch zahlreicher waren als die Türken, bestiegen ihre Reittiere und zogen durch das Nasr-Tor davon. Ich kehrte zu Abbâs zurück und erzählte es ihm. Dann machte ich mich daran, meine Familie, die er zuvor in seinen Palast hatte bringen lassen, zusammen mit seinem eigenen Harem hinauszuschaffen. Sobald der Weg frei war und die Reittiere vor dem Palast allesamt geraubt worden waren, drangen die Ägypter in den Palast ein und warfen uns, die wir in der Minderzahl waren, hinaus. Sobald wir das Nasr-Tor passiert hatten, eilten sie zu allen Toren der Stadt, verschlossen sie und kehrten zu unseren Häusern zurück, um sie auszuplündern. Aus dem Empfangssaal meines eigenen Hauses stahlen sie vierzig große Kameltaschen, in die reichlich Gold und Silber und viele Gewänder eingenäht waren. Aus meinem Stall holten sie 36 Pferde und weibliche Reitmaultiere mitsamt Sätteln und Zaumzeug sowie 25 Kamele, und von meinem Lehen in Kûm Aschfîn raubten sie den Pächtern zweihundert Rinder, tausend Schafe und den Inhalt eines Getreidespeichers.
Nachdem wir das Nasr-Tor hinter uns gelassen hatten, rotteten sich

die arabischen Stämme zusammen, denen Abbâs zuvor den Treueschwur abgenommen hatte, und griffen uns vom Freitagmorgen bis zum Donnerstag, dem 20. Rabî I. (= 4. Juni 1154), ständig an. Während sie uns tagsüber unablässig attackierten, ließen sie uns jeweils, wenn die Nacht hereinbrach und wir abstiegen, in Ruhe, bis wir eingeschlafen waren, um dann mit hundert Reitern laut schreiend an einer Seite unseres Lagers wieder aufzutauchen und alle unsere Pferde zu stehlen, die scheuend in ihre Richtung rannten.

An einem dieser Tage verlor ich den Anschluß an die anderen. Ich ritt das schlechteste meiner Pferde, einen weißen Hengst, den mein Stallbursche gesattelt hatte ohne zu wissen, was kommen sollte. Außer meinem Schwert trug ich keine Waffen bei mir. Plötzlich griffen mich die Beduinen an. Ich hatte nichts, womit ich mich hätte gegen sie wehren können, und mein Pferd war unfähig, mich aus der Reichweite ihrer Speere zu bringen. Da sagte ich mir, es sei wohl besser, abzusteigen, das Schwert zu ziehen und sie auf diese Weise zurückzudrängen. Doch gerade als ich mich sammelte um hinabzuspringen, scheute das Pferd, und ich stürzte auf den rauhen, steinigen Boden. Ein Stück Haut wurde mir vom Kopf gerissen, und ich war so betäubt, daß ich nicht mehr wußte, wo ich mich befand. Barhäuptig und halb besinnungslos saß ich auf der Erde, ohne Schwert, das bei meinem Sturz mitsamt der Scheide fortgeschleudert worden war. Einige der Beduinen traten auf mich zu, und einer von ihnen versetzte mir mit dem Schwert zwei Hiebe und schrie: »Her mit dem Geld!«, doch ich war so benommen, daß ich den Sinn seiner Worte nicht mehr begriff. Dann nahmen sie mein Pferd und mein Schwert und ritten davon.

Schließlich sahen mich unsere Türken und kamen zu mir zurück. Nasr schickte mir ein Pferd und ein Schwert, und ich machte mich wieder auf den Weg, doch hatte ich nicht einmal ein Tuch, um meine Wunde zu verbinden. – Gepriesen sei Der, Dessen Herrschaft nie zu Ende geht!

Ohne eine Handvoll Proviant zogen wir dahin. Wenn ich Durst verspürte, mußte ich absteigen und Wasser aus der Hand trinken. Dabei hatte ich noch eine Nacht, bevor wir aufbrachen, in einem Vorraum meines Hauses auf einem Stuhl gesessen, und man hatte mir sechzehn Lastkamele mit weiß Gott wie vielen Wasserschläuchen und Proviantsäcken angeboten. Schließlich konnte ich meine Familie nicht mehr länger mit mir führen. Von Bilbîs aus schickte ich sie deshalb zurück zu Ibn Ruzzîk, der sie bestens behandelte, ihr ein Haus als Wohnung zuwies und sie mit allem Nötigen versorgte.

Als uns dann die Beduinen, die uns die ganze Zeit angegriffen hatten, endlich in Ruhe lassen und sich zurückziehen wollten, kamen sie zu uns und verlangten das Versprechen, daß ihnen bei unserer Rückkehr nichts geschehen werde!

Wir zogen weiter, bis am Morgen des 23. Rabî I. (= 7. Juni 1154), einem Sonntag, die Franken beim Dorf Muwailih in großer Zahl über uns herfielen. Sie töteten Abbâs und seinen Sohn Husâmalmulk, nahmen seinen Sohn Nasr gefangen, raubten seine Schätze und schleppten seinen Harem mit sich fort. Alle Soldaten, derer sie habhaft wurden, brachten sie um. Mein Bruder *Abu Abdallâh Mohammed* – Gott sei ihm gnädig! – geriet in Gefangenschaft. Erst als wir uns in den Bergen vor ihnen verschanzten, ließen sie von uns ab.

In einem Zustand schlimmer als der Tod zogen wir ohne Proviant für Mensch und Tier durch das Gebiet der Franken, bis wir zu den Bergen des Stammes Banu Fuhaid – Gott verfluche sie! – im *Wâdî Mûsâ* gelangten. Dort stiegen wir auf schmalen, rauhen Pfaden zu einer weiten Ebene hinauf, wo jene verfluchten Teufel jeden von uns umbrachten, den sie einzeln erwischten. Nun halten sich in jener Gegend auch immer einige Emire vom Stamm der Banu Rabî'a aus dem Großverband der *Tajji'* auf. Ich erkundigte mich deshalb, welcher dieser Emire sich gerade in der Nähe befinde, worauf man mir den Namen meines Freundes Mansûr ibn Ghidafl nannte. Da gab ich jemandem zwei Dinar und beauftragte ihn, zu Mansûr zu reiten und ihm auszurichten, sein Freund Ibn Munqidh lasse ihn grüßen und bitte ihn, am folgenden Morgen zu ihm zu kommen.

In größter Angst vor den Beduinen verbrachten wir die Nacht. Beim ersten Morgengrauen kamen sie voll bewaffnet an den Brunnen und erklärten: »Wir lassen euch nicht von unserem Wasser trinken, denn wir wollen später nicht selbst verdursten!« Dabei befand sich im Brunnen genügend Wasser für alle arabischen Stämme der Welt, und außerdem besaßen sie in ihrem Gebiet noch viele andere Brunnen dieser Art. Sie wollten mit ihrer Weigerung nur Streit zwischen uns entfachen, um uns dann gefangenzunehmen.

Während wir uns so gegenüberstanden, erschien plötzlich Mansûr ibn Ghidafl. Er schrie die Beduinen an und beschimpfte sie, worauf sie sich zerstreuten. »Sitz auf!« rief er mir zu, und wir ritten einen Weg hinunter, der noch enger und steiniger war als jener Pfad, den wir heraufgekommen waren. Heil erreichten wir den Grund des Tales, nachdem wir unseren Untergang bereits vor Augen gesehen hatten. Ich sammelte eintausend ägyptische Golddinare und überreichte sie Emir Mansûr, der uns daraufhin wieder verließ und zurückritt.

Am Freitag, dem 5. Rabî II. (= 19. Juni 1154), erreichten wir mit allen, die die Angriffe der Franken und der Banu Fuhaid lebend überstanden hatten, endlich Damaskus. Daß wir heil diesen Weg hinter uns gebracht hatten, war ein Zeichen für die Allmacht und den wunderbaren Schutz Gottes!

Ein verschenkter Sattel taucht wieder auf

Zu den denkwürdigen Erlebnissen, die ich im Verlauf dieser Ereignisse hatte, gehört folgende Begebenheit: Az-Zâfir hatte eines Tages einen hübschen kleinen Zelter aus fränkischer Zucht dem Nasr als Geschenk übersandt. Ich war damals gerade zu einem mir gehörenden Dorf gezogen, während mein Sohn Abu l-Fawâris bei Nasr zurückblieb. Als dieser nun, nachdem er den Zelter entgegengenommen hatte, den Wunsch äußerte, er hätte für das Pferd gern einen hübschen Sattel von der Art, wie sie in Gaza hergestellt wurden, erklärte ihm mein Sohn, er kenne einen solchen Sattel, der seinem Wunsch in höchstem Maße entspräche, und als Nasr wissen wollte, wo sich dieser Sattel befinde, sagte ihm mein Sohn: »Im Hause meines Vaters, deines Dieners; er hat einen schönen Sattel aus Gaza.« Nasr bat ihn daraufhin, den Sattel durch einen Boten aus meinem Hause holen zu lassen, was auch geschah. Das Stück gefiel ihm und er sattelte damit den Zelter. Ich hatte diesen Sattel auf einem Seitpferd aus Syrien mitgebracht. Er war auf wunderschöne Weise schwarz abgesteppt und mit 130 *Mithqâl* Gold durchwirkt.

Als ich von meinem Lehen zurückkehrte, erklärte mir Nasr, er hätte sich die Freiheit genommen, den Sattel aus meinem Haus zu holen, worauf ich ihm sagte, es mache mich stets glücklich, ihm einen Dienst erweisen zu dürfen.

Als uns dann später bei unserer Flucht aus Ägypten die Franken bei

Muwailih überfielen, ritten fünf meiner *Mamelucken* auf Kamelen, nachdem ihnen zuvor die Beduinen ihre Pferde gestohlen hatten. Nach dem Angriff der Franken blieben dann aber wieder einige Pferde reiterlos, worauf die Mamelucken von den Kamelen stiegen und sich so viele von diesen Pferden einfingen, wie sie zum Reiten brauchten. Und siehe da, eines der Pferde trug jenen Goldsattel, den Nasr einst an sich genommen hatte.
Unter denen, die den Weg von Ägypten nach Syrien heil überstanden, befand sich auch Husâmalmulk, ein Vetter des Abbâs und ein Halbbruder des *Ibn as-Sallâr.* Er hatte die Geschichte mit dem Sattel gehört und behauptete nun in meinem Beisein: »Alles, was diesem armen Nasr gehörte, ist geraubt worden. Und was ihm die Franken nicht genommen haben, nahmen sich seine eigenen Begleiter!«
»Meinst du vielleicht den Goldsattel?« fragte ich ihn. Und als er bejahte, ließ ich den Sattel holen und sprach:
»Lies, was darauf steht! Siehst du den Namen ›Abbâs‹ oder ›Nasr ibn Abbâs‹ oder meinen eigenen Namen? Wer außer mir hätte in den Tagen des Kalifen al-Hâfiz in Ägypten auf einem Goldsattel reiten können?!«
Mein Name war in schwarzen Lettern an den Rand des Sattels geschrieben, der in der Mitte abgesteppt war. Und als Husâmalmulk meinen Namen darauf gelesen hatte, entschuldigte er sich und schwieg.

Das Schicksal des Wesirs Ridwân, aus dem Abbâs hätte lernen können

Hätte sich an Abbâs und an seinem Sohn Nasr nicht Gottes Wille als Folge ihrer Ungerechtigkeit und Undankbarkeit in der beschriebenen Weise erfüllen müssen, dann hätte Abbâs wohl eine Lehre daraus gezogen, wie es vor ihm *Ridwân* ibn al-Walachschî – Gott sei ihm gnädig! – ergangen war. Auch Ridwân war Wesir gewesen, und wie später gegen Abbâs, so hatte sich auf Betreiben des Kalifen *al-Hâfiz* das Heer auch gegen ihn erhoben, und er mußte von Ägypten nach Syrien fliehen. Sein Haus wurde geplündert und sein Harem geraubt. Ein gewisser Heerführer namens Muqbil sah in der Gewalt der Negergarden ein Mädchen, kaufte es ihnen ab und schickte es zu

sich nach Hause. Dieser Muqbil hatte eine treffliche Ehefrau, die das Mädchen in einem Zimmer im obersten Teil des Hauses unterbrachte. Als sie dann hörte, wie das Mädchen zu Gott betete, Er möge diese undankbaren Frevler besiegen, fragte sie es nach seinem Namen, worauf es erwiderte: »Ich bin Qatr an-Nadâ, die Tochter Ridwâns!« Da sandte die Frau sogleich zu ihrem Mann, dem Heerführer Muqbil, der am Tor des Kalifenpalastes Dienst tat, bat ihn heimzukommen und erzählte ihm dann, wer das Mädchen war. Muqbil schrieb darauf einen Bericht an den Kalifen al-Hâfiz und unterrichtete ihn von der Sache, worauf dieser das Mädchen von einigen Palastdienern aus Muqbils Haus holen und in den Palast bringen ließ. Soweit war es mit Ridwâns Familie gekommen!
Ridwân selbst gelangte in Syrien zur Stadt Salchad, wo sich damals der *Atabek Tughtakîn* aufhielt, der ihn in Ehren aufnahm, ihm eine Wohnstätte zuwies und ihn in seine Dienste nahm. Der *Atabek Zankî* andererseits, der damals gerade Baalbek belagerte, schrieb an Ridwân und machte mit ihm aus, daß er zu ihm nach Baalbek komme. Nun war Ridwân ein vollkommener, hochherziger und tapferer Mann, gebildet und ein eleganter Briefschreiber, und die Soldaten waren ihm wegen seiner Freigebigkeit sehr zugetan. Der Emir Mu'în ad-Dîn sagte mir deshalb damals in Damaskus: »Wenn sich dieser Mann dem Atabek Zankî anschließt, werden wir durch ihn großen Schaden erleiden!« Und als ich ihn daraufhin fragte, was er dagegen zu tun gedenke, bat er mich, ich solle mich zu Ridwân begeben, um ihm, wenn möglich, seine Absicht, sich dem Atabek Zankî anzuschließen, auszureden und ihn dazu zu bewegen, lieber nach Damaskus zu kommen.
Nachdem mir der Emir freie Hand dafür gegeben hatte, wie ich im einzelnen verfahren wollte, begab ich mich nach Salchad, wo ich Ridwân und seinen Bruder al-Auhad antraf. Als ich mich mit den beiden unterhielt, erklärte mir Ridwân, er könne an der Sache nichts mehr ändern, da er dem Atabek Zankî bereits das bindende Versprechen gegeben habe, daß er zu ihm kommen werde.
»Gott möge dir nur Gutes widerfahren lassen!« wünschte ich ihm und fügte hinzu: »So werde ich denn zu meinem Herrn zurückkehren, da er mich nicht entbehren kann. Zuvor habe ich dir in seinem Auftrag aber noch etwas mitzuteilen.«
»Sprich!«

»Wenn du zum Atabek Zankî gehst, wird dieser dann so viele Soldaten haben, daß er dir die eine Hälfte von ihnen nach Ägypten mitschicken und selbst mit der anderen Hälfte uns in Damaskus belagern kann?«

»Nein.«

»Wird er, nachdem er Damaskus belagert und es nach langer Zeit eingenommen haben wird, fähig sein, mit seinen geschwächten und von den Märschen ermüdeten Truppen, deren Versorgung zudem am Ende ist, mit dir nach Ägypten zu ziehen, bevor er die Truppen und die Tiere wieder ergänzt und gekräftigt hat?«

»Nein.«

»Er wird dich dann nämlich auffordern, mit ihm nach Aleppo zu ziehen, um dort die Marschausrüstung zu erneuern. Sobald ihr in Aleppo seid, wird er dir sagen, du sollst ihn weiter bis zum Euphrat begleiten, um dort Turkmenen zu rekrutieren. Habt ihr euer Lager dann am Euphrat errichtet, wird er behaupten, ihr müßtet den Euphrat überqueren, da sich sonst nicht genug Turkmenen bei euch sammeln würden. Und habt ihr dann schließlich auch den Euphrat überschritten, wird er sich mit deiner Person schmücken und gegenüber den Herrschern des Ostens prahlen: ›Seht her! Ich habe hier den Herrn Ägyptens in meinen Diensten!‹ Du wirst dir wünschen, du könntest auch nur einen einzigen Stein Syriens sehen, doch es wird dir nicht mehr möglich sein. Und dann wirst du dich an meine Worte erinnern und dir eingestehen, daß ich dir einen guten Rat gegeben habe, den du aber verschmäht hast.«

Nach diesen meinen Worten senkte Ridwân nachdenklich sein Haupt und wußte nicht, was er antworten sollte. Schließlich wandte er sich mir wieder zu und fragte: »Aber was soll ich tun, da du ja gleich nach Damaskus zurückkehren willst?«

»Wenn ein Nutzen darin liegen sollte, daß ich hier bleibe, werde ich bleiben«, antwortete ich ihm. Und da er zustimmte, blieb ich.

Wir führten in der nächsten Zeit noch zahlreiche Gespräche miteinander, bis es beschlossene Sache wurde, daß er nach Damaskus komme. Dafür sollte er 30 000 Golddinare, die eine Hälfte in bar, die andere in Form von Lehen, sowie das Anwesen des al-ʿAqîqî erhalten, und für seine Leute sollte eine eigene Heereskasse eingerichtet werden. Ridwân schrieb mit der ihm eigenen schönen Handschrift

die Bedingungen nieder, übergab mir die Urkunde und erklärte sich bereit, sogleich mit mir nach Damaskus zu ziehen, wenn ich dies wünschte.
»Nein«, erwiderte ich, »ich werde zunächst allein zurückkehren, aber die Brieftauben von hier mitnehmen. Sobald ich nach meiner Ankunft in Damaskus das al-'Aqîqî-Haus für dich habe räumen lassen und alles vorbereitet habe, werde ich die Tauben zu dir fliegen lassen und gleichzeitig selbst aufbrechen, um dich auf halbem Wege zu treffen und dich nach Damaskus zu geleiten.«
Darauf einigten wir uns. Ich verabschiedete mich von ihm und machte mich auf den Rückweg.
Nun war aber der Atabek Tughtakîn wegen der verführerischen Versprechungen, die Ridwân auch ihm zuvor für den Fall gemacht hatte, daß er ihm bei der Rückkehr nach Ägypten helfe, sehnlichst darauf bedacht, daß Ridwân tatsächlich nach Ägypten und nicht nach Damaskus ziehe. Nachdem ich Ridwân verlassen hatte, sammelte deshalb der Atabek Tughtakîn so viele Truppen wie er konnte und gab sie Ridwân mit auf den Weg nach Ägypten. An der Grenze zu Ägypten verrieten ihn jedoch die ihn begleitenden Türken und raubten ihm den Troß. Ridwân floh zu einem der Beduinenstämme, von wo aus er mit dem Kalifen *al-Hâfiz* in Verbindung trat. Er erbat sich ein Sicherheitsversprechen, das ihm auch erteilt wurde, doch sobald er in Kairo ankam, wurde er auf Befehl des Kalifen zusammen mit seinem Sohn in Haft genommen.
Erst in der Nacht zu jenem Donnerstag, an dem ich dann selbst nach Kairo kam, gelang es Ridwân, aus seinem Gefängnis, einem Haus neben dem Kalifenpalast, durch ein vierzehn Ellen langes Loch, das er mit einem Nagel gegraben hatte, zu entkommen. Einer seiner Verwandten unter den Emiren war in seinen Plan eingeweiht und erwartete ihn zusammen mit einem Günstling vom *Lawâta*-Stamm beim Palast. Gemeinsam gingen sie zum Nil und setzten eilends nach *Gizeh* über.
Ganz Kairo geriet über seine Flucht in Aufregung. Am nächsten Morgen strömten die Leute zu Ridwân, der sich an einem Aussichtsplatz in Gizeh aufhielt, und das ägyptische Heer bereitete sich zum Kampf gegen ihn vor. Am Freitag setzte er in aller Frühe wieder nach Kairo über, wo ihn die ägyptischen Soldaten in gepanzerten Rüstungen unter Führung von Qaimâz, »dem Herrn der Pforte«,

erwarteten. Als Ridwân auf diese stieß, schlug er sie in die Flucht und drang nach Kario ein.
Kurz zuvor war ich mit meinen Gefährten noch zum Palast geritten, hatte jedoch alle Tore des Palastes verschlossen vorgefunden und war deshalb zu meinem Haus zurückgekehrt.
Ridwân stieg in der al-Aqmar-Moschee ab, wo sich die Emire mit Verpflegung und Geld bei ihm versammelten. In der Zwischenzeit hatte der Kalif eine Gruppe von Negern im Palast zusammengeholt, wo sie so viel Wein tranken, bis sie berauscht waren. Dann ließ er ihnen das Tor des Palastes öffnen. Sie stürzten hinaus, um Ridwân zu suchen. Als die Emire das Schreien der Neger hörten, verließen sie Ridwân, ritten davon und zerstreuten sich. Als er selbst aus der Moschee trat, mußte er feststellen, daß auch sein Reitknecht mitsamt seinem Pferd verschwunden war.
Ein junger Bursche aus der Leibgarde des Kalifen erblickte Ridwân, wie er am Tor der Moschee stand, und rief ihm zu: »Mein Gebieter, willst du nicht auf mein Pferd aufsitzen?«
»Doch!« erwiderte Ridwân, worauf der Bursche, das Schwert in der Hand, herangaloppierte, sich zur Seite beugte, als wollte er vom Pferde steigen, und Ridwân mit dem Schwert einen Hieb versetzte, der ihn zu Boden streckte. Die Neger stürzten herbei und töteten ihn. Die Ägypter zerstückelten dann die Leiche und aßen das Fleisch, um dadurch, wie sie glaubten, Tapferkeit zu erlangen.
Ridwâns Schicksal hätte ein warnendes Beispiel sein können, wenn Gottes Wille nicht in Erfüllung gehen müßte.

Aderlaß hilft Wunden heilen

An jenem Tag zog sich einer meiner syrischen Begleiter zahlreiche Wunden zu. Sein Bruder kam zu mir und rief:
»Mein Bruder ist am Ende. Er hat durch Schwerter und andere Waffen zu viele Wunden erhalten. Er hat das Bewußtsein verloren und kommt nicht mehr zu sich.«
»Geh zurück und lasse ihn zur Ader«, riet ich ihm.
»Aber er hat doch schon literweise Blut verloren!« hielt er mir entgegen.

»Geh zurück und lasse ihn zur Ader!« wiederholte ich und fügte hinzu: »Ich verstehe mehr von Wunden als du, und außer dem Aderlaß gibt es kein Heilmittel dagegen.«
Er ging weg. Zwei Stunden später kam er freudestrahlend wieder und erzählte mir, er habe seinen Bruder zur Ader gelassen, worauf dieser wieder zu sich gekommen sei, sich aufgesetzt, gegessen und getrunken habe und alles Unheil von ihm gewichen sei.
»Gepriesen sei Gott!« rief ich aus. »Hätte ich dies nicht schon so oft an mir selbst erprobt, hätte ich es dir nicht empfohlen!«

Wie ich in den Dienst Nûraddîns trete, meine Familie aus Ägypten zurückkehrt und ich meine Bücher verliere

Nach meiner glücklichen Rückkehr nach Damaskus trat ich in die Dienste *Nûraddîns* – Gott sei ihm gnädig! –, und dieser richtete in einem Schreiben an *Ibn Ruzzîk* in Ägypten die Bitte, er möge meine Frauen und meine Kinder, die dort zurückgeblieben waren und um die er sich aufs beste gekümmert hatte, auf den Weg nach Syrien schicken. Ibn Ruzzîk sandte jedoch den Boten mit der Erklärung zurück, er fürchte, die Franken könnten meiner Familie unterwegs ein Leid zufügen. Mir selbst schrieb er, ich möge doch nach Ägypten zurückkehren, da ich doch wüßte, welch gutes Verhältnis zwischen ihm und mir bestehe. Sollte ich mich jedoch von den Leuten am Kalifenhof in Kairo abgestoßen fühlen, könnte ich von Syrien aus auch nach Mekka ziehen, und er würde mir dann dorthin die Ernennungsurkunde zum Statthalter von Assuan senden, mich mit allem versorgen, was mich zu einer erfolgreichen Kriegführung gegen Abessinien befähige – Assuan war eine der Grenzfesten gegen jenes Land – und mir dann meine Frauen und meine Kinder schicken.
Als ich daraufhin eine Unterredung mit Nûraddîn suchte, um seine Meinung darüber zu erfahren, sprach er: »O Usâma, als du endlich von Ägypten und seinen Bürgerkriegen erlöst warst, wolltest du es schon nicht mehr glauben. Und jetzt willst du schon wieder dorthin zurückkehren?! Nein, dafür ist das Leben zu kurz! Ich werde mich mit dem König der Franken in Verbindung setzen, um für deine Familie von ihm ein Sicherheitsversprechen zu bekommen, und werde dann jemanden losschicken, der deine Leute hierherbringt.«

Nûraddîn sandte dann zum König der Franken [6] und erhielt von ihm für meine Familie eine mit dem Kreuz versehene schriftliche Sicherheitsgarantie, die ihr auf ihrem Weg zu Wasser und zu Land Schutz bieten sollte. Diese Sicherheitsgarantie ließ ich von einem meiner Sklaven zusammen mit einem Schreiben Nûraddîns und einem Brief von mir selbst zu Ibn Ruzzîk nach Ägypten bringen. Ibn Ruzzîk schickte daraufhin meine Angehörigen auf einem eigenen Boot nach Damietta, gab ihnen das nötige Geld und Proviant mit und versah sie mit den erforderlichen Empfehlungen. Von Damietta fuhren sie auf einem fränkischen Schiff weiter. Als sie sich jedoch Akkon näherten, wo sich der fränkische König – Gott sei ihm nicht gnädig! – aufhielt, schickte dieser einige Männer auf einem kleinen Boot los, die vor den Augen meiner Leute das Schiff mit Äxten zerschlugen. Der König aber ritt zur Küste und raubte alles, was sich auf dem Schiff befunden hatte.

Schwimmend erreichte einer meiner Sklaven mit der Sicherheitsgarantie die Küste, zeigte sie dem König und fragte ihn: »Mein Herr und König, ist dies deine Sicherheitsgarantie?«

»Gewiß«, entgegnete dieser und fuhr fort, »aber es ist auch Sitte der Muslime, daß die Leute einer Stadt, wenn ein Schiff vor ihrer Küste zerstört wird, dieses ausrauben.«

»Wirst du uns gefangennehmen?« fragte ihn der Sklave weiter, was der König – Gott möge ihn verfluchen! – aber verneinte. Er brachte dann meine Leute in einem Haus unter, ließ die Frauen durchsuchen und nahm ihnen alles weg, was sie bei sich hatten. Auf dem Schiff befand sich Schmuck, den die Frauen in Verwahrung gegeben hatten, Gewänder und Edelsteine, Schwerter und andere Waffen, Gold und Silber im Wert von ungefähr 30 000 Golddinaren. Der König nahm alles an sich. Lediglich 500 Dinare übersandte er meiner Familie und ließ ihr ausrichten, damit würden sie wohl bis in ihre Heimat kommen. Dabei waren es insgesamt fünfzig Männer und Frauen!

Zu diesem Zeitpunkt befand ich mich mit König Nûraddîn in *Ra'bân* und Kaisûn, dem Lande König Mas'ûds. Daß meine und meines Bruders Kinder und unserer beider Harems heil angekommen waren, ließ mich den Verlust meiner Güter leicht verschmerzen. Nur der Verlust meiner Bücher, viertausend prächtige Bände, hinterließ in meinem Herzen eine noch immer schmerzende Wunde.

Dies waren Heimsuchungen, die Berge erbeben lassen und Reichtümer vernichten. Möge Gott der Gepriesene uns mit Seiner Barmherzigkeit entschädigen und mit Seiner verzeihenden Güte alles zu einem guten Ende bringen. Neben diesen Heimsuchungen erlebte ich andere schlimme Dinge, die ich zwar heil, aber meines Besitzes beraubt, überstand.

Der gekränkte Stolz des Ritters Dschum'a

Zwischen den geschilderten Ereignissen gab es Zeiten, in denen ich an unzähligen Kämpfen sowohl gegen die Ungläubigen als auch gegen die Muslime teilnahm. Ich will nun von jenen merkwürdigen Dingen, die ich während dieser Kämpfe sah und selbst erlebte, jene erzählen, an die ich mich noch erinnere. Dafür, daß ich vieles vergessen habe, möge man einen so bejahrten Mann wie mich nicht tadeln, denn das Vergessen ist ein Erbe der Kinder Adams von ihrem Vater – Heil und Segen über ihn! –

Zu den zahlreichen Beispielen, die ich für den Stolz der Ritter und für die Unerschrockenheit, mit der sie sich in Gefahren stürzen, erlebte, gehört folgender Vorfall:

Wir befanden uns gerade mitten in einer Schlacht gegen *Mahmûd ibn Qarâdschâ,* den damaligen Herrn von *Hamât.* Der Kampf wogte ohne Unterlaß, die Abteilungen standen fest, und zwischen den schnellen Reitern folgte eine Attacke auf die andere. Da kam *Dschum'a* vom Stamm der Banu Numair, einer unserer herausragendsten Soldaten und Ritter, weinend zu mir. Ich fragte ihn: »Was hast du? Ist das die rechte Zeit zum Weinen?«

»Sarhank hat mir mit seiner Lanze einen Stich versetzt«, antwortete er, und ich fragte ihn weiter:

»Was ist schon dabei, wenn Sarhank dich verletzt hat?«

»Es wäre gar nichts dabei«, so erwiderte er, »wenn es nicht ausgerechnet ein Mann wie Sarhank gewesen wäre. Bei Gott, ich hätte den Tod leichter ertragen als eine Wunde von ihm. Aber er hat mich in einem unachtsamen Augenblick erwischt und mich überrumpelt.«

Ich versuchte dann, ihn zu beruhigen, und sagte ihm, er solle die Sache nicht so wichtig nehmen, doch er zog sein Pferd herum und ritt zurück.

»Wohin, Dschum'a?« rief ich ihm zu, worauf er antwortete: »Zu Sarhank! Und bei Gott, ich werde ihm einen Stich versetzen oder sterben!«
Er blieb eine Weile weg, während ich mich mit meinen eigenen Gegnern befaßte. Dann kam er lachend zurück, und auf meine Frage, was er getan habe, sprach er:
»Bei Gott, ich habe ihm einen Lanzenstich versetzt! Und wäre mir dies nicht gelungen, hätte ich meinen Geist aufgegeben.«
Er hatte sich auf Sarhank inmitten seiner Gefährten gestürzt, ihm mit der Lanze einen Stich versetzt und war zurückgekehrt.
Man könnte meinen, die folgenden Verse wären über Sarhank und Dschum'a verfaßt worden:

Hast du nicht des Rächers Rachedurst bedacht,
  der niemals ein blutiges Erbe vergißt?
Du wecktest ihn und schliefst dann selber achtlos ein,
  doch e r schläft nicht, solang' er voll des Hasses ist.
Und wenn das Schicksal es so will, dann kommt der Tag,
  an dem er dir mit großem Maß die Strafe mißt.

Der genannte Sarhank war ein Führer unter den Kurden und gehörte zu den bemerkenswertesten Rittern. Er war jedoch noch jung, während Dschum'a bereits ein reifer Mann war, den sein Alter ebenso auszeichnete wie seine Erfahrung in kühnen Taten.

Ein Zweikampf in den Tagen des ersten Kalifen

Die Geschichte mit Sarhank erinnert mich an das, was *Mâlik al-Aschtar* einst mit Abu Musaika al-Ijâdî machte. Als damals in den Tagen des Kalifen *Abu Bakr* – Gott habe Wohlgefallen an ihm! – die arabischen Stämme wieder vom Islam abfielen und Gott der Gepriesene ihn den Entschluß fassen ließ, gegen sie zu kämpfen, rüstete er seine Heere, um gegen die abtrünnigen arabischen Stämme zu ziehen. Abu Musaika stand auf der Seite der Banu Hanîfa, jenes arabischen Stammes mit dem größten Kampfesungestüm, während sich Mâlik im Heer des Kalifen befand. Als sich die beiden Heere gegenüberstanden, trat Mâlik zwischen den Schlachtreihen hervor und rief nach Abu Musaika, worauf dieser ebenfalls hervortrat.

»Wehe dir, Abu Musaika«, fuhr Mâlik ihn an, »nachdem du bereits den Islam angenommen und den Koran gelesen hattest, bist du zum Unglauben zurückgekehrt!«
»Hinweg von mir, Mâlik!« entgegnete Abu Musaika, »die Muslime verbieten den Wein, ohne den ich aber nicht leben kann!«
Darauf fragte ihn Mâlik, was er von einem Zweikampf hielte, und Abu Musaika nahm die Aufforderung an. Zunächst gingen sie mit ihren Lanzen aufeinander los, dann mit ihren Schwertern. Dabei versetzte Abu Musaika dem Mâlik einen Hieb über den Kopf, der eine klaffende Wunde zurückließ und ihm ein Augenlid umstülpte, was ihm dann den Beinamen al-Aschtar, »der mit dem umgestülpten Augenlid«, einbrachte.
Den Hals seines Pferdes umklammernd, ritt Mâlik zu seinem Lagerplatz zurück, wo sich Freunde und Verwandte weinend um ihn scharten.
»Stecke mir deine Hand in den Mund!« forderte er einen von ihnen auf. Als der Angesprochene seinem Wunsch nachkam, biß ihm jedoch Mâlik derart in den Finger, daß er sich vor Schmerzen krümmte. Mâlik aber sprach: »Mit eurem Anführer ist alles in Ordnung, denn man sagt, solange die Zähne heil sind, ist auch der Kopf gesund. Füllt mir die Wunde mit Mehl und verbindet sie mit einem Turban!« Nachdem sie dies getan hatten, ließ er sich sein Pferd bringen, und als sie ihn fragten, wohin er denn reiten wollte, erklärte er: »Gegen Abu Musaika!«
Er ritt zwischen den Schlachtreihen vor und rief nach Abu Musaika, worauf dieser wie ein Pfeil angeschossen kam. Mâlik versetzte ihm jedoch mit dem Schwert einen solchen Hieb über die Schulter, daß er ihn bis zum Sattel hinunter spaltete. Dies war Abu Musaikas Ende. Mâlik ritt zu seinem Lager zurück, wo er vierzig Tage verbrachte, ohne sich bewegen zu können. Dann erholte er sich und genas von seiner Wunde.

Ein vermeintlicher Todesstoß bleibt ohne Folgen

Ein anderes Beispiel dafür, wie ein Ritter einen Lanzenstich überstand, nachdem man ihn schon tot geglaubt hatte, habe ich selbst erlebt. Dies trug sich folgendermaßen zu:

Wir stießen auf die Vorhut der Reiterei des *Ibn Qarâdschâ,* der in unser Gebiet eingedrungen war und einen Hinterhalt für uns gelegt hatte. Als wir und seine Leute uns gegenüberstanden, zerstreute sich gerade unsere Reiterei, und ein Ritter aus unserem Heer namens Alî ibn Salâm vom Stamme Numair kam zu mir mit der Meldung: »Unsere Gefährten sind ausgeschwärmt. Wenn der Feind sie angreift, wird er sie vernichten.« Ich bat ihn daraufhin, er möge meine Brüder und Vettern davon abhalten, mir zu folgen, bis ich die Reiter wieder zurückgebracht hätte, und er rief: »Ihr Emire! Laßt Usâma unsere Leute zurückholen und folgt ihm nicht! Sonst wird der Feind sie angreifen und ausmerzen!« – »Er soll sich davonmachen!« erwiderten sie. Ich ritt los, wobei ich mein Pferd zur Eile antrieb, und es gelang mir, unsere Reiter zurückzuholen, da sich die Feinde in der Absicht, sie möglichst weit wegziehen zu lassen, um sie dann zu überwältigen, sich von ihnen ferngehalten hatten.
Als sie nun aber sahen, daß ich unsere Leute zurückgebracht hatte, griffen sie uns an, und es kamen auch diejenigen hervor, die im Hinterhalt gelegen hatten. In diesem Augenblick befand ich mich noch in einiger Entfernung von meinen Gefährten. Sofort machte ich kehrt, um den Feinden zuvorzukommen und meine Leute von der Rückseite her zu schützen. Dabei traf ich auf meinen Vetter *Jahjâ,* der bereits südlich des Weges – ich befand mich nördlich davon – hinter meinen Gefährten herumgeritten war, und gemeinsam griffen wir die Feinde an. Als einer von ihnen, ein berühmter arabischer Ritter namens Fâris ibn Zimâm, an uns vorüberstürmte, um mit seiner Lanze in die Schar unserer Gefährten einzubrechen, kam mir mein Vetter zuvor und versetzte ihm mit der Lanze einen Stoß, worauf Fâris mitsamt seinem Pferd zu Boden stürzte und die Lanze mit einem solchen Krachen brach, daß ich und die anderen es hörten.
Nun hatte mein Vater zuvor einen Boten zu Ibn Qarâdschâ gesandt, und dieser hatte den Boten mitgenommen, als er gegen uns zu Felde zog. Nachdem dann Fâris den Lanzenstich erhalten hatte und Ibn Qarâdschâs Pläne gegen uns gescheitert waren, schickte er von dort, wo er sich gerade befand, den Boten mit einer Antwort auf meines Vaters Botschaft zu uns und kehrte selbst nach Hamât zurück. Ich aber fragte den Boten, ob Fâris gestorben sei. »Bei Gott, nein! Er hat nicht einmal eine Wunde!« versicherte mir der Bote, und als ich beteuerte[7], ich hätte mit eigenen Augen gesehen, daß Jahjâ ihn mit der

Lanze getroffen und ihn mitsamt seinem Pferd umgeworfen habe, und hätte auch das Krachen der zerbrechenden Lanze selbst gehört, erklärte er mir: »Als Jahjâ ihn von der linken Seite her angriff, wandte er sich, die Lanze in der Hand, nach rechts. Dabei stürzte das Pferd an einem Graben über die Lanze, und diese zerbrach. Jahjâ folgte ihm, verlor aber seine Lanze. Das, was du gehört hast, war das Krachen von Fâris' Lanze. Jahjâs Lanze wurde in meiner Gegenwart zu Ibn Qarâdschâ gebracht. Sie war völlig heil und zeigte nicht die geringste Spur eines Bruchs. Und Fâris hatte keinerlei Wunde.« Ich war sehr verwundert darüber, daß Fâris heil davongekommen war, war doch jener Lanzenstoß mit den verheerenden Hieben vergleichbar, von denen *Antara* in seinem Vers sprach:[8]

Der Feinde Rosse wissen es und auch die Reiter,
  daß meines Schwertes Hiebe ihre Schar verheeren.

Alle unsere Gegner einschließlich derer, die ihm Hinterhalt gelegen hatten, zogen sich zurück, ohne ihr Ziel erreicht zu haben.
Der zitierte Vers des Antara stammt aus einem seiner Gedichte, in dem es unter anderem heißt:

Mein einer Teil kommt her von bestem Stammesadel,
  und mit dem Schwert verteid'ge ich des andern Teiles Ehren.
Und wenn in Schrecken sich die Reiterschar betrachtet,
  bin ich doch mehr als jene, deren *beide* Oheim'[9] sie verehren.
Und würde man vom Tode einst ein Bild erstellen,
  man würde *mich* abbilden, wenn Not droht meinen Heeren.
Der Feinde Rosse wissen es und auch die Reiter,
  daß meines Schwertes Hiebe ihre Schar verheeren.
Sind wir bedrängt, so steig ich ab wie meinesgleichen,
  denn nur die Feigen, Schwachen stets die Flucht begehren.

Wie sich mein Sieg über den fränkischen Ritter Philipp als Fehlschlag erweist

Etwas Ähnliches widerfuhr mir selbst vor *Apamea. Nadschmaddîn*, aus dem Geschlecht der *Ortoqiden* – Gott sei ihm gnädig! –, schlug am Freitag, dem 5. Dschumâdâ I. im Jahre 513 der Hidschra

(= 14. August 1119[10]) die Franken bei *al-Balât* vernichtend. Er tötete *Roger*, den Herrn von Antiochia, und alle seine Ritter. Daraufhin zog mein Oheim *Izzaddîn* – Gott sei ihm gnädig – zu Nadschmaddîn, während mein Vater – Gott sei ihm gnädig – in der Festung von Schaizar zurückblieb. Mein Oheim hatte jedoch meinem Vater aufgetragen, mich mit den Männern, die mit mir in *Schaizar* waren, nach Apamea zu schicken und alle Leute und arabischen Beduinen, von denen sich viele in unserer Nähe eingefunden hatten, dazu aufzurufen, die Ernte von Apamea zu plündern.

Einige Tage nachdem mein Oheim aufgebrochen war, rief uns der Herold zum Sammeln. In der Überzeugung, daß sich in Apamea keine fränkische Reiterei befände, zog ich mit einer kleinen Reiterschar los, die aus kaum zwanzig Mann bestand. Begleitet wurden wir von einer großen Menge Plünderer und Beduinen. Als wir das *Bohemund-Tal* erreichten und die Plünderer und Beduinen sich über die Felder verstreut hatten, griff uns eine große Schar Franken an, die gerade in der vorausgegangenen Nacht durch sechzig Reiter und sechzig Fußsoldaten Verstärkung erhalten hatte. Sie vertrieben uns aus dem Tal, und wir flohen vor ihnen her, bis wir bei unseren Leuten anlangten, die in den Feldern plünderten und die nun ein gewaltiges Geschrei erhoben. Da erschien mir mein eigener Tod plötzlich unbedeutend im Vergleich zum Untergang aller dieser Leute, die sich mir angeschlossen hatten. Ich machte kehrt und griff einen Reiter an der Spitze der Franken an, der sein Kettenhemd von sich geworfen hatte, um sich leichter zu machen und uns überholen zu können. Ich versetzte ihm einen Lanzenstoß gegen die Brust, und er flog tot aus dem Sattel. Dann wandte ich mich den folgenden Reitern zu, doch diese wandten sich zur Flucht. Obwohl ich im Kampf noch völlig unerfahren war, da ich vor diesem Tag noch an keiner Schlacht teilgenommen hatte, jagte ich ihnen auf meinem vogelschnellen Pferd, bald mit der Lanze angreifend, bald Deckung suchend, hinterher.

Am Ende des Zuges der Franken befand sich ein Ritter in Kettenhemd und Panzer auf einem Rappen, der so gewaltig war wie ein Kamel. Ich fürchtete, er könnte mich immer weiter hinter sich herlocken, um dann plötzlich umzudrehen und sich auf mich zu stürzen, da sah ich, wie er sein Pferd mit dem Sporn antrieb, worauf das Tier mit dem Schweif wedelte. Ich merkte daran, daß das Tier bereits erschöpft war. Sogleich griff ich ihn an und traf ihn derart mit meiner Lanze, daß diese ihn durchbohrte und vorn eine Elle weit herausragte. Wegen des geringen Gewichtes meines eigenen Körpers, der Wucht des Lanzenstoßes und der Schnelligkeit meines Pferdes rutschte ich selbst aus dem Sattel. Ich wich etwas zurück und zog meine Lanze aus dem Franken, wobei ich fest davon überzeugt war, daß ich ihn getötet hatte. Dann sammelte ich meine Gefährten. Sie waren alle heil davongekommen.

In meiner Begleitung hatte sich ein junger *Mameluck* befunden, der auf einem schönen weiblichen Maultier ritt, an dessen Sattel silberne Quasten hingen. Neben sich führte er ein mir gehörendes schwarzes Seitpferd mit. Als die Franken uns angegriffen hatten, war er von seinem Maultier gestiegen und hatte es laufen lassen. Dann hatte er sich auf die schwarze Stute geschwungen, die ihn in Windeseile nach Schaizar trug.

Als ich nun zu meinen Gefährten zurückkam, die das Maultier aufgegriffen hatten, erklärten sie mir auf meine Fragen nach dem Mamelucken, dieser habe sich davongemacht. Mir war sogleich klar, daß er nach Schaizar gelangen und meinen Vater zutiefst beunruhigen würde. Ich rief deshalb einen Soldaten und trug ihm auf, eilends nach Schaizar zu reiten und meinem Vater zu berichten, was geschehen war.

Der Mameluck war inzwischen in Schaizar angelangt, und mein Vater hatte ihn zu sich kommen lassen und ihn gefragt, was uns widerfahren sei. »O mein Gebieter«, sprach der Mameluck, »die Franken haben uns mit tausend Mann angegriffen, und ich glaube, daß mit Ausnahme meines Herrn niemand heil davongekommen ist.« Und als mein Vater von ihm wissen wollte, warum denn ich als einziger entronnen sei, begann der Mameluck zu erzählen: »Ich sah ihn in voller Rüstung auf der dunkelfarbigen Stute reiten ...« Er hatte die Worte noch nicht vollendet, da traf jener Reiter ein, den ich dem Mamelucken nachgeschickt hatte, und berichtete meinem Vater, wie es sich wirklich zugetragen hatte. Kurz danach erreichte ich selbst Schaizar und antwortete auf die entsprechende Frage meines Vaters: »O mein Gebieter! Es war dies der erste Kampf, an dem ich teilnahm. Als ich sah, daß die Franken unsere Leute erreichten, erschien mir der eigene Tod eine unbedeutende Sache. Ich wandte mich deshalb zurück gegen die Franken, um entweder selbst getötet zu werden oder alle diese Leute zu schützen.« Da zitierte mein Vater die Verse:

»Der Feigling flieht und läßt sogar seine Mutter im Stich!
Auch jenen, der ihm nicht verbunden, schützt der Tapfre ritterlich!«

Einige Tage später kam auch mein Oheim von Nadschmaddîn zurück. Zu einer Zeit, in der er dies sonst nicht zu tun pflegte, bat er mich durch einen Boten, zu ihm zu kommen. Als ich bei ihm eintraf, fand ich in seiner Gegenwart einen Franken, und mein Oheim sagte mir: »Dieser Ritter hier ist aus Apamea gekommen, um jenen Ritter zu sehen, der dem Ritter Philipp einen Lanzenstich versetzt hat. Die Franken sind nämlich sehr erstaunt darüber, daß die Lanze zwar zwei Schichten des Kettenpanzers durchbohrt hat, der Ritter aber heil davongekommen ist.« Auf meine Frage, wie es möglich gewesen sei, daß der Ritter unversehrt geblieben war, erklärte mir der Franke, mein Lanzenstoß habe den Ritter lediglich an der Haut seiner Hüfte gestreift. »Das Schicksal ist wahrlich eine uneinnehmbare Festung!« rief ich aus. Ich hatte nie geglaubt, daß der Ritter diesen Stoß hätte überleben können.
Dazu ist zu bemerken, daß derjenige, der sich anschickt, einen Lanzenstoß zu führen, die Lanze mit der Hand und dem Unterarm fest an seine Seite drücken und sein Pferd die eigentliche Stoßwirkung erzeugen lassen muß. Wenn er nämlich seine Hand mit der Lanze bewegt oder ausstreckt, hat sein Stoß keinerlei Wirkung und verursacht keinerlei Schaden.

Der eine überlebt einen Lanzenstich ins Herz, den andern tötet eine Nadel

Während eines Kampfes mit den Franken sah ich einmal, wie Badî ibn Talîl al-Quschairî, einer unserer tapfersten Ritter, nur mit zwei Kleidungsstücken am Körper von einem fränkischen Ritter einen Lanzenstich in die Brust erhielt. Die Lanze durchtrennte die Ader in der Brust und kam an der Seite wieder heraus. Badî machte sich sofort zurück auf den Heimweg, doch glaubten wir nicht, daß er lebend nach Hause kommen würde. Gott der Gepriesene hatte aber vorherbestimmt, daß er überleben und von seiner Verwundung ge-

nesen sollte. Zwar konnte er sich ein Jahr lang, wenn er auf dem Rücken geschlafen hatte, nicht allein aufsetzen, sondern es mußte ihn jemand an den Schultern stützen, doch dann schwand sein Leiden, und er konnte wieder alles tun und auch reiten wie zuvor.
Dazu bleibt mir nur zu sagen: Gepriesen sei Der, Dessen Wille unter Seinen Geschöpfen stets ausgeführt wird! Er läßt leben und läßt sterben, während Er selbst lebt und nicht stirbt. In Seiner Hand liegt alles Gute, und über alles hat Er die Macht!
Wir hatten einmal einen Handwerker namens Attâb bei uns, einen äußerst beleibten und großen Mann. Als er eines Tages nach Hause kam, stützte er sich beim Hinsetzen mit der Hand auf ein vor ihm liegendes Kleidungsstück, in dem eine Nadel steckte. Diese drang ihm in die Handfläche, und er starb daran. Dabei stöhnte er so laut, daß es wegen seiner Körperfülle und seiner dröhnenden Stimme von der Stadt bis hinauf zur Festung zu hören war.
Dieser Mann stirbt an einer Nadel, während jenem Quschairî, dem eine Lanze die Brust durchbohrt, so daß sie an der Seite wieder herauskommt, nichts geschieht!

Zamarrakal, der diebische Alte

In einem der Jahre zog der Beherrscher von Antiochia mit seiner Reiterei, seinen Fußsoldaten und seinen Zelten gegen uns. In der Annahme, sie würden sich uns zum Kampf stellen, bestiegen wir unsere Pferde und ritten los, um sie zu treffen. Sie aber kamen heran, errichteten an gewohnter Stelle ihr Lager und blieben ruhig in ihren Zelten. So zogen wir denn am Ende des Tages wieder zurück. Am folgenden Tag ritten wir erneut los, da wir meinten, sie würden sich uns zum Kampf stellen, doch sie ritten aus ihrem Zeltlager nicht heraus.
Mein Vetter *Jahjâ* hatte in der Nähe des fränkischen Lagers ein reifes Getreidefeld. Er holte ein paar Lasttiere zusammen, um zu jenem Feld zu ziehen und die Ernte einzubringen. Wir begleiteten ihn mit zwanzig wohlgerüsteten Reitern und postierten uns zwischen ihm und den Franken, bis er das Getreide aufgeladen hatte und damit wieder abgezogen war. Zusammen mit Husâmaddaula Musâfir, einem unserer *Muwallads*, machte ich einen Umweg zu einem Wein-

garten, wo wir am Ufer des Orontes einige Leute erblickt hatten. Als wir gegen Sonnenuntergang bei den Leuten anlangten, stellten sie sich als zwei Männer heraus, von denen der eine ein mit einem Frauenkopftuch bekleideter Greis war. Musâfir, ein trefflicher Mann und immer zu einem Scherz aufgelegt, fragte ihn: »Was treibst du hier, Alter?«

»Ich warte, bis es dunkel ist, um mir dann mit Gottes Hilfe von diesen Ungläubigen ein Pferd zu holen.«

»Willst du die Stricke, mit denen die Pferde angebunden sind, mit den Zähnen durchbeißen?«

»Nein, mit diesem Messer hier.« Mit diesen Worten holte er ein Messer hervor, das er sich mit einer Schnur um die Hüfte gebunden hatte und das wie eine Fackel glänzte. Hosen hatte der Alte keine an. Wir ließen ihn in Frieden und machten uns davon.

Früh am nächsten Morgen ritt ich wieder los, um zu sehen, was sich bei den Franken tat, als ich plötzlich auf meinem Weg jenen Alten fand, wie er auf einem Stein hockte, geronnenes Blut an Beinen und Füßen. »Gute Genesung!« wünschte ich ihm und fragte ihn, was er denn getan hätte, worauf er erwiderte: »Ich habe mir von ihnen ein Pferd, Schild und Lanze geholt. Als ich ihr Lager wieder verließ, verfolgte mich jedoch ein Fußsoldat und durchbohrte mir mit seiner Lanze den Oberschenkel. Ich kam aber mit Pferd, Schild und Lanze davon.« Während er sprach, scherte er sich um seine Verletzung so wenig, als sei nicht er, sondern ein anderer davon betroffen. Dieser Mann hieß Zamarrakal und war einer der Teufel unter den Dieben.

Der Emir *Mu'înaddîn* – Gott sei ihm gnädig – erzählte mir einmal folgendes über diesen Zamarrakal:

Während meines Aufenthaltes in Homs unternahm ich einmal einen Angriff auf *Schaizar*. Bei meinem Rückzug gegen Ende des Tages lagerte ich in einem Flecken, der zum Gebiet von Hamât gehört und mit dessen Herrscher ich in Feindschaft lag. Da brachten einige Leute einen alten Mann zu mir, der ihnen verdächtig erschienen war und den sie deshalb festgenommen hatten. »Was bist du, Alter?« fragte ich ihn, worauf er sagte: »O mein Gebieter, ich bin ein alter Habenichts mit einem chronischen Leiden.« Dabei zeigte er seine kranke Hand und fuhr fort: »Die Soldaten haben mir zwei Ziegen weggenommen, und ich folgte ihnen in der Hoffnung, sie würden mir die Tiere gnädigerweise wieder zurückgeben.« Ich befahl daraufhin einigen Leibwächtern, sie sollten ihn bis zum folgenden Tag in Gewahrsam nehmen. Sie setzten ihn in ihre Mitte und ließen sich selbst auf den Ärmeln des Pelzes nieder, den der Alte trug. In der Nacht nutzte er jedoch die Unachtsamkeit der Wächter, schlüpfte aus dem Pelz, ließ ihn unter ihnen liegen und lief davon. Sie rannten zwar hinter ihm her, doch war er schneller als sie und entkam. Nun hatte ich zuvor einige meiner Leute mit einem bestimmten Auftrag weggeschickt, und als sie zurückkehrten, erzählte ich dem Leibwächter Saumân, der sich unter ihnen befand und in Schaizar wohnte, den Vorfall mit dem Alten, worauf Saumân ausrief: »Was ist das doch für ein Verlust für mich! Wenn ich ihn erwischt hätte, hätte ich sein Blut getrunken! Das war Zamarrakal!« Und als ich ihn fragte, was denn zwischen ihm und Zamarrakal vorgefallen sei, erzählte er: Als die Franken einmal ihr Lager vor Schaizar aufschlugen, begab ich mich zu einem Rundgang um das Lager hinaus, um vielleicht eines ihrer Pferde stehlen zu können. Als es völlig dunkel geworden war, ging ich auf eine Pferdekoppel vor mir zu, und siehe da, da saß dieser Alte direkt vor meinen Füßen. Er fragte mich: »Wohin des Wegs?«, und ich erklärte ihm, daß ich mir ein Pferd von der Koppel stehlen wollte.

»Ja meinst du denn«, fuhr er mich an, »ich sitze seit dem Abendessen hier und beobachte die Koppel, damit du dir das Pferd holst?!«

»Red keinen Unsinn!«

»Spiel du dich nicht so auf! Bei Gott, ich werde dich nichts holen lassen!«

Ich kümmerte mich nicht um seine Worte und wandte mich der Koppel zu. Da stand er auf und schrie so laut er konnte: »O ich Armer! Welche Enttäuschung für meine Mühe und meine Wachsamkeit!« Er hörte nicht auf zu schreien, bis die Franken auf mich losstürzten. Und während er selbst schnellstens floh, hetzten mich die Franken, bis ich mich in den Orontes stürzte und nicht mehr glaubte, daß ich ihnen heil entkommen würde. Wahrlich, wenn ich ihn erwischt hätte, hätte ich sein Blut getrunken. Er ist ein großer Dieb und läuft den Soldaten nur hinterher, um sie zu bestehlen.

Und dabei hätte jeder beim Anblick dieses Alten denken können, er sei nicht einmal fähig, aus seinem eigenen Haus einen Laib Brot zu stehlen.

Wie die Liebe eines Maultiers einen Pferdedieb erschreckt

Zu den denkwürdigen Begebenheiten, die sich beim Stehlen zugetragen haben, gehört auch diese Geschichte:
In meinen Diensten befand sich ein Mann namens Alî ibn Dûdawaih aus *Mankîr.* Als die Franken – Gott verfluche sie! – eines Tages *Kafartâb* belagerten, das damals *Mohammed ibn Ajjûb* gehörte, machte sich dieser Ibn Dûdawaih davon, umkreiste die Franken und stahl ihnen einen Hengst. Er schwang sich darauf und ritt im Galopp aus dem Lager. Dabei hörte er ein Geräusch hinter sich und glaubte, einer der Franken reite hinter ihm her, um ihn zu fangen. Und auch als er das Pferd zu größter Eile antrieb, blieb das Geräusch hinter ihm. Schließlich, nach einem Galopp über zwei *Parasangen,* als das Geräusch ihn immer noch verfolgte, wandte er sich um, um nachzusehen, was das hinter ihm in der Dunkelheit sei, und siehe da, es war ein weibliches Maultier, das dem Hengst zugetan war, sein Halfter zerrissen hatte und ihm gefolgt war. Ibn Dûdawaih hielt an, bis er dem Tier sein Taschentuch am Kopf befestigt hatte. Dann nahm er es mit, und am folgenden Morgen war er mit Pferd und Maultier bei mir in *Hamât.* Der Hengst war eines der besten, schönsten und schnellsten Pferde.
Eines Tages befand ich mich dann beim *Atabek,* der damals gerade *Rafanîja* belagerte und mich zu sich gerufen hatte. Die Sache mit dem Hengst war ihm erzählt worden, und es entspann sich zwischen uns folgendes Gespräch. Er fragte mich: »Was ist mit deinem Hengst geschehen, den du versteckt hältst?«
»Bei Gott, o mein Geliebter, ich habe kein Pferd, das ich verstecke. Alle meine Pferde befinden sich im Heer.«
»Und der fränkische Hengst?«
»Auch er ist da.«
»Schicke jemanden los und lasse ihn herbringen!«
Ich ließ daraufhin das Pferd holen und sagte meinem Burschen, er solle es in meinen Stall führen. Der Atabek aber bat mich, ich möge den Hengst noch bei ihm lassen. Am kommenden Morgen unternahm er mit dem Pferd ein Wettrennen und gewann. Dann schickte er es in meinen Stall zurück, ließ es später aber wieder aus der Stadt holen und bestritt mit ihm erneut erfolgreich ein Wettrennen. Daraufhin ließ ich es in seinen Stall bringen.

Ein tödlicher Pfeilschuß

Gegen Ende dieses Krieges beobachtete ich folgenden Vorfall: Wir hatten einen Soldaten namens Râfi' vom Stamme Kilâb bei uns, einen berühmten Ritter, und standen im Kampf gegen die Söhne des *Qarâdschâ,* die eine Menge Turkmenen und andere gegen uns zusammengezogen hatten. Wir empfingen sie in einiger Entfernung von der Stadt, doch dann erwiesen sie sich uns zahlenmäßig überlegen, und wir machten uns auf den Rückzug, wobei wir uns gegenseitig Deckung gaben. Der genannte Râfi' war unter denen, die die Nachhut deckten. Er war mit einem Wams bekleidet und trug einen Helm ohne Visier. Als er sich umwandte, um vielleicht eine Möglichkeit zu entdecken, die Gegner anzugreifen, traf ihn ein verdeckter Pfeil am Hals und streckte ihn auf der Stelle tot nieder.

Das Ende des Mahmûd ibn Qarâdschâ

Etwas Ähnliches erlebte ich im Falle des *Mahmûd ibn Qarâdschâ* [11]. Die Zwistigkeiten zwischen uns und ihm waren beigelegt worden, und er hatte zu meinem Oheim eine Botschaft geschickt, in der er ihn bat, er möge mir den Auftrag erteilen, ihn zusammen mit einem anderen Ritter bei Kar'a zu treffen, damit wir gemeinsam einen Ort auskundschafteten, an dem wir uns für einen Angriff auf Apamea in den Hinterhalt legen könnten. Mein Oheim erteilte mir den entsprechenden Befehl, und ich ritt los. Ich traf Mahmûd und erkundete zusammen mit ihm das Gelände. Dann vereinigten sich unsere beiden Heere, wobei ich das Heer von Schaizar und er sein eigenes Heer führte, und wir zogen gegen *Apamea.* Wir stießen auf die fränkischen Reiter und Fußtruppen in den Ruinen der Stadt, wo sich die Pferde wegen der Steine, der Säulen und der Fundamente der zerstörten Mauern nicht frei bewegen konnten, weshalb es uns nicht gelang, die Franken aus ihrer Stellung zu vertreiben. Einer meiner Soldaten fragte mich daraufhin, ob ich den Widerstand der Franken brechen wolle, und als ich bejahte, machte er mir den Vorschlag, ich solle mit ihnen zum Tor der Festung ziehen. Nachdem ich den Befehl erteilt hatte, bereute der Mann jedoch seine Worte, da er merkte, daß die Franken uns über den Haufen rennen und die Festung vor

uns erreichen würden. Er wollte mich deshalb wieder von meinem Befehl abbringen, doch ich blieb dabei und rückte gegen das Tor vor.
In dem Augenblick, als uns die Franken dem Tor zustreben sahen, machten sie mit ihren Reitern und Fußsoldaten kehrt, preschten an uns vorbei und überholten uns. Hinter dem Tor der Festung stiegen sie von den Pferden, die sie in den oberen Teil der Anlage hinaufschickten, und reihten die Spitzen ihrer Lanzen im Eingang der Festung nebeneinander auf. Währenddessen stand ich zusammen mit Râfi' ibn Sûtakîn – einer meiner Gefährten und ein *Muwallad* meines Vaters – unterhalb der Mauer gegenüber dem Eingang, und über uns ergoß sich ein Hagel von Steinen und Pfeilen. Mahmûd hatte mit einer Abteilung in größerer Entfernung Stellung bezogen, da er sich vor den Kurden fürchtete. Eine Lanze traf das Pferd des Hâritha an-Numairî, eines unserer Gefährten und eines Verwandten des Dschum'a, seitwärts in die Brust und blieb darin stecken. Das Pferd schüttelte sich, bis die Lanze herunterfiel. Dabei löste sich die gesamte Haut von der Brust des Tieres und hing über seine Vorderbeine herab.
Mahmûd hielt sich vom Kampf fern. Da flog ein Pfeil von der Festung her und traf ihn seitlich am Knochen des Vorderarms, drang jedoch nicht einmal so tief wie ein Gerstenkorn ein. Sein Bote kam zu mir und richtete mir von ihm aus, ich solle meine Stellung nicht verlassen, bevor ich nicht alle unsere Leute, die über die Stadt verstreut waren, wieder zusammengeschart hätte, denn er sei verwundet und habe das Gefühl, die Wunde sitze mitten im Herzen; er werde sich bereits nach Hause begeben, und ich solle mich um den Schutz unserer Leute kümmern. So zog er denn davon. Ich aber führte unsere Leute zurück und machte unterwegs noch einen Angriff auf *Burdsch Churaiba*, wo die Franken einen Wachtposten eingerichtet hatten, der jeweils auskundschaften sollte, wann wir einen Überfall auf Apamea planten.
Am späten Nachmittag langte ich schließlich in Schaizar an und traf dort Mahmûd im Hause meines Vaters, als er gerade den Verband von seiner Wunde nehmen und diese behandeln wollte. Mein Oheim hinderte ihn jedoch daran mit den Worten: »Bei Gott, du solltest den Verband nur in deinem eigenen Haus abnehmen!« Und als Mahmûd entgegnete, er befinde sich im Hause ›seines Vaters‹ – womit er meinen Vater meinte –, sagte mein Oheim: »Wenn du zu Hause bei dir

angekommen bist und deine Wunde geheilt sein wird, wird dir das Haus deines Vaters zur Verfügung stehen.« Da bestieg Mahmûd bei Sonnenuntergang sein Pferd und ritt nach Hamât. Er verbrachte dort den nächsten und übernächsten Tag, dann färbte sich seine Hand schwarz, er verlor das Bewußtsein und starb. Das, was mit ihm geschah, war nichts anderes als das Ende der ihm gesteckten Lebensfrist.

Ein gar furchtbarer Lanzenstoß

Zu den gewaltigen Lanzenstichen, derer ich Zeuge wurde, gehört auch jener Stoß, den ein fränkischer Ritter gegen unseren Ritter Sâbah ibn Qunaib vom Stamm der Kilâb führte. Die Lanze brach ihm drei Rippen an der linken und drei Rippen an der rechten Seite, und die Lanzenspitze durchschlug seinen Ellbogen, wie ein Schlächter Gelenkknochen spaltet. Sâbah war auf der Stelle tot.

Der Heldentod des frischgebackenen Ehemannes

Majjâh, ein Kurde aus unserem Heer, versetzte einmal einem fränkischen Ritter einen Lanzenstoß, der ihm ein Glied seines Kettenpanzers mitten in den Leib trieb und ihn tötete. Einige Tage später griffen uns dann die Franken an. Majjâh, der gerade geheiratet hatte, trug, als er auszog, über seinem Panzer das rote Gewand des Bräutigams, wodurch er sich besonders kenntlich machte. Ein fränkischer Ritter versetzte ihm – Gott sei ihm gnädig! – einen tödlichen Stoß mit der Lanze. O wie nahe lagen bei ihm doch Hochzeits- und Bestattungsfeier beieinander!
Sein Tod erinnerte mich an eine Geschichte, die man sich vom Propheten erzählt. Als man ihm die Verse des Qais ibn al-Chatîm vortrug:

›Ich kämpfte entblößt in der Schlacht von Hadîqa
und trug – wie ein Spielkind die Puppe – das Schwert in der Hand‹,

fragte er die anwesenden medinensischen Helfer, ob einer von ihnen an der Schlacht von *Hadîqa* teilgenommen habe. Da meldete sich einer mit den Worten: »Ich habe daran teilgenommen, o Gesandter Gottes! Und auch Qais ibn al-Chatîm war dabei, frisch verheiratet und mit einem roten Umhang bekleidet. Und bei Dem, Der dich mit der Wahrheit gesandt hat, Qais kämpfte so, wie er es in seinen Versen von sich gesagt hat!«

Wie ein alter Ritter noch einmal die Moschee mit dem Schlachtfeld vertauschte

Ein denkwürdiger Lanzenstich war auch der folgende: Ein Kurde namens Hamadât, der sich seit langem in unserer Gefolgschaft befunden und einst meinen Vater nach Isfahan an den Hof von Sultan *Malikschâh* begleitet hatte, war alt geworden, sah schon schlecht, und seine Söhne waren herangewachsen. Deshalb sagte mein Oheim Izzaddîn zu ihm: »O Hamadât. Du bist alt und schwach geworden. Du hast dir uns gegenüber Ansprüche erworben und auch das Recht, daß wir nun dir einen Dienst erweisen. Wie wäre es deshalb, wenn du dich ganz deiner Moschee widmetest – er hatte eine Moschee vor seiner Haustür –, wir deine Söhne ins Soldregister aufnähmen und du, solange du in der Moschee weilst, monatlich zwei Golddinare und eine Traglast Mehl erhieltest?« Hamadât stimmte zu, worauf man ihm das Versprochene zukommen ließ. Schon nach kurzer Zeit kam er jedoch zu meinem Oheim und sagte: »O mein Fürst! Es widerstrebt mir, mich ständig an mein Haus zu binden. Es erscheint mir wünschenswerter, auf meinem Pferd getötet zu werden, als in meinem Bett zu sterben.« – »Wie du willst«, erwiderte mein Oheim und ließ ihm wieder seinen früheren Sold auszahlen.

Nur wenige Tage später griff uns der *Graf von Cerdagne,* der Herr von Tripoli, an. Rasch machten sich unsere Leute auf, um den Franken entgegenzutreten. Hamadât, der sich auch unter ihnen befand, hielt, nach Süden gewandt, auf einer Anhöhe an, als ein fränkischer Ritter von Westen her auf ihn losstürmte. »Hamadât!« rief ihm einer unserer Gefährten zu, worauf er sich umwandte und den Ritter auf sich zukommen sah. Sogleich drehte er sein Pferd nach Norden, hielt seine Lanze fest in der Hand und stieß sie dem Franken mit solcher Wucht in die Brust, daß sie ihn durchbohrte. Am Hals des Pfer-

des hängend und in den letzten Zügen liegend ritt der Franke zurück. Nach der Schlacht sagte Hamadât zu meinem Oheim: »O mein Fürst, wer hätte diesen Stoß mit der Lanze geführt, wenn ich in der Moschee geblieben wäre?!«
Dies rief mir die Verse von *al-Find az-Zimmânî* in Erinnerung, der sprach:

»O wie verjüngte mich, den alten Mann,
das Stoßen mit der Lanzenstange,
dieweil doch Männer meines Alters
vor dem Stechen längst sind bange!«

Al-Find war bereits sehr alt, als er noch an einer Schlacht teilnahm und zwei nahe beieinander reitende Ritter mit einem einzigen Stoß von ihren Pferden fegte.

Zwei Franken auf einen Streich

Etwas Ähnliches war uns früher einmal selbst widerfahren. Ein Bauer aus *al-'Alât* kam zu meinem Vater und zu meinem Oheim gerannt und berichtete, er habe eine Streifschar der Franken gesehen, die sich auf ihrem Weg aus der Wüste verirrt hatte, und wenn wir gegen sie auszögen, könnten wir ihrer habhaft werden. Mein Vater und meine beiden Oheime bestiegen daraufhin ihre Pferde und zogen mit ihrem Heer gegen die versprengte Frankenschar, und siehe da, es war der Graf von Cerdagne, der Herr von Tripoli, mit dreihundert Reitern und zweihundert *Turkopolen,* die den Franken als Bogenschützen dienten. Als sie unserer Leute ansichtig wurden, saßen sie auf, schossen auf sie zu, schlugen sie in die Flucht und jagten ohne Unterlaß hinter ihnen her. Da drehte ein *Mameluck* meines Vaters, namens Jaqût der Lange, um, wandte sich gegen die Verfolger und führte gegen einen der fränkischen Ritter, an dessen Seite sich noch ein weiterer Ritter befand, einen solchen Stoß mit der Lanze, daß er beide Ritter mitsamt ihren Pferden zu Boden warf. Dieser Mameluck war sehr unordentlich und ließ sich ständig etwas Strafwürdiges zuschulden kommen, doch jedes Mal, wenn mein Vater ihn später strafen wollte, sagte mein Oheim: »O mein Bruder! Bei deinem Leben! Schenke mir sein Vergehen und vergiß ihm nicht

jenen seinen Lanzenstoß!« Darauf pflegte mein Vater dem Mamelucken stets zu verzeihen.
Der oben erwähnte Hamadât war ein geistreicher Unterhalter. Mein Vater erzählte mir einmal den folgenden Vorfall: Eines frühen Morgens, auf dem Weg nach Isfahan, fragte ich Hamadât, ob er an diesem Tage bereits etwas gegessen habe. »Ja, o mein Fürst!« erwiderte er, »ich habe eine Tharîda gegessen.«
»Wir sind aber doch die ganze Nacht hindurch ohne Halt geritten und haben kein Feuer angemacht. Woher hattest du dann die *Tharîda*?«
»O Fürst, ich habe sie mir im Mund gemacht, indem ich das Brot im Mund mit dem Wasser mischte, das ich dazu trank, worauf sich etwas wie eine Tharîda bildete.«

Die Wunden meines Vaters

Mein Vater – Gott sei ihm gnädig! – hat sich sehr mit dem Kriegshandwerk abgegeben, und an seinem Körper trug er die Narben gar schrecklicher Wunden. Dennoch starb er in seinem Bett.
Eines Tages nahm er an einem Kampf teil, wobei er seine volle Rüstung trug und einen Helm mit einem Nasenschutz nach Art der Muslime. Einer der Gegner – damals führten sie die meisten Kämpfe noch gegen Araber – traf ihn derart mit dem Speer am Nasenschutz, daß dieser sich nach innen bog und ihm eine blutige Nase machte, ihm aber sonst keinen Schaden zufügte. Hätte Gott – gepriesen sei Er! – vorherbestimmt gehabt, daß der Speer vom Nasenschutz seitwärts abrutscht, wäre dies das Ende meines Vaters gewesen.
Ein anderes Mal wurde er von einem Pfeil am Bein getroffen. Nun trug er in seinem Schuh aber einen Dolch, und der Pfeil traf genau darauf, zerbrach und fügte ihm keinerlei Wunde zu, dank des vorzüglichen Schutzes, den Gott der Erhabene gewährt.
Am Sonntag, dem 29. Schawwâl des Jahres 497 (= 25. Juli 1104), nahm er an der Schlacht gegen *Saifaddaula Chalaf ibn Mulâʿib,* den Herrn von Apamea, im Gebiet von *Kafartâb* teil. Er trug seinen Panzer, doch hatte sein Sklave in der Eile vergessen, den Haken des Panzers an der Seite festzumachen. Ein Speer kam auf ihn zu und traf ihn genau an jener Stelle, die der Sklave oberhalb der linken Brust zu

bedecken versäumt hatte, und trat oberhalb seiner rechten Brust wieder heraus. Die Ursache dafür, daß er heil davonkam, gehört zu jenen Wundern, die Gottes Wille vollbringt, so wie auch die Wunden zu den Wundern gehören, die Gott der Erhabene vorherbestimmt.

An jenem Tag versetzte mein Vater selbst einem Reiter einen Stich mit der Lanze, ließ dann sein eigenes Pferd etwas zur Seite gehen, winkelte seinen Arm an und zog die Lanze aus dem Gegner heraus. »Da hatte ich ein Gefühl«, so erzählte er mir später, »als wenn mir etwas meinen Vorderarm verbrenne. Ich dachte noch, dies käme von den heißen Panzerplatten, doch da fiel mir die Lanze schon aus der Hand. Als ich dann die Hand hob, um sie mir zu betrachten, stellte ich fest, daß sie einen Stich abbekommen hatte und schlaff geworden war, da irgendein Nerv durchtrennt worden war.«

Ich war später selbst dabei, als Zaid, der Chirurg, seine Wunde behandelte und ein Sklave ihm zu Häupten stand. »O Zaid, hole doch diesen Kieselstein aus der Wunde!« bat mein Vater den Arzt, und als dieser nichts darauf sagte, flehte er ihn nochmals an: »O Zaid, siehst du denn nicht diesen Kiesel? Willst du ihn denn nicht aus der Wunde entfernen?!« Da antwortete Zaid ärgerlich: »Wo ist denn der Kieselstein? Es ist doch nur das Ende eines Nervs, der durchtrennt wurde.« Die Stelle war wirklich so weiß wie ein Kieselstein aus dem Euphrat.

Die Korane, die mein Vater schrieb

Mein Vater hatte eine wunderbare Handschrift, und sie wurde auch von dem erwähnten Lanzenstich nicht in Mitleidenschaft gezogen. Er schrieb jedoch immer nur den Koran ab. Als ich ihn eines Tages fragte, wie oft er den Koran denn bereits vollständig kopiert habe, erwiderte er mir: »Bald werdet ihr es wissen.« Und beim Nahen des Todes sprach er: »In jener Truhe dort befinden sich Korankopien, die ich alle vollständig abgeschrieben habe. Legt sie mir ins Grab unter meine Wange!« Wir zählten sie und kamen auf 43 Exemplare. Allesamt waren es vollständige Kopien. Eine davon, einen mächtigen Band, hatte er in Goldbuchstaben geschrieben und mit den koranischen Wissenschaften ergänzt, das heißt mit den verschiedenen

Lesarten, mit der Behandlung der schwerverständlichen Begriffe und des sprachlichen Stils, mit der Erörterung der aufhebenden und der aufgehobenen Verse [12], mit einem Kommentar, mit der Begründung für die Offenbarung der einzelnen Teile und mit der Darstellung der darin enthaltenen Rechtsbestimmungen. Diese Erläuterungen waren mit schwarzer, roter und blauer Tinte geschrieben, und dem ganzen Werk hatte er den Titel »Der Große Kommentar« gegeben. Eine weitere Kopie hatte er ebenfalls mit goldenen Lettern geschrieben, doch besaß sie keinen Kommentar. Bei den übrigen Kopien waren jeweils die Numerierung der Zehntel, der Fünftel und der Verse sowie die Anfänge der Suren und der Teile in goldenen Buchstaben geschrieben [13].

Das Thema meines Buches hätte es zwar nicht erfordert, daß ich dies erwähne, doch habe ich es aufgeführt, um den Leser aufzufordern, Gottes Barmherzigkeit für meinen Vater zu erflehen.

Der treue Sklave Scham'ûn

Kehren wir nun zu den zuvor geschilderten Ereignissen zurück! In der besagten Schlacht erhielt Scham'ûn, ein Sklave meines Oheims *Izzaddaula,* einen gewaltigen Lanzenstich, als er versuchte, meinen anderen Oheim, nämlich *Izzaddîn,* zu schützen. Später sandte mein Oheim den besagten Scham'ûn einmal als Boten nach Aleppo zu König *Ridwân ibn Tâdschaddaula.* Als er vor Ridwân hintrat, sprach dieser zu seinen Sklaven: »So wie dieser hier sollten alle Sklaven und ehrbaren Menschen ihre Pflichten gegenüber ihren Herrn erfüllen!« Dann forderte er Scham'ûn auf, er möge den Anwesenden erzählen, was er in den Tagen seines Vaters für seinen Herrn getan hatte, worauf Scham'ûn sprach: »O mein Gebieter! Ich nahm damals mit meinem Herrn am Kampf teil. Als ein Ritter ihn angriff, um ihm einen Stoß mit der Lanze zu versetzen, stürzte ich mich zwischen die beiden, um mich für meinen Herrn zu opfern. Darauf traf mich der Ritter mit der Lanze und durchtrennte mir zwei Rippen. Diese beiden Rippen bewahre ich – bei deiner Güte! – immer noch in einem Kästchen auf.« Da sagte König Ridwân: »Ich werde dir, bei Gott, keine Antwort auf deine Botschaft geben, bevor du nicht das Kästchen mit den Rippen hast hierherholen lassen!« Scham'ûn sandte jemanden los, um das Kästchen zu holen, und blieb selbst in der Zwischenzeit bei Ridwân. Als dieser dann die beiden Rippenknochen in dem Kästchen sah, sprach er voll Verwunderung zu seinen Leuten: »Möget auch ihr in meinen Diensten so handeln!«

Bei dem Vorfall aus den Tagen seines Vaters *Tâdschaddaula*, wonach Ridwân den Sklaven Scham'ûn eigentlich gefragt hatte, handelte es sich aber um folgendes: Mein Großvater *'Alî ibn Muqallad* – Gott sei ihm gnädig! – sandte einst meinen Oheim Izzaddaula in die Dienste des Tâdschaddaula, als dieser mit seinem Heer am Stadtrand von Aleppo lagerte. Tâdschaddaula nahm ihn jedoch fest, sperrte ihn ein und ließ ihn von einigen Soldaten bewachen. Nur sein Mameluck, der erwähnte Scham'ûn, hatte Zugang zu dem von den Wachtposten umstellten Zelt. Mein Oheim ließ daraufhin meinem Großvater einen Brief zukommen, in dem er ihn bat, er möge ihm in einer bestimmten Nacht einige seiner Leute, die er näher bezeichnete, schicken sowie Pferde, damit er zu einem bestimmten Ort reiten könne. Als die betreffende Nacht kam, betrat Scham'ûn das Zelt und tauschte mit meinem Oheim die Kleider, der daraufhin in der Nacht zu den Wachen hinaustrat, unerkannt an ihnen vorbei zu seinen Leuten ging, ein Pferd bestieg und davonritt. Scham'ûn aber legte sich in das Bett seines Herrn schlafen.

Nun war Scham'ûn gewöhnlich in der Morgendämmerung zu meinem Oheim ins Zelt gekommen, um ihm Wasser für die rituelle Waschung zu bringen. Mein Oheim gehörte zu jenen Asketen, die ihre Nächte mit dem Lesen des Korans verbringen. Als die Wachen am folgenden Morgen Scham'ûn nicht wie gewöhnlich ins Zelt gehen sahen, traten sie selbst ein und fanden dort Scham'ûn, während sein Herr verschwunden war. Sie meldeten es Tâdschaddaula, der sogleich befahl, Scham'ûn zu ihm zu bringen. Als dieser vor ihn hintrat, fragte ihn Tâdschaddaula, wie er dies angestellt habe, worauf Scham'ûn ihm erklärte: »Ich habe meinem Herrn meine Kleider gegeben. Er hat sie angezogen und ist davongegangen. Ich aber habe mich in sein Bett gelegt.« Und als Tâdschaddaula ihn fragte, ob er keine Angst gehabt habe, daß er ihn enthaupten werde, sprach er: »O mein Gebieter! Wenn du mir den Kopf abschlägst und mein Herr wohlbehalten nach Hause zurückkehrt, bin ich glücklich darüber. Er hat mich doch nur gekauft und erzogen, damit ich mein Leben für das seine gebe!« Da befahl Tâdschaddaula seinem Kammerherrn:

»Übergib diesem Sklaven die Pferde, die Lasttiere, die Zelte und alle Habe seines Herrn und laß ihn ihm folgen!« Er machte Scham'ûn keinerlei Vorwürfe und zürnte ihm nicht für das, was er im Dienst seines Herrn getan hatte. – Dies war es, weshalb Ridwân den Scham'ûn bat, er möge seinen Leuten erzählen, was er in den Tagen seines Vaters für seinen Herrn getan hatte.

Das genähte Augenlid

Kehren wir nochmals zu der oben erwähnten Schlacht gegen *Saifaddaula* zurück! An jenem Tag zog sich mein Oheim *Izzaddaula* mehrere Wunden zu. Eine davon rührte vom Stoß einer Lanze her, die sein unteres Augenlid am inneren Augenwinkel traf. Die Lanze fuhr vom inneren bis zum äußeren Winkel des Auges, so daß das ganze Augenlid herabfiel und mit seiner Haut nur noch am äußeren Augenwinkel hängenblieb. Das Auge bewegte sich unablässig und konnte nicht mehr an einer bestimmten Stelle stehenbleiben, denn es sind die Augenlider, die dem Auge Halt verleihen. Der Chirurg nähte dann das Augenlid und behandelte es, worauf es wie früher wurde und das verletzte Auge von dem unverletzten nicht mehr zu unterscheiden war.

Mein Vater und mein Oheim – zwei Helden

Mein Vater und mein Oheim zählten unter ihren Leuten zu den tapfersten. Eines Tages begleitete ich sie, als sie zur Falkenjagd in Richtung Tell Milh ritten, wo es Wasservögel in großen Mengen gibt. Plötzlich merkten wir, daß das Heer von Tripoli zu einem Angriff auf die Festung *Schaizar* ausgerückt war und bereits davor stand [14]. Sogleich kehrten wir um. Mein Oheim zog eilends mit den Soldaten, die er bei sich hatte, zum Orontes und durchquerte die Furt auf die Franken zu, während diese ihn beobachteten. Mein Vater, der gerade eine Krankheit hinter sich hatte, zog ebenfalls los, ließ aber sein Pferd traben, wobei er an einer Quitte lutschte, die er in der Hand hielt. Ich war damals noch ein junger Bursche und befand mich in der Begleitung meines Vaters. Als wir uns den Franken näherten,

sagte er mir, ich solle über den Damm in die Festung reiten. Er selbst dagegen überquerte den Fluß dort, wo die Franken waren.
Ein anderes Mal[15] beobachtete ich meinen Vater, als die Reiterei des *Mahmûd ibn Qarâdschâ* einen Angriff auf Schaizar machte, während wir uns in einiger Entfernung von der Festung befanden. Die Reiterei Mahmûds war der Festung näher als wir. Ich besaß damals bereits eigene Kampferfahrung, trug meinen Wams, ritt mein eigenes Pferd und hielt meine Lanze in der Hand, während mein Vater – Gott sei ihm gnädig! – auf einem weiblichen Maultier einherritt. »Mein Gebieter!« wandte ich mich an ihn, »willst du nicht lieber auf dein Pferd steigen?« »Gewiß!« erwiderte er, doch zog er gelassen und ohne Eile weiter wie zuvor, während ich aus Angst um ihn ständig auf ihn einredete, er möge doch sein Pferd besteigen. Als wir schließlich Schaizar erreichten, ritt er aber immer noch auf seinem Maultier. Nachdem sich dann die Feinde zurückgezogen hatten und wir in Sicherheit waren, fragte ich meinen Vater: »O mein Gebieter! Du hast gesehen, daß der Feind zwischen uns und der Festung stand und hast dennoch nicht auf meine Bitten gehört, auf eines deiner Seitpferde zu steigen!« Da sprach er: »O mein Sohn! Es stand in meinen Sternen, daß ich mich nicht fürchten brauchte.«
Trotz seiner großen Frömmigkeit und seines Glaubens, seines langen Fastens und seiner ständigen Koranlektüre schenkte mein Vater den Sternen große Beachtung. Ständig spornte er mich zum Studium der Sternenkunde an, was ich aber immer ablehnte, worauf er zu sagen pflegte, ich solle mir wenigstens die Namen jener Sterne einprägen, die auf- und untergehen. Er zeigte mir die Sterne und brachte mir ihre Namen bei.

Eine Kriegslist der Franken durchschaut

Für die Unerschrockenheit und den Edelmut der Männer im Kampf erlebte ich auch folgendes Beispiel. Eines Morgens, zur Zeit des Gebets, sahen wir eine Schar Franken, etwa zehn Reiter, die an das Tor der Stadt kamen, bevor dieses geöffnet wurde. Sie fragten die Wache am Tor: »Wie heißt dieser Ort hier?« Das Tor war aus Holz mit Querbalken darüber, und der Wächter, der sich hinter dem Tor befand, erwiderte: »Schaizar.« Da schossen sie durch einen Spalt im

Tor einen Pfeil auf ihn ab, machten kehrt und trabten mit ihren Pferden davon.
Sofort bestiegen wir unsere Pferde. Mein Oheim ritt als erster los und ich mit ihm, während die Franken gelassen davonzogen. Einige unserer Soldaten folgten uns, und ich bat meinen Oheim: »Wenn du willst, nehme ich mit unseren Leuten die Verfolgung auf und hole die Franken von ihren Pferden. Sie sind ja noch nicht weit.« Mein Oheim, im Kriegshandwerk erfahrener als ich, lehnte jedoch ab und sprach: »Gibt es in Syrien etwa einen Franken, der Schaizar nicht kennt?! Das ist nichts anderes als eine List!« Dann rief er zwei unserer Männer herbei, die auf schnellen Pferden ritten, und beauftragte sie, Tell Milh auszukundschaften, wo sich die Franken mit Vorliebe in den Hinterhalt legten. Als sich die beiden bis auf Sichtweite dem Tell genähert hatten, rückte das gesamte Heer von Antiochia gegen sie heran. Wir beeilten uns, die Gelegenheit zu nutzen, die an der Spitze reitenden Franken abzufangen, bevor der Kampf ins Stocken kam. Bei uns befand sich auch *Dschum'a* mit seinem Sohn Mahmûd. Dschum'a war der erfahrenste und älteste Ritter unter uns. Es trug sich nun zu, daß sein Sohn Mahmûd mitten unter die Franken geriet. Da schrie Dschum'a: »O ihr Ritter! Zu Hilfe meinem Sohn!« Sogleich machten wir mit ihm kehrt – wir waren insgesamt sechzehn Reiter –, trafen mit unseren Lanzen sechzehn Ritter der Franken und holten unseren Gefährten aus ihrer Mitte heraus. Dabei gab es ein solches Durcheinander zwischen uns und ihnen, daß einmal ein Franke sogar Mahmûds Kopf unter dem Arm hielt. Durch die Lanzenstöße, die wir führten, kam Mahmûd aber wieder frei.

Ein glanzvoller Sieg und eine schmachvolle Niederlage

Dennoch sollte sich niemand zu sehr auf seinen Mut verlassen und zu stolz auf seine Unerschrockenheit sein! Eines Tages zog ich mit meinem Oheim zu einem Angriff auf *Apamea*. Es traf sich nun, daß die Besatzung von Apamea die Stadt verlassen hatte, um einer Karawane das Geleit zu geben, und sich gerade auf dem Rückzug befand, als wir auf sie stießen. Wir töteten etwa zwanzig Mann von ihnen. Dann erblickte ich Dschum'a, wie eine halbe Lanze in ihm steckte.

Sie war in die Polsterung des Sattels eingedrungen und durch die Stoffdecke wieder herausgekommen, hatte seinen Oberschenkel getroffen und diesen bis nach hinten durchbohrt und war dann abgebrochen. Ich erschrak bei dem Anblick, doch Dschum'a sagte: »Keine Angst! Ich bin in Ordnung!« Und er ergriff die Lanzenspitze und zog sie sich heraus, ohne daß er und sein Pferd Schaden genommen hatten.

Dann sagte ich zu ihm: »O Abu Mahmûd! Ich würde gern näher an die Festung heranreiten und sie mir ansehen.« – »Los!« rief er zurück, und gemeinsam machten wir uns auf den Weg, wobei wir unsere Pferde traben ließen. Als wir uns der Festung näherten, sahen wir plötzlich acht fränkische Reiter auf unserem Weg stehen. Die Festung überragt eine Hochfläche, von der man nur über diesen Weg hinabsteigen kann. »Halt an!« rief mir Dschum'a zu, »ich will sehen, was ich gegen sie ausrichten kann.« – »Das ist nicht gerecht«, erwiderte ich, »wir wollen sie lieber gemeinsam angreifen.« – »Los!« gab er zurück. Wir stürmten auf sie zu, trieben sie in die Flucht und kehrten in dem Glauben zurück, etwas getan zu haben, was niemand außer uns tun könnte: Zu zweit hatten wir acht fränkische Ritter besiegt!

Wir machten auf der besagten Anhöhe halt und betrachteten die Festung, als uns ein einzelner Fußsoldat, zudem ein kleiner Kerl, erschreckte, der mit Pfeil und Bogen jenen steilen Abhang zu uns heraufgestiegen war. Er schoß auf uns, ohne daß wir eine Möglichkeit hatten, uns gegen ihn zur Wehr zu setzen. Er trieb uns in die Flucht, und, bei Gott, wir glaubten nicht, daß wir ihm mit unseren Pferden heil entkommen würden. Wir kehrten in die Ebene um Apamea zurück, wo wir als Beute eine große Menge Büffel und Rinder, Schafe und Ziegen vor uns hertrieben. Beim Abzug war mein Herz von Kummer über jenen Fußsoldaten erfüllt, der uns in die Flucht geschlagen hatte, ohne daß wir ihm etwas anhaben konnten, und wie es möglich war, daß uns ein einzelner Fußsoldat besiegte, nachdem wir acht fränkische Ritter besiegt hatten.

Wie ein Schwerthieb eine Augenentzündung heilte

Ich war eines Tages dabei, als uns die Reiterei von *Kafartâb* in geringer Stärke angriff. Da es so wenige waren, stürmten wir sofort auf sie los. Eine andere Gruppe von ihnen in gleicher Stärke hatte sich jedoch in den Hinterhalt gelegt, und als nun diejenigen, die uns überfallen hatten, flohen und wir sie verfolgten, bis wir uns ziemlich weit von Schaizar entfernt hatten, kamen die einen aus dem Hinterhalt, und die anderen, hinter denen wir hergejagt waren, machten kehrt, um sich gegen uns zu wenden. Da wir sicher waren, daß sie uns allesamt von den Pferden holen würden, wenn wir flohen, stellten wir uns ihnen zum Kampf. Und Gott verlieh uns den Sieg über sie. Achtzehn ihrer Reiter holten wir aus den Sätteln; die einen wurden von einer Lanze getroffen und starben, andere wurden getroffen und fielen herunter, kamen aber heil davon, und wieder andere verloren ihre Pferde durch einen Lanzenstich und mußten zu Fuß weiterkämpfen.

Alle, die unversehrt am Boden waren, zogen nun ihre Schwerter, stellten sich jedem in den Weg, der an ihnen vorbei wollte, und schlugen auf ihn ein. Als Dschum'a bei einem von ihnen vorbei kam, machte dieser einen Schritt auf ihn zu und versetzte ihm einen Hieb auf den nur von einer Kappe geschützten Kopf, zerschlug die Kappe und hinterließ eine klaffende Wunde auf seiner Stirn, aus der das Blut rann, bis es versiegte. Die Stirn sah aus wie ein offenes Fischmaul. Wir waren noch mitten im Kampf gegen die Franken, als ich ihn traf und fragte: »O Abu Mahmûd, willst du denn nicht deine Wunde verbinden?« Doch er erwiderte: »Dies ist nicht die rechte Zeit, um Verbände anzulegen und Wunden zu bedecken.« Wegen einer Augenentzündung und weil die Augen voller roter Adern waren, trug Dschum'a ständig ein schwarzes Tuch über dem Gesicht. Nachdem er jedoch diese Wunde abbekommen hatte und so viel Blut aus dieser geflossen war, verschwand sein Augenleiden, und fortan plagten ihn weder Entzündungen noch Schmerzen. Wie schon der Dichter sagte: »Zuweilen heilen auch Leiden den Körper.«

Nachdem wir eine große Anzahl Franken getötet hatten, sammelten sich die restlichen und stellten sich uns gegenüber auf. Mein Vetter *Abu l-Qanâ Chitâm* kam zu mir und klagte, daß er auf einem altersschwachen Gaul säße, während ich noch zwei freie Pferde neben mir

herführte. Ich befahl deshalb meinem Burschen, ihm den Fuchs zu geben. Kaum saß er fest im Sattel, als er auch schon allein zum Angriff auf die Franken losstürmte. Diese öffneten sich jedoch zu einer Gasse, durch die er mitten in sie hineinritt. Dann griffen sie ihn mit den Lanzen an, warfen ihn hinunter und stachen auch auf das Pferd ein. Schließlich begannen sie, ihn mit den Lanzenschäften herumzuwälzen, doch trug er einen so festen Ringpanzer, daß die Lanzen nichts ausrichteten. Mit dem Ruf »Zu Hilfe unserem Gefährten! Zu Hilfe unserem Gefährten!« griffen wir die Franken an, trieben sie von ihm weg und retteten ihn wohlbehalten. Das Pferd aber verendete noch am gleichen Tag. Gepriesen sei Der, Der das Heil spendet und die Macht besitzt!
Diese Schlacht brachte dem Dschum'a die glückliche Heilung seiner Augen. Gepriesen sei Der, Der spricht: VIELLEICHT GEFÄLLT EUCH ETWAS NICHT, WAS GUT FÜR EUCH IST (Sure 2, Vers 213).

Die Heilung des wassersüchtigen Stallknechts

Etwas Ähnliches hatte ich früher schon einmal erlebt. Ich befand mich damals im Heer des *Atabek* in der *Dschazîra.* Eines Tages lud mich ein Freund zu sich nach Hause ein, und ich folgte der Einladung. Bei mir hatte ich einen Stallknecht namens Ghunaim, der an Wassersucht litt. Sein Hals war ganz dünn und sein Bauch ganz dick geworden. Er hatte mich in die Fremde begleitet, was ich ihm hoch anrechnete. Wie die Sklaven der anderen Gäste ging er in den Stall jenes Freundes. In unserer Runde befand sich auch ein junger Türke, der so viel Wein trank, bis er völlig betrunken war. Er ging hinaus in den Stall, zog sein Messer und fiel über die Sklaven her, die fluchtartig davonrannten. Nur der schwache und kranke Ghunaim hatte sich den Sattel unter den Kopf gelegt und war eingeschlafen. Er erwachte erst, als alle anderen den Stall schon verlassen hatten. Der Betrunkene versetzte ihm mit dem Messer einen Stich unterhalb des Nabels und riß ihm eine vier Finger breite Wunde in den Leib. Ghunaim fiel auf der Stelle um. Unser Gastgeber, der Herr der Festung *Bâschamrâ,* ließ ihn zusammen mit dem Betrunkenen, dem man die Hände auf den Rücken gebunden hatte, zu mir nach Hause bringen, wo ich den Türken dann freiließ. In der Folgezeit machte der Chirurg viele Besuche bei Ghunaim, bis sich sein Zustand besserte und er wieder laufen und seiner Arbeit nachgehen konnte. Die Wunde aber schloß sich nicht. Zwei Monate lang sonderte sie ständig etwas wie Schorf und gelbes Wasser ab. Dann aber schloß sie sich, sein Leib wurde schlank, und er fand zu völliger Gesundheit zurück. Jene Wunde war somit ein Grund für seine Genesung.

Das Auge des Falken und der Dorn

Eines Tages sah ich den Falkner vor meinem Vater stehen und hörte ihn sagen: »O mein Gebieter! Dieser Falke ist an Federausfall erkrankt, und er wird sterben. Eines seiner Augen ist schon hin. Nimm ihn deshalb für die Jagd, denn er ist ein kluges Tier, aber dem Tode nahe!« Dann zogen wir zur Jagd. Mein Vater hatte mehrere Falken dabei. Den besagten Falken, der auch in Dickichten zu jagen pflegte, ließ er auf ein Haselhuhn fliegen. Das Huhn versteckte sich in einem dichten Gestrüpp. Als der Falke, der auf einem Auge etwas wie einen großen Punkt hatte, dem Huhn folgte, traf ein Dorn jenes Dickichts genau diesen Punkt und stach ihn auf. Der Falkner brachte den Falken zurück, während aus dem geschlossenen Auge des Vogels Flüssigkeit lief, und sagte: »O mein Gebieter! Das Auge des Falken ist hin.« – »Der ganze Vogel ist hin!« erwiderte mein Vater. Am folgenden Tag öffnete der Falke jedoch das Auge, und siehe da, es war gesund. Er blieb bei uns in bester Verfassung und erlebte noch zwei Mauserungen. Er war einer unserer klügsten Falken.
Auch wenn hier nicht der Ort für Falkengeschichten ist, habe ich diese Geschichte im Zusammenhang mit dem aufgeführt, was mit Dschum'a und Ghunaim geschah. Ich habe Wassersüchtige gesehen, die man am Leib zur Ader ließ und die daraufhin starben, während Ghunaim sich erholte und gesund wurde, nachdem ihm jener Betrunkene den Leib aufgeschlitzt hatte! Gepriesen sei der Allmächtige!

Eines Tages überfiel uns das Heer aus Antiochia. Unsere Gefährten waren auf ihre Vorhut gestoßen und flohen nun vor ihr her. Ich postierte mich an ihrem Weg, um ihre Ankunft abzuwarten und um vielleicht eine günstige Gelegenheit zu nutzen, den einen oder anderen Franken zu erledigen. Unter den an mir vorüberziehenden Gefährten entdeckte ich auch Mahmûd, den Sohn *Dschum'a*s. »Halt an, Mahmûd!« rief ich ihm zu. Einen Augenblick hielt er inne, trieb aber dann sein Pferd wieder an und ritt davon. Als mich die vordersten fränkischen Reiter erreichten, wich ich vor ihnen zurück, wobei ich meine Lanze nach hinten gegen sie gerichtet hielt und mich ständig umwandte, um beobachten zu können, ob mich einer ihrer Reiter einholte, um mir mit seiner Lanze einen Stoß zu versetzen. Vor mir ritt eine Gruppe unserer eigenen Leute, und wir befanden uns inmitten von Gärten, die von Mauern, etwa so hoch wie ein sitzender Mensch, umgeben waren. Als mein Pferd mit der Brust an einen unserer eigenen Männer stieß, lenkte ich mein Pferd nach links, gab ihm die Sporen und setzte über die Mauer. Dann richtete ich mein Pferd so aus, daß ich mich mit den Franken auf gleicher Höhe, nur durch die Mauer von ihnen getrennt, befand. Einer ihrer Reiter stürmte in meine Richtung. Er trug einen seidenen Mantel, in seinen Farben grün und gelb, und ich dachte, er hätte keinen Panzer darunter. Ich ließ ihn passieren, gab dann meinem Pferd die Sporen, setzte über die Mauer und traf ihn mit der Lanze. Er kippte zur Seite, so daß sein Kopf bis zu den Steigbügeln hinunterhing, Schild und Lanze fielen ihm aus den Händen, und der Helm flog ihm vom Kopf. Dann, wir hatten inzwischen unsere Fußtruppen eingeholt, richtete er sich jedoch wieder im Sattel auf. Da er ein Kettenhemd unter seinem Mantel trug, hatte ihn mein Lanzenstoß nicht verwundet. Seine Gefährten holten ihn ein, und gemeinsam ritten sie zurück. Die Fußsoldaten nahmen seinen Schild, seine Lanze und seinen Helm.

Als der Kampf vorüber war und sich die Franken zurückgezogen hatten, kam Dschum'a zu mir und entschuldigte sich für das Verhalten seines Sohnes Mahmûd. »Dieser Hund ist geflohen und hat dich im Stich gelassen!« sagte er empört.

»Was ist schon dabei?!« entgegnete ich.

»Ist denn etwa nichts dabei, wenn er dich im Stich läßt?«
»Bei deinem Leben, o Abu Mahmûd, auch du wirst mich im Stich lassen!«
»O welche Schande! Bei Gott, lieber sterbe ich, als dich im Stich zu lassen!«
Nur wenige Tage später überfiel uns die Reiterei von *Hamât.* Sie raubte uns eine Rinderherde und hielt sie dann auf einer Insel unterhalb der Dschalâlî-Mühle gefangen. Bogenschützen postierten sich auf der Mühle, um die Herde zu bewachen. Zusammen mit Dschum'a und Mâdî – einer unserer *Muwallads* und ein tapferer Mann – ritt ich hin. Ich erklärte den beiden, wir würden durch das Wasser reiten und die Tiere holen. Als wir jedoch hinüberzogen, wurde Mâdîs Pferd von einem Pfeil tödlich getroffen. Nur mit Mühe trug es ihn zu seinen Gefährten zurück. Mein eigenes Pferd wurde am Genick von einem Pfeil getroffen, der etwa eine Spanne tief eindrang. Aber, bei Gott, das Pferd schlug weder aus, noch wurde es unruhig, sondern es verhielt sich so, als würde es keine Wunde spüren. Dschum'a dagegen ritt aus Angst um sein Pferd zurück. Nach unserer Heimkehr fragte ich ihn: »O Abu Mahmûd, habe ich dir nicht, als du deinen Sohn tadeltest, gesagt, daß auch du mich im Stich lassen wirst?« – »Bei Gott«, erwiderte er, »ich hatte nur Angst um mein Pferd, denn es ist mir lieb und teuer!« Und er entschuldigte sich.
An jenem Tag, nachdem bereits einige Reiter von Hamât mit der Viehherde zur Insel vorausgezogen waren, stießen wir noch mit der übrigen Reiterei von Hamât zusammen, und es kam zum Kampf. In ihrer Reiterei befanden sich die bedeutendsten Ritter des Heeres von Hamât: Sarhank, Ghâzî at-Tallî, Mahmûd ibn Baldâdschî, Hadr at-Tût und Isbâslâr Chutluch. Außerdem waren sie uns zahlenmäßig überlegen. Dennoch griffen wir sie an und besiegten sie. Geradewegs stürmte ich auf einen ihrer Reiter zu, um ihm einen Stoß mit der Lanze zu versetzen, und siehe da, es war Hadr at-Tût. »Gnade!« rief er mir zu, worauf ich mich abwandte, um mir einen anderen vorzunehmen. Ich versetzte ihm einen Lanzenstoß, doch ging ihm die Lanze unter der Achselhöhle durch. Hätte er die Lanze in Ruhe gelassen, wäre er nicht gestürzt. Um die Lanze an sich zu bringen, drückte er jedoch mit seinem Oberarm fest dagegen, während mein Pferd mit mir vorwärts stürmte. Dadurch verlor er den Halt im

Sattel, fiel auf den Hals seines Pferdes und stürzte schließlich zu Boden. Dann raffte er sich wieder auf – er befand sich am Rand der steil zum Dschalâlî-Wadi abfallenden Böschung –, schlug auf sein Pferd ein und stieg, das Tier vor sich hertreibend, hinunter. Ich lobte Gott den Gepriesenen dafür, daß mein Lanzenstoß dem Mann keinen Schaden zugefügt hatte, denn es war Ghâzî at-Tallî, ein gar trefflicher Mann.

Einer gegen zwei

Eines Tages rückte das Heer von Antiochia gegen uns heran und lagerte an jener Stelle, an der die Franken immer ihr Lager zu errichten pflegten, wenn sie uns angriffen. Wir standen ihnen derweil mit unseren Pferden, nur durch den Orontes von ihnen getrennt, gegenüber. Als uns aber keiner von ihnen angriff, sondern sie lediglich ihre Zelte aufschlugen und sich darin einrichteten, kehrten wir nach Hause zurück und beobachteten sie weiter von der Festung aus. Schließlich zogen etwa zwanzig Reiter aus unserem Heer nach Bandarqanîn, einem Dorf in der Nähe der Oberstadt von *Schaizar*, um dort ihre Pferde zu weiden. Ihre Lanzen hatten sie zu Hause gelassen. Zwei Franken ritten daraufhin in ihre Nähe. Unterwegs stießen sie auf einen Mann, der ein Rind vor sich hertrieb, und führten ihn samt seinem Tier mit sich fort. Wir beobachteten das Ganze von der Festung aus. Jene Soldaten, die ihre Pferde hatten weiden lassen, saßen auf, rührten sich aber nicht von der Stelle, da sie keine Lanzen dabei hatten. Da sagte mein Oheim: »Da sind zwanzig Männer, die es nicht fertigbringen, einen einzigen Gefangenen aus den Händen zweier Reiter zu befreien! Wäre *Dschum'a* bei ihnen, könntet ihr sehen, was er täte!« Er hatte seine Worte noch nicht beendet, als Dschum'a auch schon in voller Rüstung hinausgaloppierte. »Jetzt schaut, was er macht!« rief mein Oheim. Im Galopp näherte sich Dschum'a den beiden fränkischen Reitern, zügelte dann jedoch sein Pferd und blieb vorsichtig hinter ihnen. Als mein Oheim, der ihn von einem Fenster der Festung aus beobachtete, sah, daß er sich nicht weiter an sie heranmachte, trat er wütend vom Fenster zurück und rief: »Das ist Fahnenflucht!« Dschum'a hielt sich jedoch nur zurück, weil er fürchtete, die Franken könnten in einer Grube, die

sich unmittelbar vor den beiden Reitern befand, einen Hinterhalt gelegt haben. Als er dann die Grube erreichte und feststellte, daß niemand darin war, griff er die beiden Reiter an, befreite den Mann und sein Rind und jagte die Reiter bis zu ihren Zelten.
Bohemund II., der Herr von Antiochia, sah, was sich abspielte. Als die beiden Reiter ankamen, befahl er sie zu sich, ließ ihnen ihre Schilde wegnehmen und Viehkrippen daraus machen, ließ ihre Zelte einreißen und die beiden davonjagen. Dabei sprach er: »Ein muslimischer Ritter verjagt zwei fränkische Ritter! Ihr seid keine Männer! Ihr seid Weiber!«
Mein Oheim aber tadelte Dschum'a und war wütend auf ihn, weil er die beiden nicht sofort, als er sie erreichte, angegriffen hatte. Dschum'a erklärte ihm: »O mein Gebieter! Ich fürchtete, sie könnten in der Grube Râbijat al-Qarâmita einen Hinterhalt gelegt haben und mich von dort plötzlich angreifen. Sobald ich aber die Grube untersucht und niemand darin gesehen hatte, befreite ich den Mann mit seinem Rind und jagte den beiden Rittern hinterher, bis sie ihr Lager erreichten.« Mein Oheim nahm diese Entschuldigung jedoch nicht an und gab sich nicht damit zufrieden.

Welches Ansehen die Ritter bei den Franken genießen

Die Franken – Gott lasse sie im Stich! – schätzen keine menschliche Tugend so hoch ein wie die Tapferkeit. Nur die Ritter genießen bei ihnen eine bevorzugte Stellung und einen hohen Rang. Allein die Ritter gelten ihnen etwas, denn sie allein fällen Meinungen, Entscheidungen und Urteile. Einmal, als zwischen uns Frieden herrschte und ich in Damaskus weilte [16], führte ich mit ihnen einen Rechtsstreit wegen einer Ziegen- und Schafherde, die der Herr von Bânjâs aus dem Wald geraubt hatte. Ich sprach zu König *Fulk*, dem Sohn von Fulk: »Dieser Mann hat unsere Abmachungen gebrochen und unsere Tiere gestohlen, als diese gerade Junge warfen. Nach der Geburt sind die Jungen eingegangen, und er hat uns die Tiere zurückgegeben, nachdem er sie verdorben hat.« Da sagte Fulk zu sechs oder sieben Rittern, sie sollten ein Urteil darüber fällen. Diese verließen daraufhin den Empfangsraum, um sich zurückzuziehen und sich zu beraten, bis sie sich auf eine gemeinsame Entscheidung geeinigt hatten. Dann kehrten sie in den Empfangsraum des Königs zurück und erklärten, sie hatten entschieden, daß der Herr von Bânjâs Entschädigung für das von ihm verdorbene Vieh zu leisten habe. Da befahl der König dem Herrn von Bânjâs, die volle Summe zu zahlen, doch dieser bat mich so lange inständig, bis ich mich mit 400 Golddinaren zufriedengab.

Wenn die Ritter also einmal ein Urteil gefällt haben, kann es weder der König selbst noch irgendeine andere führende Persönlichkeit der Franken abändern oder aufheben. So viel gilt bei ihnen der Ritter.

Zu mir sprach der König: »Bei der Wahrheit meines Glaubens! Gestern habe ich mich köstlich amüsiert!«

»Möge Gott den König sich immer amüsieren lassen!« erwiderte ich und fragte: »Doch worüber hast du dich denn so amüsiert?«

»Man hat mir gesagt, daß du ein bedeutender Ritter bist. Als ich dich gestern aber erstmals sah, glaubte ich nicht, daß du überhaupt ein Ritter seiest!«

»Herr, ich bin ein Ritter sowohl in meinem Wesen als auch von meiner Abstammung her!« verteidigte ich mich. Die Franken bewundern allerdings einen Ritter mehr, wenn er groß und schlank ist.

Tankred bricht sein Wort

Tankred, der als Herr von Antiochia unmittelbar auf *Bohemund I.* folgte, hatte uns vorher einmal belagert[17]. Es war zum Kampf und danach zu einem Waffenstillstand gekommen. In dieser Zeit sandte Tankred einen Boten zu uns mit der Bitte, wir möchten ihm doch ein bestimmtes Pferd bringen lassen. Dieses Pferd, das einem Sklaven meines Oheims *Izzaddîn* gehörte, war von edler Rasse. Mein Oheim ließ einen unserer Männer, einen Kurden namens Hasanûn, der zu unseren tapfersten Rittern zählte und jung, hübsch und schlank war, auf dem Pferd zu Tankred reiten, damit er sich dort im Wettrennen mit anderen Reitern messe. Es kam zum Rennen, und Hasnûn schlug mit diesem Pferd alle anderen. Er wurde zu Tankred gebracht, und die Ritter prüften seine Arme und wunderten sich darüber, wie schlank und jung er war, wußten sie doch, welch tapferen Ritter sie vor sich hatten. Als Tankred ihm dann ein Ehrengewand

verlieh, sprach Hasanûn zu ihm: »Herr! Ich wünschte, du gäbest mir dein Versprechen, daß du mir, wenn ich im Kampf einmal in deine Hände fallen sollte, deine Gunst erweisen und mich freilassen wirst.« Tankred gab ihm sein Wort. Wenigstens nahm Hasanûn dies an, denn die Franken sprechen nur ihre fränkische Sprache, und wir verstehen nicht, was sie sagen.
Ein Jahr oder etwas mehr verging, und der Waffenstillstand lief aus [18]. Da zog Tankred mit dem Heer von Antiochia gegen uns, und es kam bei den Mauern der Unterstadt von Schaizar zum Kampf. Unsere Reiterei war auf die fränkische Vorhut gestoßen, und einer unserer Männer, ein Kurde namens Kâmil al-Maschtûb, ließ seine Lanze unter ihnen wüten. In seiner Tapferkeit stand er Hasanûn in nichts nach. Hasanûn selbst saß währenddessen auf seiner Stute in der Nähe meines Vaters und wartete darauf, daß sein Sklave ihm seinen Hengst vom Tierarzt brächte sowie sein Wams. Als das Warten ihm zu lange wurde und Kâmils Lanzenstöße ihn immer mehr in Unruhe versetzten, bat er meinen Vater, er möge ihm eine leichte Rüstung zur Verfügung stellen. »Dort stehen die Maultiere mit den Rüstungen; lege davon an, was dir paßt!« erwiderte ihm mein Vater. Ich selbst war damals noch ein junger Bursche und stand hinter meinem Vater. Es war das erste Mal, daß ich einen Kampf sah. Hasanûn prüfte nun die Panzer in den Behältern auf den Maultieren, doch es paßte ihm keiner. Kochend vor Begierde vorzustürmen und es Kâmil gleichzutun, ritt er schließlich ohne Rüstung auf seiner Stute los. Ein fränkischer Ritter stellte sich ihm in den Weg und traf mit der Lanze sein Pferd in den Rücken, worauf dieses auf den Eisenbügel des Zaumes biß und mit Hasanûn losstürmte, bis es ihn schließlich inmitten des fränkischen Haufens abwarf. Die Franken nahmen ihn gefangen, quälten ihn auf die verschiedenste Weise und wollten ihm das linke Auge ausreißen. Tankred – Gott verfluche ihn! – sagte ihnen jedoch, sie sollten ihm lieber das rechte Auge entfernen, da dann, wenn er den Schild trüge, dieser das linke Auge verdecke und er somit gar nichts mehr sehen könne. So rissen sie ihm, Tankreds Anordnung folgend, das rechte Auge heraus. Außerdem forderten sie als Auslösesumme tausend Golddinare sowie einen Rappen, der meinem Vater gehörte, aus bester *chafâdschischer* Zucht stammte und eines der schönsten Pferde war. Mein Vater löste ihn für dieses Pferd aus.

An diesem Tag waren auch viele unserer Fußsoldaten vor die Stadt gezogen. Die Franken griffen sie an, konnten sie aber nicht ins Wanken bringen. Da wurde Tankred wütend und fuhr seine Leute an: »Ihr seid meine Reiter, und jeder von euch erhält hundertmal soviel Sold wie ein Muslim. Diese da sind Sergeanten – er meinte damit Fußsoldaten –, und dennoch seid ihr nicht fähig, sie von der Stelle zu bewegen!« Und als sie dagegen einwandten, sie hätten sie gewiß niedergetrampelt und mit den Lanzen zusammengestochen, wenn sie nicht um ihre Pferde Angst gehabt hätten, rief er: »Die Pferde gehören mir! Und jedem, dessen Pferd getötet wird, werde ich es ersetzen!« Daraufhin machten sie mehrere Angriffe auf unsere Leute, doch verloren sie siebzig Pferde und konnten die Fußsoldaten nicht ins Wanken bringen.

Vom Mut des Ritters Pedrovant und wie ihn ein Löwe fraß

In *Ampamea* lebte einer der größten fränkischen Ritter. Er hieß Pedrovant und wünschte sich ständig, im Kampf einmal auf *Dschum'a* zu treffen, sowie sich auch Dschum'a immerfort eine Begegnung mit Pedrovant herbeisehnte.
Eines Tages nun rückte das Heer von Antiochia wieder einmal zum Angriff gegen uns heran und schlug an der üblichen Stelle, nur durch den Orontes von uns getrennt, die Zelte auf. Eine Schar unserer Reiter hatte sich auf einer Anhöhe ihnen gegenüber postiert. Da verließ einer der fränkischen Ritter das Zeltlager, hielt unterhalb von unseren Leuten an und rief ihnen über den Fluß zu: »Ist Dschum'a unter euch?« »Nein!« erscholl es zurück, und in der Tat war Dschum'a nicht bei ihnen.
Jener Franke aber war niemand anderer als Pedrovant. Als er sich nun umwandte, erblickte er vier von unseren Reitern auf seiner Seite des Flusses. Es waren Jahjâ ibn Sâfî, der Linkshänder, Sahl ibn abi Ghânim, der Kurde, Hâritha vom Stamme Numair und ein weiterer Ritter. Pedrovant griff alle vier an und trieb sie in die Flucht. Einen von ihnen holte er noch ein und führte einen Lanzenstoß gegen ihn, der jedoch mißlang, da sein Pferd ihn nicht genügend nahe herangebracht hatte. Dann ritt er ins Lager zurück.

Als unsere vier Reiter nach *Schaizar* zurückkehrten, wurden sie mit Schimpf und Schande bedacht, und die Leute riefen: »Ein einzelner Ritter treibt vier Reiter in die Flucht! Ihr hättet euch teilen können, so daß ihn drei von euch hätten töten können, während er einen von euch mit der Lanze angriff! Dann wäre euch die Schande erspart geblieben!« Am meisten wurden sie von Dschum'a beschimpft.

Später nach dieser Niederlage bewiesen diese vier Reiter jedoch einen solchen Mut, kämpften mit solcher Bravour, zeichneten sich im Krieg dermaßen aus und wurden derart berühmt, daß man glauben konnte, diese Niederlage habe ihnen neue Herzen verliehen und sie mit einer Tapferkeit beseelt, die sie vorher gar nicht angestrebt hatten.

Der genannte Pedrovant verließ danach einmal Apamea, um in irgendeiner Angelegenheit nach Antiochia zu reiten. Unterwegs fiel ihn ein Löwe aus einem Wald in der Gegend von *ar-Rûdsch* an, riß ihn von seinem Maultier und schleppte ihn in den Wald, wo er ihn – möge Gott ihm nicht gnädig sein! – auffraß.

Ein gar tapferer Frankenritter

Zu den Beispielen für den kühnen Angriff eines einzelnen gegen eine große Männerschar gehört auch der folgende Vorfall:

Am Donnerstag, dem 9. Rabî' des Jahres 505 (= 15. September 1111) lagerte der *Isbâslâr Maudûd* am Stadtrand von *Schaizar,* nachdem *Tankred,* der Herr von Antiochia, mit einem großen Heer gegen ihn gezogen war. Mein Oheim und mein Vater begaben sich hinaus und erklärten ihm, es sei besser, wenn er sein Lager am Fluß östlich von Schaizar abbreche und in die Stadt verlege, wo seine Soldaten die Zelte auf den Dächern aufschlagen könnten, damit wir dann, nachdem Zelte und Lasten in Sicherheit seien, gemeinsam die Franken empfangen könnten. Maudûd folgte ihrem Vorschlag.

Am folgenden Morgen begaben sich mein Vater und mein Oheim zusammen mit 5000 wohlgerüsteten Männer zu ihm, was ihn sehr erfreute und ermutigte. Er selbst hatte vorzügliche Männer bei sich. Unsere und seine Leute gingen südlich des Flusses in Stellung und hinderten die Franken, die nördlich des Flusses saßen, den ganzen Tag über daran, zu trinken und ans Wasser zu kommen. Nach Einbruch der Nacht brachen deshalb die Franken auf, um sich in ihr eigenes Gebiet zurückzuziehen. Unsere Leute blieben jedoch in ihrem Umkreis und hinderten sie, als sie bei Tall at-Turmusî lagerten, wie am Vortage daran, ans Wasser heranzukommen. So brachen sie in der Nacht erneut auf und lagerten bei Tall at-Tulûl, ständig von unserem Heer bedrängt und am Vorrücken behindert. Als auch dort unsere Soldaten die Wasserstelle umzingelten und den Franken den Zugang verwehrten, zogen sie nachts weiter in Richtung Apamea. Unsere Leute blieben ihnen jedoch auf den Fersen und umkreisten sie ständig während des Zuges. Da stürmte ein Ritter aus den Reihen der Franken hervor und griff unsere Soldaten an, bis er mitten unter ihnen war. Sie töteten sein Pferd und fügten ihm selbst schwere Wunden zu, doch er kämpfte zu Fuß weiter, bis er seine Gefährten wieder erreichte.

Schließlich gelangten die Franken auf ihr Gebiet. Die Muslime ließen von ihnen ab und kehrten zurück. Maudûd zog nach Damaskus.

Einige Monate später kam, umgeben von Sklaven und Gefolgsleuten, ein Ritter zu uns und überbrachte einen Brief Tankreds, des Herrn von Antiochia, in dem dieser schrieb: »Dies ist ein hochgeachteter Ritter der Franken, der nach Jerusalem gepilgert ist und nun in seine Heimat zurückkehren möchte. Er bat mich, ihn zu euch zu senden, damit er sich eure Ritter betrachten kann. So habe ich ihn denn zu euch geschickt. Behandelt ihn gut!«

Er war jung, hübsch und gut gekleidet, doch war er von zahlreichen Wunden gezeichnet, und auf seinem Gesicht sah man eine Narbe, die ihm ein Schwerthieb vom Scheitel bis zum Kinn gerissen hatte. Als ich mich erkundigte, wer er sei, sagte man mir, daß dies der Ritter war, der Maudûds Heer angegriffen und auch nach dem Verlust seines Pferdes weitergekämpft hatte, bis er zu den Seinen zurückgelangt war.

Erhaben ist Gott, Der tun kann, was Er will, wie Er will! Das Schicksal läßt sich nicht hinausschieben, indem man sich zurückhält, sowenig wie es sich beschleunigen läßt, wenn man mutig angreift!

Wie ein einzelner Reiter acht Männern vier Kamele wegnimmt

Hierher gehört auch die Geschichte, die mir al-'Uqâb der Dichter, einer unserer Soldaten aus dem Maghreb, erzählte:
»Mein Vater zog einmal von Palmyra zum Markt von Damaskus. Er hatte acht Männer bei sich, vier zu Pferd und vier zu Fuß. ›Während wir so dahinzogen‹, so erzählte mein Vater, ›tauchte plötzlich mitten aus der Wüste ein Reiter auf. Er kam direkt auf uns zu, bis er nahe bei uns war und rief: ‚Laßt die Kamele!' Wir schrien ihn an und beschimpften ihn. Da ließ er sein Pferd auf uns losstürmen, traf mit der Lanze einen unserer Reiter, warf ihn vom Pferd und verwundete ihn. Wir jagten hinter ihm her, doch er war schneller. Nach einer Weile kam er zurück und rief: ‚Laßt die Kamele!' Wieder schrien wir ihn an und beschimpften ihn. Da griff er uns erneut an und verwundete einen unserer Männer, die zu Fuß waren, schwer. Wieder verfolgten wir ihn, doch wieder entkam er uns. Und dann kam er erneut zurück – zwei unserer Männer waren bereits kampfunfähig – und stürmte auf uns los. Einer unserer Männer trat ihm entgegen und stieß mit der Lanze nach ihm. Der Stoß ging jedoch an den Sattelknauf, und die Lanze zerbrach. Da stieß der Reiter seinerseits zu und verwundete unseren Gefährten. Dann griff er uns nochmals an, traf mit der Lanze einen weiteren Mann von uns und streckte ihn zu Boden. ‚Laßt die Kamele, sonst bringe ich euch alle um!' rief er. ‚Komm her und nimm dir die Hälfte von ihnen!' boten wir ihm an, doch er lehnte es ab, sich die Kamele selbst zu holen, sondern verlangte, daß wir vier von ihnen absonderten und uns mit den übrigen vier davonmachten. So gehorchten wir ihm denn und glaubten nicht mehr daran, daß wir mit dem, was uns geblieben war, heil davonkommen würden. Vor unseren Augen trieb er dann die vier Kamele davon, ohne daß wir eine Möglichkeit sahen oder eine Hoffnung hatten, seiner habhaft zu werden. So verschwand er mit seiner Beute – er allein, während wir acht Männer waren!‹«

Eine Höhle als unsichere Zuflucht

Auch die folgende Begebenheit gehört zu den Vorkommnissen dieser Art: *Tankred,* der Herr von Antiochia, unternahm einen Überfall auf Schaizar. Er trieb viel Vieh davon, mordete und machte Gefangene. Dann lagerte er bei einem Dorf namens Zalîn, wo sich hoch oben in der Mitte eines Berges eine unzugängliche Höhle befindet, zu der man weder von oben herab- noch von unten hinaufsteigen kann. Jemand, der in ihr Schutz suchen will, muß sich an Seilen hinunterlassen. Es geschah nun am 25. Rabî II. des Jahres 502 (= 27. November 1108), daß ein Teufel aus den Reihen der fränkischen Ritter zu Tankred kam und sprach: »Mache mir eine Kiste aus Holz, in die ich mich setzen kann, und laßt mich dann mit Ketten, die an der Kiste befestigt sind, oben vom Berg zu den Leuten hinunter, damit sie sie nicht mit ihren Schwertern zerschlagen und ich hinunterfalle!« So machten sie ihm eine Kiste und ließen ihn an den daran befestigten Ketten zur Höhle hinab. Er nahm die Höhle ein und brachte alle, die sich darin befanden, zu Tankred hinunter. Die Höhle war nämlich ein offener Raum, in der es keine Stelle gab, wo man sich verstecken konnte. Er schoß mit Pfeilen auf die Leute, und wegen der Enge der Höhle und der Vielzahl der Leute in ihr traf jeder Pfeil.

Die häßliche Braut und die Noblesse meines Oheims

Unter den Gefangenen, die die Franken damals machten, befand sich auch eine Frau von bester arabischer Abkunft. Früher, als sie noch im Hause ihres Vaters lebte, war sie einmal meinem Oheim Izzaddîn beschrieben worden, worauf dieser eine alte Frau aus seiner Umgebung hingeschickt hatte, damit sie sich das Mädchen ansehe. Bei ihrer Rückkehr schwärmte die Alte von der Schönheit und der Klugheit des Mädchens – entweder weil man sie bestochen oder ihr ein anderes Mädchen gezeigt hatte. So kam es, daß mein Oheim um die Hand des Mädchens anhielt und es heiratete. Als die Braut dann aber erstmals unverschleiert zu ihm ins Gemach trat, sah er etwas anderes, als was man ihm beschrieben hatte. Zudem war sie stumm. Er zahlte ihr deshalb die Mitgift aus und schickte sie wieder nach

Hause zu ihrer Familie. Ebendiese Frau war es, die nun an jenem Tag in ihrem Heimatdorf den Franken in die Hände fiel. Mein Oheim aber sprach: »Eine Frau, mit der ich einmal verheiratet war und die sich vor mir entschleiert hat, lasse ich nicht in fränkischer Gefangenschaft!« Dann kaufte er sie für fünfhundert Golddinare frei und gab sie an ihre Familie zurück.

Das Türkenmädchen und die sechzig Räuber

Eine weitere Begebenheit dieser Art erzählte mir der Dichter al-Mu'ajjad aus Bagdad im Jahre 565 (= 1169/70) in Mosul. Hier sein Bericht:
»Der Kalif gab meinem Vater als Lehen ein Dorf, das mein Vater dann häufig besuchte. Nun trieb dort eine Gruppe von Wegelagerern ihr Unwesen, und mein Vater stellte sich gut mit ihnen, weil er einerseits Angst vor ihnen hatte und weil er andererseits etwas von ihrem Raubgut abbekommen wollte. Als wir eines Tages in diesem Dorf saßen, kam ein junger Türke auf einem Pferd herangeritten. Mit sich führte er ein Maultier, das eine Satteltasche trug, auf dem ein Mädchen saß. Er stieg ab, half dem Mädchen vom Maultier und rief uns jungen Burschen zu, wir sollten ihm helfen, die Satteltasche herunterzuheben. Wir traten hinzu, gemeinsam mit ihm holten wir die Tasche herunter, und siehe da, sie war voll goldener Dinare und Juwelen. Er setzte sich mit dem Mädchen nieder, und sie aßen etwas. Dann bat er uns, ihm zu helfen, die Satteltasche wieder aufzuladen, was wir auch taten. Als er nach dem Weg nach *Anbâr* fragte, zeigte ihn ihm mein Vater und fügte hinzu: ›Unterwegs gibt es aber sechzig Landstreicher, derentwegen ich um dich fürchte.‹ Der Türke aber erwiderte: ›Pff! Glaubst du, ich fürchte mich vor diesen Landstreichern?!‹ So ließ mein Vater ihn ziehen, begab sich selbst zu den Wegelagerern und erzählte ihnen von dem Türken und von den Schätzen, die er bei sich hatte. Da machten sie sich auf, um ihn auf seinem Weg abzufangen. Als der Türke sie sah, holte er seinen Bogen hervor, legte einen Pfeil auf die Sehne und spannte sie, um auf die Landstreicher zu schießen, doch da riß die Sehne. Die Landstreicher stürmten auf ihn los, und er floh. Sie aber bemächtigten sich des Maultiers, des Mädchens und der Satteltasche. Da sprach das Mäd-

chen zu ihnen: ›Bei Gott, ihr jungen Männer, entehrt mich nicht! Laßt mich mich selbst und das Maultier für eine Edelsteinkette freikaufen, die der Türke bei sich hat und die fünfhundert Dinare wert ist. Nehmt euch dann auch die Satteltasche mit allem, was drin ist!‹ Sie stimmten zu. Das Mädchen schlug ihnen vor, sie sollten einen von ihnen mit ihm schicken, damit es mit dem Türken sprechen und die Kette holen könne. So gaben sie ihm einen Mann mit, der es als Wächter begleitete, bis es in die Nähe des Türken kam und ihm zurief: ›Ich habe mich und das Maultier für die Kette freigekauft, die du in deinem linken Stiefel trägst. Gib sie mir!‹ – ›In Ordnung!‹ erwiderte er, entfernte sich etwas von ihnen, zog seinen Stiefel aus, und siehe da, es befand sich eine Bogensehne darin. Sogleich befestigte er sie an seinem Bogen und stürzte zurück auf die Räuber zu. Ununterbrochen kämpften sie gegen ihn, doch er tötete einen nach dem anderen, bis er schließlich 43 Mann von ihnen erledigt hatte. Als er sich umsah, erblickte er auch meinen Vater unter den restlichen Landstreichern, und rief: ›Auch du dabei?! Willst du, daß ich auch dir deinen Anteil an Pfeilen verpasse?‹ Und als mein Vater verneinte, fuhr er fort: ›Nimm die übrigen siebzehn und bringe sie zum Stadtkommandanten, damit er sie aufhängt!‹ Die noch lebenden Landstreicher glotzten betroffen. Ihre Waffen hatten sie weggeworfen. Der Türke aber holte sich das Maultier mit allem, was es trug, und zog davon. – So hat Gott durch ihn gewaltiges Unheil und großen Zorn über die Landstreicher gesandt!«

Der unterirdische Stollen von Kafartâb und der Verrat des Herrn von Aleppo

Hierher gehört auch folgendes Kampfgeschehen, an dem ich im Jahre 509 (= 1115/6 n. Chr.) teilnahm: Mein Vater war mit seinem Heer zum *Isbâslâr Bursuq* gezogen, der auf Befehl des Sultans zu einem Feldzug herangerückt war. Bursuq hatte ein gewaltiges Heer bei sich und eine Schar von Emiren, unter denen sich unter anderem befanden: der ›Emir der Heere‹ und Herr von Mosul Uzbek; Sunqur Dîrâz, der Herr von ar-Rahaba; der Emir Kundughadî; der Große Kammerherr Baktimur; Zangî ibn Bursuq, einer der wahren Helden; Tamîrak; Ismâ'îl al-Badschî und andere. Sie belagerten

Kafartâb, wo sich die beiden Brüder des Theophil mit den Franken befanden, und griffen die Stadt an. Unsere Truppen aus *Chorasan* stiegen, während die Franken bereits alle Hoffnung aufgegeben hatten, in den Festungsgraben hinunter, um von dort einen unterirdischen Stollen zu graben. Dann schleuderte man Feuerbrände in die Festung, worauf die Dächer in Brand gerieten, und auf die Pferde und Lasttiere, die Schafe und Ziegen, die Schweine und die Gefangenen herabstürzten. Dies alles verbrannte. Die Franken selbst klammerten sich an die Zinnen der Festungsmauern und überlebten.

Mir kam in den Sinn, einmal in den unterirdischen Stollen zu gehen, um ihn mir anzusehen. Während es Steine und Pfeile auf uns herabregnete, stieg ich in den Graben hinunter und betrat den Stollen. Eine erstaunlich klug ausgeführte Anlage zeigte sich mir: Die Chorasaner hatten vom Festungsgraben einen Tunnel bis zur Bastion vorgetrieben und an den Seiten des Stollens jeweils zwei Stützen angebracht und darüber eine Bohle gelegt, damit das darüberliegende Erdreich nicht herunterbrach. Den ganzen Tunnel befestigten sie auf diese Weise bis zur Bastion mit Holz. Dann durchstießen sie die Mauer der Bastion, stützten sie ab und erreichten das Fundament des Turmes. Der Stollen war eng, nur als Zugang zum Turm gedacht. Nachdem sie den Turm erreicht hatten, erweiterten sie den Stollen in der Turmmauer und stützten ihn mit Holzpfosten ab, während sie nach und nach die Steinsplitter herausräumten. Der Boden des Stollens war vom Aushauen ganz lehmig geworden. Nachdem ich mir den Tunnel angesehen hatte, verließ ich ihn wieder, ohne daß mich die Chorasaner erkannt hatten. Hätten sie mich erkannt, hätte ich ihnen sicher eine hohe Geldsumme zahlen müssen, damit sie mich hinausließen.

Dann begannen sie trockenes Holz zu schlagen und den Tunnel damit vollzustopfen. Am folgenden Morgen zündeten sie es an. Wir hatten unsere Rüstungen angelegt und rückten, während eine gewaltige Menge von Steinen und Pfeilen über uns hereinbrach, gegen den Graben vor, um die Festung zu stürmen, als der Festungsturm einzustürzen begann. Sobald nämlich das Feuer seine Wirkung tat, bröckelte der Kalk zwischen den Steinen heraus, ein Riß entstand, wurde breiter, und der Turm stürzte. Wir dachten, daß wir, wenn der Turm zusammenfiel, zu den Feinden vordringen könnten. Nun

brach aber nur die äußere Mauer des Turms zusammen, während die innere Mauer erhalten blieb. Wir harrten aus, bis uns die Sonne zu heiß wurde und wir zu unseren Zelten zurückkehrten. Durch die Steinwürfe hatten wir großen Schaden erlitten.
Wir blieben bis zum Mittag im Lager, als plötzlich ein einzelner Fußsoldat, mit Schwert und Schild bewaffnet, aus unserem Heer zur eingestürzten Mauer des Turmes, deren Seiten nun gleichsam eine Treppe bildeten, vorstürmte und bis zur höchsten Stelle hinaufkletterte. Als die anderen Soldaten im Heer ihn sahen, eilten ihm etwa zehn Mann in voller Rüstung hinterher und stiegen einer nach dem anderen hinauf, bis sie, von den Franken unbemerkt, oben anlangten. Wir holten unsere Rüstungen aus den Zelten und rückten vor. Viele waren schon auf dem Turm, bevor sich das ganze Heer einfand.
Nun wandten sich die Franken unseren Leuten zu und beschossen sie mit Pfeilen. Sie verwundeten den, der als erster hinaufgestiegen war, und er kam wieder herunter. Hintereinander kletterten unsere Soldaten nun hinauf, bis sie auf einem Mauerwall den Franken gegenüberstanden. Vor ihnen befand sich ein Turm, in dessen Eingang ein Ritter in voller Rüstung mit Schild und Lanze stand und den Zugang zum Turm verteidigte. Auf dem Turm war eine Gruppe von Franken, die unsere Leute mit Steinen und Pfeilen angriffen. Vor unseren Augen kletterte einer unserer Türken hinauf, ging, von Gottes Prüfung ergriffen, bis nahe an den Turm heran und schleuderte eine Flasche mit Naphta auf die Franken auf dem Turm. Ich sah es wie einen Meteor über die Steine auf die Franken zufliegen, die sich, aus Angst, verbrannt zu werden, zu Boden geworfen hatten. Dann kam der Türke wieder zurück.
Ein anderer Türke stieg nun hinauf und ging mit Schwert und Schild über den Mauerwall. Da kam aus dem Turm, in dessen Eingang jener Ritter stand, ein Franke mit einem doppelten Kettenhemd und einer Lanze, aber ohne Schild, heraus, um den Türken anzugreifen. Der Türke trat ihm mit dem Schwert in der Hand entgegen. Der Franke stach mit der Lanze nach ihm, doch wehrte dieser die Lanzenspitze mit dem Schild von sich ab, ging weiter auf den Franken zu und drang trotz der Lanze auf ihn ein. Der Franke machte kehrt, drehte ihm den Rücken zu und beugte sich wie zum Gebet nach vorn, aus Angst um seinen Kopf. Der Türke versetzte ihm mehrere Schwert-

hiebe, die ihm aber nichts anhaben konnten, und ging weiter, bis er in den Turm eindrang.
Schließlich gewannen unsere Leute die Oberhand und zeigten sich als zahlenmäßig überlegen. Die Franken übergaben die Festung, und die Gefangenen kamen hinunter ins Zeltlager Bursuqs.
Jenen Franken, der mit seiner Lanze gegen den Türken angetreten war, sah ich dann wieder im großen Zelt Bursuqs, wo man die Gefangenen versammelt hatte, damit sie für sich selbst den Preis festsetzten, für den sie jeweils freigelassen werden sollten. Der besagte Franke – er war ein Sergeant – stand auf und fragte: »Wieviel wollt ihr von mir?« – »Sechshundert Dinare!« war die Antwort. »Pff, ich bin nur ein Sergeant, und mein Monatssold beträgt zwei Dinar. Woher soll ich denn 600 Dinare nehmen?« Damit machte er kehrt und setzte sich wieder zu seinen Gefährten. Er war eine mächtige Gestalt, und der Emir as-Sajjid asch-Scharîf, einer der führenden Emire, sagte zu meinem Vater: »O mein Bruder, siehst du, was für Leute das sind?! Möge Gott uns vor ihnen schützen!«
Gott in Seiner Herrlichkeit beschloß dann, daß unser Heer von Kafartâb nach *Dânîth* aufbrach. Am Dienstagmorgen, dem 23. Rabî II. (= 15. September 1115) – die Übergabe von Kafartâb hatte am Freitag, dem 13. Rabî II, stattgefunden –, überraschte das Heer von Antiochia unser Heer, und der Emir as-Sajjid fand mit vielen anderen Muslimen den Tod.
Mein Vater, von dem ich mich in Kafartâb getrennt hatte, kehrte nun, nachdem unser Heer zerschlagen worden war, nach Kafartâb zurück. Wir waren zum Schutz von Kafartâb zurückgeblieben und hatten die Absicht, es wiederaufzubauen, nachdem Bursuq es an uns abgetreten hatte. Wir führten die Gefangenen heraus, jeweils zwei an einen Mann aus Schaizar gefesselt. Einige waren halb verbrannt und hatten nur noch die Oberschenkel unversehrt, andere hatten im Feuer den Tod gefunden. Ich sah in ihnen ein großes warnendes Beispiel. Dann verließen wir mit meinem Vater Kafartâb und kehrten nach Schaizar zurück. Alle Zelte, Lasten, Maultiere, Kamele und Gepäckstücke, die er mit sich geführt hatte, waren ihm genommen worden, und sein Heer war zerstreut.
Der Grund für die Niederlage, die ihnen widerfahren war, lag in einer Kriegslist des Eunuchen *Lu'lu'*, des damaligen Herrn von Aleppo. Zusammen mit dem Herrn von Antiochia hatte er ausgemacht,

eine List anzuwenden, derzufolge er selbst die muslimischen Truppen spalten wollte, während der Herr von Antiochia aufbrechen und die Muslime zerschlagen sollte. Er sandte also eine Botschaft an Bursuq folgenden Inhalts: »Schicke mir einen Emir mit einer Abteilung des Heeres, damit ich Aleppo an ihn übergebe. Ich fürchte nämlich, daß die Einwohner von Aleppo mir in der Übergabe ihrer Stadt nicht zustimmen werden. Deshalb möchte ich, daß der Emir eine Heeresabteilung mitbringt, die mir die Oberhand über die Aleppiner sichert.« Bursuq schickte ihm daraufhin den Emir der Heere Uzbek mit 3000 Reitern. *Roger* – Gott verfluche ihn! – überraschte dann Uzbek an besagtem Morgen und vernichtete in Durchführung des göttlichen Willens sein Heer. Danach kehrten die Franken auch nach Kafartâb zurück, bauten es wieder auf und besiedelten es.

Gott der Erhabene beschloß auch, daß die fränkischen Gefangenen, die wir in Kafartâb gemacht hatten, wieder ihre Freiheit erlangten. Die Emire teilten sie nämlich unter sich auf und ließen sie bei sich am Leben, damit sie sich freikauften. Nur der Emir der Heere ordnete, bevor er sich nach Aleppo wandte, an, daß alle Gefangenen, die ihm als Anteil zugefallen waren, enthauptet wurden.

Diejenigen Soldaten, die bei Dânîth heil davongekommen waren, zerstreuten sich und machten sich auf den Weg in ihre Heimatorte.

Jener Mann aber, der allein auf den Turm der Festung von Kafartâb hinaufgestiegen war, war der Grund dafür, daß wir die Festung eingenommen hatten.

Ein halbes Gesicht wird wieder angenäht

Auch die folgende Begebenheit gehört zu diesem Thema: In meinen Diensten hatte ich einen tapferen und starken Fußsoldaten namens Numair al-Allârûzî. Zusammen mit einigen anderen Männern aus *Schaizar* machte er sich einmal auf den Weg nach *ar-Rûdsch,* um gegen die Franken zu kämpfen. In dem Gebiet stießen sie auf eine fränkische Karawane, die sich in einer Höhle versteckt hatte. Als sie darüber sprachen, wer in die Höhle eindringen sollte, erklärte sich Numair dazu bereit. Er übergab Schwert und Schild an seine Gefährten, zog sein Messer und ging hinein. Ein Franke trat ihm entgegen, doch

Numair stach mit dem Messer auf ihn ein, warf ihn zu Boden und kniete sich auf ihn, um ihn zu töten. Hinter ihm stand jedoch schon ein weiterer Franke, der ein Schwert trug, und nun Numair einen Hieb versetzte. Numair trug aber auf dem Rücken einen Beutel mit Brot, der den Schwertstreich auffing. Nachdem er den Mann getötet hatte, auf dem er kniete, wandte er sich dem zweiten Franken zu, um sich auch ihn vorzunehmen. Der Franke versetzte ihm jedoch einen Schwerthieb über die eine Hälfte seines Gesichts und durchtrennte ihm Augenbraue, Augenlid, Wange, Nase und Oberlippe, worauf ihm die ganze Gesichtshälfte auf der Brust hing. Er stürzte aus der Höhle hinaus zu seinen Gefährten, die die Wunde verbanden und ihn in einer kalten, regnerischen Nacht zurückbrachten. In dieser Verfassung gelangte er nach Schaizar. Sein Gesicht wurde genäht und seine Wunde behandelt, worauf alles wieder heil wurde wie früher. Nur sein Auge war für immer verloren.
Der genannte Numair gehörte übrigens zu jenen drei Männern, die von den Ismâ'îliten von der Festung von Schaizar hinabgeworfen wurden und von deren Schicksal ich bereits vorher berichtet habe[19].

Wie ein einzelner Mann einen Turm und ein anderer eine ganze Festung erobert

Die folgende Begebenheit erzählte mir Meister Sahrî, der sich in den Diensten des Emirs Schamsalchawâss Âltûntâsch, des Herrn von *Rafanîja* befand. Letzterer lag in ständiger Fehde mit *Alamaddîn Alî Kurd,* dem Herrn von *Hamât.* Meister Sahrî erzählte: »Schamsalchawâss erteilte mir einmal den Auftrag, hinauszuziehen, um die Ernte von Rafanîja zu schätzen und mir die Felder zu betrachten. So zog ich denn mit einer Gruppe von Soldaten los und schätzte die Ernte des Gebiets. Eines Abends lagerte ich bei einem der Dörfer von Rafanîja, wo ein Turm stand. Wir stiegen auf das Dach des Turmes, aßen dort zu Abend und saßen zusammen, während unsere Pferde unten am Eingang des Turmes standen. Gerade bemerkten wir noch einen Mann, der uns zwischen den Zinnen des Turmes hervor beobachtete, als er sich auch schon mit einem Messer in der Hand schreiend auf uns warf. Fluchtartig stürzten wir die erste Leiter hinunter und dann die zweite, wobei er ständig hinter uns blieb, bis wir den Ausgang erreichten. Als wir hinausrannten, packten uns einige Männer, die er dort am Ausgang für uns postiert hatte. Sie fesselten uns mit Stricken und brachten uns nach Hamât zu Kurd Alî. Nur weil unsere Schicksalsstunde noch nicht gekommen war, entgingen wir der Enthauptung. Wir wurden eingesperrt und zu einer hohen Auslösesumme gezwungen. Und der, der uns dies angetan hatte, war nur ein einziger Mann!«

Etwas Ähnliches trug sich in der Burg von *al-Charba* zu, die damals *Mohammed ibn Ajjûb* gehörte und dem Kammerherrn Îsâ als Statthalter unterstand. Es ist eine sehr wehrhafte Burg, auf einem Felsen gelegen, der nach allen Seiten hin steil abfällt. Man steigt zu ihr hinauf über eine Holzleiter, die dann nach oben gezogen wird, worauf es keine Möglichkeit mehr gibt, hinaufzukommen. Bei dem Statthalter befanden sich in der Burg nur sein Sohn, sein Sklave und der Pförtner. Der Pförtner hatte einen Freund namens Ibn al-Murahhî, der von Zeit zu Zeit in irgendwelchen Angelegenheiten zu ihm hinauf in die Burg kam. Nun kam aber eines Tages dieser Ibn al-Murahhî mit den *Ismâ'îliten* ins Gespräch und machte mit ihnen aus, daß sie ihm eine zufriedenstellende Summe Geldes und ein Lehen gäben, wenn er sie in den Besitz der Burg von al-Charba brächte. Dann kam er zur Burg, bat um Einlaß und stieg hinauf. Als ersten tötete er den Pförtner. Dann traf er den Sklaven und tötete auch ihn. Schließlich ging er zum Statthalter hinein und brachte ihn ebenfalls um. Auf dem Rückweg tötete er endlich auch den Sohn des Statthalters. Dann übergab er die Burg an die Ismâ'îliten, und diese gaben ihm, was sie mit ihm ausgemacht hatten.

Wenn Männer sich etwas fest vornehmen, tun sie es auch!

Meister Jûnân und die Räuber

Hierher gehört auch der Unterschied, der zwischen den Männern in ihren Bestrebungen und in ihrem Edelsinn besteht. Mein Vater – Gott sei ihm gnädig! – pflegte mir immer zu sagen: »Bei allen Arten von Dingen läßt sich das Gute einer Art wertmäßig mit dem Schlechten der gleichen Art vergleichen. So ist zum Beispiel ein gutes Pferd hundert Dinare wert, während fünf schlechte Pferde zusammen auch nur hundert Dinare wert sind. Ähnlich verhält es sich mit Kamelen und Kleidern. Nur beim Menschen ist es anders, denn tausend schlechte Männer sind nicht soviel wert wie ein einziger guter Mann.« Und mein Vater hatte damit recht.

Ich hatte einmal einen meiner *Mamelucken* in einer wichtigen Angelegenheit nach Damaskus geschickt. Nun traf es sich aber, daß in der Zwischenzeit der *Atabek Zankî* die Stadt Hamât einnahm und vor Homs lagerte. Dadurch war meinem Mamelucken der direkte Weg zurück nach Schaizar versperrt. Er wandte sich deshalb nach Baalbek und von dort nach Tripoli, wo er sich das Maultier eines Christen namens Jûnân mietete. Jûnân brachte ihn dann bis zu der Stelle, bis zu der er das Maultier gemietet hatte, verabschiedete sich von ihm und machte sich wieder auf den Rückweg. Mein Mameluck indessen schloß sich einer Karawane an, um mit ihr durch die Berge nach Schaizar zu kommen. Unterwegs begegnete ihnen ein Mann, der den Besitzern der Lasttiere riet, sie sollten nicht weiterziehen, da sich an einer bestimmten Stelle auf ihrem Weg eine Räuberbande von sechzig, siebzig Mann verborgen hielt, die sie gefangennehmen werde. »Wir machten halt«, so erzählte mir mein Mameluck später, »ohne zu wissen, was wir tun sollten, da uns der Gedanke, umzukehren, ebensowenig behagte, wie uns die Angst den Mut nahm, unseren Weg fortzusetzen. In dieser Lage nun kam plötzlich Meister Jûnân eilends herbei. ›Was ist mit dir, Meister?‹ fragten wir ihn, worauf er erwiderte: ›Ich hörte, daß sich auf eurem Weg eine Räuberbande aufhält, und bin deshalb gekommen, um euch das Geleit zu geben. Los!‹ So zogen wir mit ihm weiter bis zu jener Stelle, als plötzlich eine gewaltige Räuberhorde vom Berg herunterkam, um uns gefangenzunehmen. Da trat Jûnân den Räubern entgegen und rief: ›Halt, ihr Burschen! Ich bin Jûnân, und diese Leute hier stehen unter meinem Schutz. Ist, bei Gott, einer unter euch, der ihnen zu nahe kommen will?!‹ Und, wahrhaftig, er trieb sie alle von uns weg, ohne daß sie bei uns auch nur einen Brotfladen gegessen hatten. Jûnân begleitete uns noch, bis wir in Sicherheit waren. Dann sagte er uns Lebewohl und machte sich davon.«

Derselbe Mameluck – er hatte mich im Jahre 538 (= 1143/4) nach 20
Ägypten begleitet – erzählte mir die folgende Begebenheit vom Sohn des Statthalters von *at-Tûr*. At-Tûr ist eine entfernte Provinz Ägyptens, über die der Kalif *al-Hâfiz* jeweils einen jener Emire als Statthalter einzusetzen pflegte, die er möglichst weit vom Halse haben wollte. Die Provinz liegt nahe am Gebiet der Franken. Der Sohn des Statthalters von at-Tûr berichtete also folgendes: »Als mein Vater zum Statthalter ernannt wurde, begleitete ich ihn in seine Provinz. Nun war ich sehr jagdbesessen, und als ich wieder einmal zur Jagd auszog, fielen einige Franken über mich her. Sie nahmen mich gefangen und brachten mich nach *Bait Dschibrîl*, wo sie mich allein in ein Verlies sperrten. Der Herr von Bait Dschibrîl setzte die Auslösesumme für mich auf 2000 Dinare fest. Ich blieb aber ein Jahr in diesem Verlies, ohne daß jemand nach mir fragte. Eines Tages während meines Aufenthaltes in dem Verlies wurde plötzlich der Deckel hochgehoben und ein Beduine zu mir heruntergelassen. ›Wo hat man dich gefangengenommen?‹ fragte ich ihn, worauf er antwortete: ›Auf der Straße.‹ Nachdem er ein paar Tage mit mir verbracht hatte, wurde die Auslösesumme für ihn auf fünfzig Dinare festgesetzt. Eines Tages sagte er dann zu mir: ›Du solltest wissen, daß dich außer mir niemand aus diesem Verlies befreien kann. So verhilf mir zur Freiheit, damit ich dann dich befreie!‹ Ich sagte mir, der Mann sucht doch nur für sich selbst einen Weg, um aus der Drangsal freizukommen, in die er geraten ist, und ich antwortete ihm nicht. Als er aber einige Tage später die gleichen Worte an mich richtete, dachte ich mir: ›Bei Gott, ich will mich darum bemühen, ihn freizubekommen. Vielleicht wird Gott es mir lohnen, indem Er auch mir zur Freiheit verhilft!‹ So rief ich nach dem Gefängniswärter und bat ihn, er solle seinem Herrn ausrichten, daß ich ihn sprechen wollte. Als der Wärter zurückkam, holte er mich aus dem Verlies hinauf und brachte mich zu seinem Herrn. Zu diesem sagte ich: ›Ich bin nun ein Jahr bei dir in Gefangenschaft, ohne daß jemand nach mir gefragt hat, da ja auch niemand weiß, ob ich noch lebe oder längst tot bin. Nun hast du diesen Beduinen zu mir gesperrt und für ihn die Auslösesumme auf fünfzig Dinar festgesetzt. So erhöhe denn meine Auslösesumme um den Betrag für ihn und laß mich ihn zu meinem Vater

schicken, damit er mich auslöst!‹ Er war damit einverstanden. Ich kehrte ins Verlies zurück und unterrichtete den Beduinen, der daraufhin hinausging, mir Lebewohl sagte und verschwand. Zwei Monate wartete ich auf ein Zeichen von ihm, doch sah und hörte ich nichts von ihm. So gab ich die Hoffnung, daß er etwas für mich unternommen hätte, auf. Völlig unerwartet kam er dann eines Nachts durch ein Loch in der Seite des Verlieses zu mir herein und sagte: ›Mach dich auf! Bei Gott, fünf Monate habe ich von einem verfallenen Dorf aus diesen unterirdischen Gang gegraben, bis ich bei dir anlangte.‹ Gemeinsam brachen wir auf und gingen durch den unterirdischen Gang hinaus. Er zerbrach meine Fesseln und brachte mich zu mir nach Hause. Ich weiß immer noch nicht, worüber ich mich mehr wundern soll, über die Einhaltung seines Versprechens oder über die Genauigkeit, mit der es ihm gelang, daß sein unterirdischer Gang genau an der Seite meines Verlieses herauskam.«

Wenn Gott der Erhabene einen glücklichen Ausgang beschlossen hat, wie einfach läßt sich dieser dann doch erreichen!

Wie ich den Franken ihre muslimischen Gefangenen abkaufte

Ich pflegte häufig den König der Franken aufzusuchen, als zwischen ihm und *Dschmâladdîn Mohammed* ibn Tâdschalmulûk Waffenstillstand herrschte, da König *Balduin,* der Vater der königlichen Gattin König *Fulks,* des Sohnes Fulks, meinem Vater gegenüber zu Dank verpflichtet war. Die Franken führten dann immer ihre Gefangenen zu mir, damit ich sie loskaufte, und ich kaufte jene frei, deren Befreiung Gott leichtmachte.

Eines Tages fuhr ein fränkischer Teufel namens *Wilhelm Dschîbâ* mit einem seiner Schiffe aufs Meer hinaus, um andere Schiffe zu kapern, und er eroberte ein Schiff, auf dem sich etwa vierhundert Männer und Frauen aus dem Maghreb befanden, die auf der Pilgerfahrt waren. Einige dieser Leute wurden nun jeweils mit ihren Besitzern zu mir gebracht, und ich kaufte so viele von ihnen frei, wie ich konnte. Unter ihnen befand sich auch ein junger Mann, der grüßte und sich dann setzte ohne ein weiteres Wort zu sprechen. Ich erkundigte mich nach ihm und erfuhr, daß er ein Asket war und sein Besitzer ein

Gerber. Diesen fragte ich, für wieviel er mir seinen Gefangenen verkaufen würde, worauf er erklärte: »Bei der Wahrheit meines Glaubens! Ich verkaufe ihn nur zusammen mit diesem Alten hier, und zwar für den gleichen Preis, den ich selbst für die beiden gezahlt habe, nämlich für 43 Dinar.« Ich kaufte die beiden und auch noch einige andere für mich selbst. Einige weitere erstand ich für den Emir *Mu'înaddîn* für 120 Dinar. Ich zahlte mit dem Geld, das ich bei mir hatte, und stellte für den Rest einen Schuldschein aus.

Bei meiner Ankunft in Damaskus sagte ich dann zu Emir Mu'înaddîn: »Ich habe einige Gefangene allein für dich gekauft, hatte aber nicht genügend Geld für sie dabei. Nun bin ich wieder zu Hause angelangt, und wenn du sie haben willst, zahlst du den Preis für sie, sonst tue ich es selbst.« – »Aber nein«, antwortete er, »bei Gott, ich zahle den Preis für sie, und von allen Menschen wünsche ich mir am meisten, daß Gott mir ihren Loskauf vergelten möge.« Mu'înaddîn war von allen Menschen am schnellsten bereit, Gutes zu tun und Gottes Lohn zu erlangen. Er zahlte den Preis für die Gefangenen, und einige Tage später kehrte ich nach *Akkon* zurück.

Bei Wilhelm Dschîbâ waren 38 Gefangene zurückgeblieben, darunter die Frau eines jener Männer, die Gott durch meine Hand befreit hatte. Ich kaufte sie von ihm frei, konnte aber den Preis für sie nicht gleich bezahlen. Wenig später ritt ich wieder zu Wilhelms Haus – Gott verfluche ihn! – und fragte ihn, ob er mir zehn von den Gefangenen verkaufe. »Bei der Wahrheit meines Glaubens«, erwiderte er, »ich verkaufe sie nur alle zusammen!« – »Aber ich habe nicht genügend Geld für alle dabei«, erklärte ich ihm und schlug ihm vor, ich würde jetzt einige von ihnen kaufen und das nächste Mal den Rest. Er aber blieb dabei, mir nur alle auf einmal zu verkaufen. Unverrichteterdinge machte ich mich wieder davon. Gott der Erhabene indes beschloß, daß in der folgenden Nacht alle Gefangenen entflohen. Und da die Bewohner der Dörfer von Akkon alle Muslime sind, verstecken sie jeden Gefangenen, der zu ihnen kommt, und lassen ihn in muslimisches Gebiet gelangen.

Jener Verfluchte suchte zwar die Gefangenen, konnte ihrer aber nicht mehr habhaft werden. Gott der Erhabene machte ihre Errettung vollkommen. Am folgenden Morgen verlangte Wilhelm von mir den Preis für die Frau, die ich gekauft hatte, ohne den Preis zu bezahlen, und die nun mit den anderen geflohen war. Ich sagte ihm:

»Übergib mir die Frau, und nimm dir dann ihren Preis!«, worauf er erwiderte: »Der Preis für sie steht mir von gestern her zu, bevor sie floh!« Und er zwang mich, den Preis für sie zu bezahlen. Ich zahlte auch, doch fiel es mir leicht, da ich mich über die Errettung jener Armen freute.

Wessen Errettung Gott beschlossen hat, der wird selbst aus dem Löwenrachen errettet

Zu den Fällen wundersamen Entrinnens, die vorkommen können, wenn göttlicher Beschluß sie herbeiführt und göttlicher Wille ihnen vorausgeht, gehört auch die folgende Begebenheit: Der Emir *Fachraddîn* aus dem Ortoqidengeschlecht unternahm, als ich mich in seinen Diensten befand, mehrere Angriffe auf die Stadt *Amid*, ohne jedoch sein Ziel zu erreichen[21]. Sein letzter Angriff spielte sich in der Weise ab, daß ein kurdischer Emir, der in Âmid den *Dîwân* führte und eine Gruppe von Anhängern um sich geschart hatte, sich mit ihm in Verbindung setzte und mit ihm ausmachte, daß Fachraddîns Heer in einer bestimmten Nacht, auf die sie sich einigten, zu ihm käme und sie den Soldaten mit Seilen helfen würden, über die Mauern zu kommen, worauf Fachraddîn dann Âmid einnehmen könne. Fachraddîn stützte sich bei der Durchführung dieses wichtigen Unternehmens auf seinen fränkischen Diener Yârûq, den das gesamte Heer wegen seines üblen Charakters haßte und verabscheute. Yârûq ritt mit einigen Soldaten voraus, und die übrigen Emire folgten ihm. Unterwegs ritt er jedoch immer langsamer, weshalb die Emire vor ihm Âmid erreichten. Als sie nun jener kurdische Emir und seine Männer vom Turm aus erblickten, die Seile hinabließen und ihnen zuriefen, sie sollten daran hinaufklettern, folgte niemand ihrer Aufforderung. Auch als die Männer des Kurden hinabstiegen, die Schlösser des Stadttores aufbrachen und die Emire aufforderten, in die Stadt einzudringen, kam keiner ihrer Aufforderung nach. Dies alles geschah, weil sich Fachraddîn in dieser äußerst wichtigen Angelegenheit allein auf einen unwissenden jungen Burschen gestützt hatte, ohne seine großen Emire einzuweihen.
Der Emir Kamâladdîn Alî ibn Nîsân sowie die Einwohner und die Soldaten von Âmid bemerkten schließlich den Verrat und nahmen

sich die Verräter vor. Einige von ihnen töteten sie, einige stürzten sich selbst von den Mauern der Stadt, und einige nahmen sie gefangen. Einer von denen, die sich von der Stadtmauer stürzten, streckte, während er durch die Luft flog, seine Hand aus, als suche er etwas, um sich daran festzuhalten. Da berührte er mit der Hand eines jener Seile, die die Verschwörer zu Beginn der Nacht hinuntergelassen hatten und an denen Fachraddîns Leute dann nicht hinaufgeklettert waren. Er hielt sich an dem Seil fest und entkam als einziger von den Verschwörern. Nur die Haut seiner beiden Handflächen hatte er sich an dem Seil völlig abgeschunden. Dies alles habe ich selbst gesehen. Am folgenden Morgen verfolgte der Herr von Âmid alle, die sich an der Verschwörung gegen ihn beteiligt hatten, und brachte sie um. Allein jener Mann kam heil davon.

Gepriesen sei Gott, Der einen Menschen, dessen Errettung Er einmal beschlossen hat, auch aus dem Rachen eines Löwen befreit – und dies nicht nur bildlich gesprochen, sondern auch in Wirklichkeit:

In der Brückenfestung[22] befand sich einer unserer Männer vom Stamm der Banu *Kinâna* namens Ibn al-Ahmar. Eines Tages bestieg er sein Pferd, um in irgendeiner persönlichen Angelegenheit von der Brückenfestung nach *Kafartâb* zu reiten. Er kam durch Kafarnabûdhâ, als gerade eine Karawane auf dem Weg vorüberzog. Da erblickten die Reisenden der Karawane einen Löwen und riefen dem Ibn al-Ahmar, der einen funkelnden Speer trug, zu: »Du mit dem leuchtenden Holz! Gib acht auf den Löwen!« Scham ergriff ihn wegen ihrer Rufe und brachte ihn dazu, den Löwen anzugreifen. Sein Pferd scheute jedoch, und er stürzte zu Boden. Der Löwe kam herbei und legte sich über ihn. Da Gott ihn aber retten wollte, war der Löwe gerade sattgefressen. Er biß ihn nur in Gesicht und Stirn, verletzte ihn damit im Gesicht und begann, während er auf ihm lag und ohne daß er ihm weiteren Schaden zufügte, das Blut aufzulecken.

»Als ich meine Augen öffnete«, so erzählte Ibn al-Ahmar später, »sah ich das Gaumenzäpfchen des Löwen. Ich zog mich dann unter ihm weg und hob seinen Oberschenkel von mir hoch. Ich machte mich davon, klammerte mich an einen Baum in der Nähe und kletterte hinauf. Als der Löwe dies sah, kam er hinter mir her, doch war ich schneller als er bei dem Baum und kletterte hinauf. Der Löwe legte sich unter dem Baum schlafen, und eine große Menge kleiner Ameisen machten sich über meine Wunde her. Die kleinen Ameisen sind nämlich auf von Löwen verursachte Wunden genauso versessen wie Mäuse auf Wunden, die von Leoparden stammen. Dann sah ich, wie der Löwe sich aufsetzte und seine Ohren spitzte, als ob er auf etwas lausche. Dann erhob er sich und lief davon. Und siehe da, eine Karawane zog auf dem Weg heran. Es schien, als habe der Löwe das Geräusch der Karawane gehört.«

Die Reisenden der Karawane erkannten Ibn al-Ahmar und brachten ihn nach Hause. Die Spuren der Zähne der Bestie waren auf seiner Stirn und seinen Wangen zu sehen wie Brandmale. – Gepriesen sei Der, Der Errettung schenkt!

Ist Kämpfen mit dem Verstand vereinbar?

Eines Tages unterhielten wir uns über das Kämpfen, während mein Erzieher, der gelehrte Schaich Abu Abdallâh Mohammed ibn Yûsuf, der unter dem Namen Ibn al-Munîra bekannt ist, zuhörte. Da sagte ich zu ihm: »Mein Lehrmeister! Wenn du auf einem Pferd reiten würdest, einen gefütterten Panzer und einen Helm angelegt und dir ein Schwert umgegürtet hättest, eine Lanze und einen Schild tragen würdest und wenn du dich dann am Maschhad al-'Âs – eine enge Stelle, die die verfluchten Franken zu passieren pflegten – postiert hättest, würde keiner von ihnen an dir vorbeikommen.«

»O doch! Alle würden sie vorbeikommen, bei Gott!« erwiderte er.

Da erklärte ich ihm: »Aber sie würden Angst vor dir haben und nicht wissen, wer du bist!«

»Gepriesen sei Gott! Ich kenne mich doch selbst nicht!« gab er zurück und fuhr fort: »O Usâma, niemand mit Verstand kämpft.« Da zählte ich ihm eine Reihe unserer tapfersten Ritter auf und fragte ihn, ob er diese denn alle für verrückt halte. Da sagte er: »Dies meinte ich nicht. Ich wollte vielmehr damit sagen, daß zur Zeit des Kampfes der Verstand abwesend ist. Wäre er nämlich zugegen, würde kein Mensch sein Gesicht den Schwertern und seine Brust den Lanzen und Pfeilen darbieten. Dies ist nichts, was der Verstand entscheidet.«

Der Schaich – Gott sei ihm gnädig! – verstand mehr von seiner Wissenschaft als vom Kriegshandwerk, denn es ist sehr wohl der Verstand, der den Krieger bewegt, mutig gegen Schwerter, Lanzen und Pfeile vorzugehen, um nicht als Feigling angesehen zu werden und einen schlechten Ruf zu bekommen. Der Beweis dafür liegt darin, daß den Mutigen, bevor er in den Kampf zieht, Angst und Schrecken erfassen und sich seine Gesichtsfarbe verändert bei all den Vorsätzen und den Gedanken an die Gefahren, die er auf sich nehmen und bestehen will. Schließlich empfindet die Seele immer Widerwillen und Schrecken gegenüber derlei Dingen. Sobald sich der Krieger aber dann in den Kampf begibt und sich in die Wogen des Kampfes stürzt, weichen von ihm Angst und Schrecken, und seine Gesichtsfarbe kehrt wieder. Jede Handlung, bei der der Verstand nicht zugegen ist, weist nämlich Fehler und Irrtümer auf.

Unverstand und Klugheit

In diesen Zusammenhang gehören die beiden folgenden Begebenheiten: Die Franken lagerten einmal in den fruchtbaren Niederungen vor *Hamât* und schlugen ihre Zelte mitten in den Saatfeldern auf. Eine Räuberbande verließ daraufhin Schaizar, um das Lager der Franken zu umkreisen und sie zu bestehlen. Die Räuber sahen die Zelte in den Saatfeldern, und am folgenden Morgen begab sich einer von ihnen zum Herrn von Hamât und sprach: »Heute Nacht werde ich das ganze Lager der Franken niederbrennen!« Und der Herr von Hamât erwiderte: »Wenn du dies tust, werde ich dich mit einem Ehrengewand bekleiden.« Am Abend machte er sich dann mit einigen Gleichgesinnten auf und legte in den Saatfeldern westlich des Lagers Feuer in der Absicht, daß der Wind das Feuer zu den Zelten treibe. Durch das Feuer wurde aber die Nacht taghell erleuchtet, und als die Franken die Räuber sahen, gingen sie auf sie los und töteten die meisten von ihnen. Nur diejenigen entkamen, die sich ins Wasser warfen und zur anderen Seite schwammen. Derart sind die Wirkungen und Folgen der Dummheit.

Etwas Ähnliches, auch wenn es nicht im Krieg geschah, sah ich einmal selbst. Die Franken lagerten in großer Zahl vor *Banjâs.* Sie hatten auch ihren Patriarchen dabei, und dieser hatte ein großes Zelt als Kirche aufgeschlagen, damit sie darin beten konnten. Die Aufsicht über das Zelt hatte ein alter Diakon, der den Boden des Zeltes mit

Halfa- und anderem Gras bedeckt hatte. Als jedoch die Flöhe darin immer zahlreicher wurden, kam dem Diakon der Gedanke, das Gras anzuzünden, damit die Flöhe mitverbrannten. Er legte also Feuer an das inzwischen vertrocknete Gras, worauf die Zungen des Feuers hochstiegen, das Zelt erfaßten und es in Asche legten. Bei diesem Diakon war der Verstand nicht zugegen.

Ein Beispiel für das Gegenteil ist folgende Begebenheit: Eines Tages ritten wir von Schaizar zur Jagd hinaus. Mein Oheim und eine Gruppe Soldaten begleiteten uns. Da griff uns ein Löwe aus einem Rohrdickicht heraus an, in das wir gerade eindrangen, um Haselhühner zu jagen. Einer unserer kurdischen Soldaten, einer der wahren Ritter der Muslime, namens Zahraddaula Bachtiyâr al-Qubrusî – den Namen Zahraddaula »Blume des Staates« hatte er wegen seines anmutigen Äußeren erhalten –, griff den Löwen an. Der Löwe aber stellte sich ihm entgegen, worauf das Pferd scheute und Zahraddaula abwarf. Während er noch am Boden lag, kam der Löwe heran. Zahraddaula streckte ihm ein Bein entgegen, in das der Löwe hineinbiß. Wir eilten herbei, töteten den Löwen und befreiten unseren Gefährten, dem nichts geschehen war. Als wir ihn dann fragten, weshalb er denn seinem Fuß dem Maul des Löwen entgegengestreckt habe, sagte er: »Wie ihr seht, ist mein Körper schwach und dürr, und ich trage lediglich ein einfaches Gewand und einen dünnen Umhang. Nichts an mir ist besser bekleidet als mein Fuß mit seiner Gamasche, seinem Schuh und seinem Stiefelschaft. Deshalb sagte ich mir, es sei wohl das Beste, den Löwen mit meinem Fuß von meinen Rippen, meinen Händen und meinem Kopf abzuhalten, bis Gott die Errettung brächte.«

Bei diesem Mann war der Verstand zugegen in einer Lage, in der der Verstand gewöhnlich entschwindet. Den anderen aber, von denen ich zuvor gesprochen habe, fehlte er. Von allen Dingen benötigt der Mensch den Verstand am meisten. Und der Verstand wird sowohl vom Klugen als auch vom Dummen gepriesen.

In diesen Zusammenhang gehört auch das folgende: *Roger*, der Herr von Antiochia, schrieb einmal an meinen Oheim: »Ich habe einen meiner Ritter in einer wichtigen Angelegenheit nach Jerusalem entsandt und ich bitte dich, daß du deine Reiter ausschickst, damit sie ihm von *Apamea* bis nach *Rafanîja* das Geleit geben.« Mein Oheim ließ seine Leute aufsitzen und schickte sie los, um den Franken herbeizuholen. Als dieser dann meinem Oheim begegnete, sprach er: »Mein Herr hat mich in einer geheimen Angelegenheit entsandt. Da ich aber sehe, daß du ein kluger Mann bist, werde ich dir meinen Auftrag mitteilen.« Und als ihn mein Oheim fragte, woher er denn wisse, daß er ein kluger Mann sei, da er ihn bis zur Stunde doch noch nie gesehen habe, antwortete der Franke: »Weil ich sah, daß das Gebiet, durch das ich gezogen bin, verödet ist und nur dein Gebiet blüht. Daran habe ich erkannt, daß du mit deinem Verstand und mit deiner guten Leitung das Land zum Blühen gebracht hast.« Dann erzählte er ihm von der Angelegenheit, in der er unterwegs war.

Der kluge Emir von Dijâr Bakr

Der Emir Fadl ibn abi l-Haidschâ', der Herr von Irbil, erzählte mir die folgende Begebenheit von seinem Vater und mit dessen Worten: »Als der Sultan *Malikschâh* nach Syrien gelangte, schickte er mich zum Emir Ibn Marwân, dem Herrn von *Dijâr Bakr*, mit den Worten: ›Ich will dreißigtausend Dinare!‹ Bei Ibn Marwân angelangt, wiederholte ich ihm die Worte Malikschâhs, worauf er erwiderte: ›Ruhe dich erst einmal aus, dann wollen wir uns darüber unterhalten!‹ Am folgenden Morgen ließ er mich in sein Bad führen und sandte mir gänzlich aus Silber bestehendes Badegerät sowie eine Garnitur Kleider. Meinem Kammerdiener teilte man mit, daß wir das gesamte Badegerät behalten dürften. Als ich das Bad verließ, zog ich jedoch wieder meine eigenen Gewänder an und gab alle Gegenstände zurück. Nach einigen Tagen, in denen mich der Emir mich selbst überlassen hatte, ließ er mir wieder sein Bad zur Verfügung stellen. Er hatte mir die Zurückweisung seiner Gegenstände nicht übelgenommen und ließ mir dieses Mal sogar noch trefflicheres Badegerät und eine noch vorzüglichere Kleidergarnitur bringen als beim ersten Mal. Und sein eigener Kammerdiener sagte zu dem meinigen wieder das gleiche. Als ich das Bad verließ, legte ich aber wieder meine eigenen Kleider an und ließ die anderen Gewänder und Gegenstände zurückbringen. Drei, vier Tage überließ er mich wieder mich selbst, dann ordnete er an, mich erneut in sein Bad zu bringen. Und man brachte wieder silbernes Gerät und eine Garnitur

Kleider, die die vorausgegangenen noch übertrafen. Dennoch legte ich beim Verlassen des Bades wieder meine eigenen Kleider an und gab alles andere zurück. Als ich dann beim Emir erschien, sprach er zu mir: ›O mein Sohn! Ich habe dir Kleider bringen lassen, die du aber nicht angezogen hast, und ich habe dir Badegerät geschickt, das du aber nicht angenommen, sondern zurückgegeben hast. Warum?‹ ›O mein Herr‹, begann ich, ›ich kam mit einer Botschaft des Sultans in einer Angelegenheit, die noch nicht vollendet ist. Soll ich annehmen, was du mir in deiner Freundlichkeit angeboten hast, und zurückkehren, ohne daß die Angelegenheit des Sultans abgeschlossen ist, so, als wäre ich nur in eigener Sache gekommen?!‹ Da sprach er: ›Mein Sohn! Hast du nicht gesehen, wie mein Land in Blüte steht, wie reich es an Gütern und Gärten ist, wie zahlreich seine Bauern sind und wie seine Ländereien gedeihen? Glaubst du denn, ich würde dies alles wegen dreißigtausend Dinaren der Vernichtung anheimgeben? Bei Gott, seit dem Tag deiner Ankunft halte ich das Geld für dich in einem Sack abgefüllt bereit. Ich wartete nur, bis der Sultan mein Land durchquert hat, damit du ihm dann das Geld nachbringst. Ich fürchtete nämlich, daß, wenn ich ihn mit der geforderten Summe bereits empfange, er bei seinem weiteren Vordringen in mein Land ein Vielfaches dieser Summe verlangen würde. Aber nun beunruhige dich nicht weiter, denn deine Angelegenheit ist erledigt.‹ Dann ließ er mir die drei Kleidergarnituren, die er mir zuvor geschickt und die ich zurückgegeben hatte, sowie alles Badegerät von den drei Malen bringen, und ich nahm alles an. Nachdem der Sultan das Gebiet von Dijâr Bakr durchquert hatte, überreichte er mir auch das Geld. Ich nahm es und brachte es dem Sultan nach.«

Staatsheirat und Staatsklugheit

In einer guten Staatsführung liegt großer Gewinn für das Gedeihen eines Landes. Dazu das folgende Beispiel: Der *Atabek Zankî* – Gott sei ihm gnädig! – hielt um die Hand der Tochter des Herrn von *Chilât* an. Ihr Vater war gestorben, und ihre Mutter verwaltete das Land. Aber auch Husâmaddaula ibn Dilmâdsch, der Herr von *Badlîs*, schickte eine Botschaft, in der er um die Hand des Mädchens für seinen Sohn anhielt. Der Atabek zog mit einem beachtlichen Heer in

Richtung Chilât, wobei er aber nicht den üblichen Weg nahm, der über Badlîs führt. Wir zogen durchs Gebirge und lagerten jeweils ohne Zelte. Jeder ließ sich immer dort nieder, wo er sich gerade auf dem Weg befand, bis wir endlich Chilât erreichten. Der Atabek ließ die Zelte vor der Stadt aufschlagen, und wir gingen in die Festung und schrieben den Vertrag über das Brautgeld nieder. Nachdem dies erledigt war, gab der Atabek dem *Mohammed ibn Ajjûb* den Befehl, in der Nacht mit dem Hauptteil des Heeres zum Angriff gegen Badlîs zu ziehen. Bei Einbruch der Nacht bestiegen wir unsere Pferde und erreichten am folgenden Morgen Badlîs. Husâmaddaula, der Herr der Stadt, kam uns entgegen und wir trafen uns in einiger Entfernung von der Stadt. Husâmaddaula ließ Mohammed ibn Ajjûb auf dem Hauptplatz der Stadt sein Quartier aufschlagen und ließ ihm beste Gastfreundschaft angedeihen. Er bewirtete ihn, trank mit ihm auf dem Platz und sprach dann: »Mein Herr, was schreibst du mir vor? Dein Kommen hat mir Sorge und Kummer bereitet.« Mohammed ibn Ajjûb erwiderte: »Es hat den Atabek verärgert, daß du dich um das gleiche Mädchen beworben hast, um dessen Hand auch er angehalten hat. Die zehntausend Dinar, die du ihnen angeboten hast, wollen nun wir haben.« – »Ich höre und gehorche!« antwortete Husâmaddaula. Und sogleich zahlte er einen Teil des Geldes und bat für den Rest um einige Tage Aufschub. Daraufhin kehrten wir zurück. Dank seiner klugen Staatsführung blieb sein Land in Blüte und vor Schaden bewahrt!

Der Herr der Festung von Dscha'bar

Etwas Ähnliches widerfuhr einmal *Mâlik ibn Sâlim,* als *Joscelin* einen Überfall auf Raqqa und die Festung unternahm. Er plünderte die ganze Umgebung, machte Gefangene und trieb eine große Menge Vieh davon. Dann lagerte er auf der der Festung gegenüberliegenden Seite des Euphrat. Mâlik bestieg daraufhin mit drei, vier Sklaven ein Boot und fuhr über den Euphrat zu Joscelin hinüber. Beide kannten sich seit langem, und Joscelin war Mâlik wegen einer bestimmten Sache zu Dank verpflichtet. Joscelin dachte, in dem Boot sei nur ein Abgesandter Mâliks, und als nun ein Franke mit den Worten herbeikam: »Da ist Mâlik im Boot!«, rief er aus: »Das ist nicht wahr!« Doch da kam ein weiterer Franke und berichtete: »Mâlik ist aus dem Boot gestiegen und kam zu Fuß zu mir.« Da erhob sich Joscelin, trat Mâlik entgegen, behandelte ihn ehrenvoll und gab ihm alles Vieh und alle Gefangenen zurück, die er erbeutet hatte. Ohne Mâliks Staatsklugheit, wäre sein Land verwüstet worden!

Tapferkeit zu unrechter Zeit

Wenn die rechte Zeit vorbei ist, sind weder Mut noch Stärke von Nutzen. Eines Tages erlebte ich folgendes: Das Heer der Franken war zum Kampf gegen uns herangerückt. Ein Teil von ihnen zog gemeinsam mit dem Atabek *Tughtakîn* zum Angriff auf die Brückenfestung. Der Atabek, Nadschmaddîn und die Franken hatten sich in *Apamea* zusammengetan, um gemeinsam gegen die Heere des Sultans Krieg zu führen, die unter Führung des *Isbâslâr Bursuq* nach Syrien gekommen waren. Bursuq hatte am Sonntag, dem 19. Muharram des Jahres 509 (= 14. Juni 1115) sein Lager in Hamât aufgeschlagen. Wir selbst kämpften in der Nähe der Mauern der Stadt, gewannen die Oberhand über unsere Gegner, drängten sie zurück und hatten alle Scheu vor ihnen verloren. Da sah ich, wie einer unserer Männer, ein kräftiger und starker junger Bursche namens Mohammed ibn Sarâjâ, von einem fränkischen Ritter angegriffen wurde. Der Franke traf ihn mit der Lanze am Oberschenkel und durchbohrte ihn. Mohammed packte die Lanze, als sie noch in seinem Oberschenkel stak, und während nun an der einen Seite der Franke an der Lanze zog, um sie sich zurückzuholen, zog Mohammed an der anderen Seite, um sie zu behalten. Die Lanze ging in seinem Oberschenkel hin und her, bis der Schenkel richtig ausgehöhlt war. Schließlich konnte er die Lanze an sich bringen, aber erst, nachdem sein Oberschenkel hin war. Zwei Tage später starb Mohammed. Gott sei ihm gnädig!

Wie ich meinen Vetter rette und auf eine gute Gelegenheit verzichte

Am selben Tag sah ich, während ich an der einen Seite unserer Männer im Kampf stand, wie ein gegnerischer Reiter einen unserer Reiter angriff und mit der Lanze sein Pferd tötete. Unser Gefährte befand sich nun zu Fuß auf dem Boden. Wegen der großen Entfernung konnte ich aber nicht erkennen, wer es war. Ich wandte mein Pferd in seine Richtung, da ich fürchtete, der Franke, der ihn zuvor angegriffen hatte, könnte sich erneut gegen ihn wenden. Die Lanze stak noch in dem toten Pferd, dem die Därme herausquollen. Der Franke hatte sich etwas entfernt. Er zog sein Schwert und stand bereit, um unseren Mann zu empfangen. Als ich den Schauplatz erreichte, erkannte ich in ihm meinen Vetter *Nâsiraddaula.* Ich hielt bei ihm an, überließ ihm meinen Steigbügel und forderte ihn auf, zu mir aufs Pferd zu steigen. Sobald er oben war, lenkte ich mein Pferd nach Westen, während sich die Stadt im Osten befand. Da fragte mich mein Vetter: »Wohin reitest du?«, und ich erwiderte: »Zu dem, der dein Pferd zusammengestochen hat. Das ist doch eine Gelegenheit!« Er aber streckte die Hand aus, ergriff die Zügel des Pferdes und sagte: »Man kämpft nicht mit der Lanze, wenn gleichzeitig zwei Männer in voller Rüstung auf einem Pferd sitzen! Wenn du mich in Sicherheit gebracht hast, dann reite zurück und greife ihn an!« So ritt ich davon, brachte meinen Vetter an einen sicheren Platz und kehrte dann wieder zu jenem Hund zurück, doch hatte sich dieser bereits wieder in seine Gefährten eingereiht.

Wie Gott den Blick der Franken trübte, um einen Asketen zu retten

Als Beispiel für Gottes Schutz und Gottes Güte habe ich folgendes erlebt: Die Franken – Gott verfluche sie! – griffen uns einmal mit Reitern und Fußsoldaten an. Nur der Orontes trennte uns noch von ihnen, doch führte er gerade so viel Wasser, daß es ihnen nicht möglich war, zu uns herüberzukommen, und wir nicht zu ihnen hinübergelangen konnten. Ihre Zelte hatten sie auf dem Berg aufgeschlagen. Einige von ihnen stiegen zu den Gärten hinunter, die an ihrem Ufer lagen, ließen ihre Pferde unbeaufsichtigt in dem frischen Gras weiden und legten sich selbst schlafen. Da zogen einige junge Fußsoldaten aus Schaizar ihre Kleider aus, nahmen ihre Schwerter, schwammen zu den schlafenden Franken hinüber und töteten eine Anzahl von ihnen. Als es jedoch zu viele für unsere Männer wurden, stürzten sie sich in den Fluß und schwammen wieder herüber, während das fränkische Heer wie ein Sturzbach den Berg heruntergeritten kam.

Nun stand seitlich von den Franken eine Moschee, die als »die Moschee des Madschd ibn Sumajja« bekannt ist und in der ein Mann namens »Hasan der Asket« lebte. In ein schwarzes Wollgewand gekleidet stand er auf einem Dach des Gebäudes und verrichtete zusätzliche Gebete[23]. Wir sahen ihn, hatten aber keine Möglichkeit, zu ihm zu gelangen. Und während wir sprachen: »Es gibt keine Macht und keine Kraft außer bei Gott! Jetzt töten sie ihn!«, waren die Franken auch schon herangekommen, stiegen am Tor der Moschee von den Pferden und kletterten zu ihm hinauf. Er aber, bei Gott, hörte nicht auf zu beten und rührte sich nicht von der Stelle. Doch die Franken machten kehrt, gingen wieder hinunter, bestiegen ihre Pferde und ritten davon, während der Asket immer noch betend an der gleichen Stelle stand. Ich zweifle nicht daran, daß Gott der Gepriesene die Franken geblendet hat und ihn vor ihren Blicken verbarg. Gepriesen sei der Allmächtige, der Allgütige!

Wie durch Gottes Gnade ein Muslim in Konstantinopel die Freiheit erhält

Auch die folgende Begebenheit ist ein Beispiel für Gottes Güte: Als der byzantinische Kaiser im Jahre 532 (= 1138) Schaizar belagerte, verließ eine Abteilung Fußsoldaten Schaizar und zog hinaus in den Kampf. Die Byzantiner aber bemächtigten sich ihrer, töteten die einen und nahmen die anderen gefangen. Unter jenen, die in Gefangenschaft gerieten, befand sich auch ein Asket aus der Nachkommenschaft des Kardûs. Er gehörte zur Sâlihîja, das heißt, er war einer der *Muwallads* des *Mahmûd ibn Sâlih*, des Herrn von Aleppo. Bei ihrer Rückkehr nahmen die Byzantiner den Ibn Kardûs als Gefangenen mit, und so gelangte er nach Konstantinopel. Eines Tages begegnete ihm dort ein Mann und fragte ihn: »Bist du Ibn Kardûs?« Und als er bejahte, forderte der Fremde ihn auf, mit ihm zu kommen und ihn mit seinem Herrn bekannt zu machen. Ibn Kardûs ging daraufhin mit ihm und zeigte ihm seinen Besitzer. Der Fremde feilschte mit diesem um den Preis des Ibn Kardûs, bis sie sich auf einen Betrag geeinigt hatten, der den Byzantiner zufriedenstellte. Der Fremde zahlte den Preis, gab dem Ibn Kardûs noch etwas Geld mit auf den Weg und sprach: »Damit wirst du bis zu deinen Leuten kommen. So gehe unter dem Schutz Gottes des Erhabenen!« Ibn Kardûs verließ Konstantinopel und kam zurück nach Schaizar. Dies geschah durch den Trost und die verborgene Güte Gottes und ohne daß Ibn Kardûs wußte, wer der Mann war, der ihn gekauft und freigelassen hatte.

Die Hilfe eines Engels

Etwas Ähnliches widerfuhr mir selbst, als uns die Franken auf unserem Weg aus Ägypten angriffen und Abbâs ibn abi l-Futûh und seinen ältesten Sohn Nasr töteten[24]. Wir flüchteten zu einem nahe gelegenen Berg, und die Männer stiegen, ihre Pferde hinter sich herziehend, zu Fuß hinauf. Ich selbst saß auf einem Packpferd, da ich nicht gehen konnte. Ich versuchte hinaufzureiten, doch war der Berghang derart mit Geröll und Steinen übersät, daß der Boden bei jedem Tritt unter den Hufen des Pferdes nachgab. Ich schlug auf das Pferd ein, um es dazu zu bewegen hinaufzusteigen, doch es konnte nicht und rutschte mitsamt dem Geröll und den Steinen wieder hinunter. Ich stieg deshalb ab und half dem Pferd wieder auf die Beine, blieb selbst aber stehen, wo ich war, da ich nicht gehen konnte. Da kam ein Mann vom Berg zu mir herunter, ergriff meine Hand und führte mich, während ich mich mit der anderen Hand an meinem Packpferd festhielt, den Berg hinauf. Und bei Gott, ich weiß nicht, wer der Mann war, und habe ihn nie wiedergesehen.
In jener schwierigen Zeit wurde einem gewöhnlich die kleinste Gefälligkeit immer wieder vorgehalten und Belohnung dafür verlangt. So bekam ich einmal von einem Türken einen Schluck Wasser und gab ihm dafür zwei Dinare. Nachdem wir dann Damaskus erreicht hatten, verlangte jedoch der Türke immer noch, daß ich ihm seine

Wünsche erfüllte, und versuchte allein wegen des Schlucks Wasser, den er mir gegeben hatte, weiterhin durch mich seine Absichten zu erreichen. Der andere Mann dagegen, der mir an jenem Berg half, war niemand anderes als ein Engel, den mir Gott der Erhabene in Seiner Barmherzigkeit zu Hilfe gesandt hat.

Hilfe des Propheten

Zu den Beispielen für Gottes Gnade gehört auch jene Begebenheit, die mir der Aufseher Abdallâh erzählte. Hier sein Bericht:
»Ich wurde in *Haizân* eingesperrt, in Ketten gelegt und in großer Not gehalten. Während ich mich im Gefängnis befand und die Wärter vor der Tür standen, sah ich einmal im Traum den Propheten – Gott segne ihn und schenke ihm Heil! – und hörte ihn sagen: ›Lege deine Fesseln ab und gehe hinaus!‹ Als ich erwachte, zog ich an den Fesseln, und diese glitten mir vom Fuß. Ich ging zur Tür, um sie zu öffnen, fand sie aber bereits offen. Dann ging ich an den Wärtern vorbei zu einem Loch in der Wand, durch das ich glaubte nicht einmal meine Hand stecken zu können. Ich kam jedoch hindurch und fiel draußen auf einen Misthaufen, auf dem der Abdruck von meinem Fall und meine Fußspuren zurückblieben. Von dort stieg ich hinunter in ein Tal, das sich um die Mauern herum erstreckt, und versteckte mich in einer Höhle am Fuß eines Berges an jener Seite. Dabei dachte ich ständig: ›Jetzt kommen sie heraus, sehen meine Spuren und ergreifen mich!‹ Da sandte Gott der Gepriesene Schnee herab, der meine Spuren bedeckte. Sie kamen heraus, und ich sah sie den ganzen Tag herumlaufen und mich suchen. Am Abend, als ich mich vor ihren Nachforschungen sicher fühlte, verließ ich die Höhle und brachte mich in Sicherheit.«
Abdallâh, der mir dies erzählt hat, war Aufseher über die Küche des *Mohammed ibn Ajjûb* – Gott sei ihm gnädig!

Streiter um des Paradieses willen

Es gibt Männer, die wie die Gefährten des Propheten nur dafür kämpfen, ins Paradies zu gelangen, und nicht, um sich irgendeinen anderen Wunsch zu erfüllen oder um des guten Rufes wegen. Hier ein Beispiel:

Als der fränkische König der Deutschen [25] – Gott verfluche sie! – in Syrien ankam, sammelten sich alle Franken, die sich in Syrien befanden, bei ihm, und er zog auf Damaskus. Um gegen sie zu kämpfen, verließen die Soldaten und die Bewohner von Damaskus ihre Stadt. Unter ihnen befanden sich auch der Rechtsgelehrte al-Findalâwî und der Asket Schaich Abdarrahmân al-Halhûlî, zwei der besten Muslime. Als sie sich den Franken näherten, fragte der Rechtsgelehrte den Abdarrahmân: »Sind das nicht die Byzantiner?« – »Doch!« erwiderte Abdarrahmân. Und als der Rechtsgelehrte ihn fragte: »Worauf warten wir dann noch?«, rief Abdallâh: »Los, im Namen Gottes des Erhabenen!« Beide stürmten vor, bis sie an der gleichen Stelle den Tod fanden. Gott sei ihnen gnädig!

Fâris, der Kämpfer aus Treue

Es gibt auch Männer, die kämpfen aus Treue. Dies war der Fall bei einem Kurden namens Fâris, der, wie sein Name schon sagt, ein Ritter (Fâris) war, und was für einer! Zwischen meinem Vater und meinem Oheim auf der einen Seite und *Saifaddaula Chalaf ibn Mulâʿib* auf der anderen Seite kam es einmal zu einem Kampf, nachdem Chalaf gegen sie gearbeitet und sie verraten hatte. Chalaf hatte nämlich Truppen zusammengezogen, ohne daß sie auf das, was geschehen würde, vorbereitet waren. Der Grund für die Auseinandersetzung lag darin, daß er ihnen in einer Botschaft den Vorschlag gemacht hatte, gemeinsam nach Asfûna zu ziehen, wo die Franken saßen, und es einzunehmen. Unsere Leute kamen jedoch vor ihm dort an, stiegen von den Pferden, rückten zu Fuß gegen die Festung vor und schlugen Breschen hinein. Als sie sich mitten im Kampf gegen die Franken befanden, traf Chalaf ein. Er nahm die Pferde unserer Männer, die abgestiegen waren, an sich, und es entbrannte nun nach dem Kampf gegen die Franken auch ein heftiges Gefecht zwischen unseren Leuten und Chalaf. Der Kurde Fâris lieferte einen großen Kampf und wurde vielmals verwundet. Er kämpfte jedoch weiter, bis er völlig von Wunden bedeckt war und der Kampf eingestellt wurde. Als dann mein Vater und mein Oheim an ihm vorüberkamen, während er zwischen den Männern getragen wurde, hielten sie an und beglückwünschten ihn, daß er heil davongekommen war. Da sagte er: »Bei Gott, ich habe nicht für mein eigenes Heil gekämpft, sondern weil ich euch für eure große Güte und Freundlichkeit zu Dank verpflichtet bin und weil ich euch noch nie in solcher Bedrängnis gesehen habe wie heute. Ich dachte mir deshalb, ich will für euch kämpfen, euch eure Güte lohnen und in vorderster Reihe vor euch fallen!« Und Gott der Gepriesene beschloß, daß er von seinen Wunden genas.

Danach begab sich Fâris nach *Dschabala,* wo Fachralmulk ibn Ammâr saß, während sich die Franken in *Lâdhiqîja* befanden. Eines Tages verließ eine Reiterschar Dschabala, um einen Angriff auf Lâdhiqîja zu unternehmen, während gleichzeitig auch in Lâdhiqîja eine Reiterschar aufbrach, um Dschabala anzugreifen. Beide Reiterscharen schlugen unterwegs ihr Lager auf, nur durch einen Hügel voneinander getrennt. Ein fränkischer Reiter ritt auf der einen Seite den Hügel hinauf, um die Anhöhe auszuspähen, während von der anderen Seite zu gleicher Zeit Fâris als Kundschafter heraufkam. Die beiden Reiter trafen sich mitten auf dem Hügel und griffen einander an. Jeder versetzte dem anderen einen Lanzenstich, worauf beide tot zu Boden fielen. Und während die beiden Reiter schon tot waren, gingen auf dem Hügel die beiden Pferde immer noch aufeinander los.

Besagter Fâris hinterließ bei uns im Heer einen Sohn namens Allân, der vorzügliche Pferde und eine gute Ausrüstung besaß, aber nicht so war wie sein Vater. Eines Tages griff uns *Tankred,* der Herr von Antiochia, an, und es kam zum Kampf, noch bevor die Franken ihre Zelte aufgeschlagen hatten. Der genannte Allân ibn Fâris ritt ein wunderschönes flinkes Pferd. Während er aber wie geistesabwesend auf einer Erhebung des Bodens anhielt, griff ihn ein fränkischer Ritter an und stieß seinem Pferd die Lanze durch den Hals. Das Pferd bäumte sich auf und warf Allân ab. Der Franke ritt zurück, wobei er, stolz auf seine schöne Beute, Allâns Pferd mit der Lanze, die dem Tier immer noch im Hals stak, wie ein Seitpferd neben sich herführte.

Wo ich nun schon von Pferden spreche, sei gesagt, daß es unter ihnen so standhafte gibt wie Männer, aber auch solche ohne Ausdauer. Hier einige Beispiele:

Unter unseren Soldaten gab es einen Kurden namens Kâmil al-Maschtûb, der in sich Tapferkeit, Glauben und Güte vereinte. Er besaß ein kräftiges, dunkles Pferd, das so groß war wie ein Kamel. Eines Tages trafen er und ein fränkischer Ritter im Kampf aufeinander. Der Franke versetzte Kâmils Pferd in der Nähe des Halsriemens einen Lanzenstich mit solcher Wucht, daß der Hals des Tieres zur Seite gebogen wurde, die Lanze am unteren Halsansatz wieder herausfuhr, den Oberschenkel Kâmils traf, durch diesen hindurchdrang und an der anderen Seite wieder herauskam. Weder Pferd noch Reiter gerieten deswegen aber ins Wanken. Ich sah später oft diese Wunde in Kâmils Oberschenkel, nachdem sie vernarbt war und sich geschlossen hatte: Eine größere Wunde konnte es nicht geben. Auch das Pferd überstand die Verletzung, und Kâmil ritt es auch wieder im Kampf. Und wieder einmal trafen er und ein fränkischer Ritter aufeinander. Der Franke stieß Kâmils Pferd die Lanze tief in die Stirn. Wieder wankte das Tier nicht und es erholte sich auch von dieser Verletzung. Nachdem sich die Wunde geschlossen hatte, konnte man eine Faust ganz in die Wunde an der Stirn des Pferdes stecken.

Zu den denkwürdigen Dingen, die mit diesem Pferd geschahen, gehört auch die folgende Begebenheit: Mein Bruder *Abu l-Hasan* kaufte dem Kâmil das Pferd ab, als es schon recht schwerfällig geworden war, und gab es einem fränkischen Ritter aus *Kafartâb* als Teil der Bürgschaft für ein Dorf, das zwischen uns und jenem Ritter aufgeteilt war. Nachdem das Pferd dann ein Jahr bei dem Franken gelebt hatte, ging es ein. Da schickte der Franke uns eine Botschaft, in der er den Preis für das Pferd verlangte. Wir antworteten ihm: »Du hast das Pferd erstanden und hast es als Reittier verwendet. Dann ist es gestorben. Wie kommst du nun darauf, seinen Preis zu fordern?« Da erwiderte der Franke: »Ihr habt ihm offenbar etwas zu trinken gegeben, an dem es ein Jahr später eingegangen ist.« Über die Dummheit und den Schwachsinn dieses Franken haben wir uns sehr gewundert.

Vor Homs wurde mir einmal ein Pferd, auf dem ich ritt, von einer Lanze getroffen, die ihm das Herz spaltete. Außerdem erlitt es eine Reihe von Pfeilwunden. Während aus seinen Nüstern das Blut wie Fäden herauslief, trug es mich noch aus der Schlacht, ohne daß ich ihm etwas anmerkte. Nachdem ich aber bei meinen Gefährten angelangt war, starb es.

Während des Kampfes gegen *Mahmûd ibn Qarâdschâ* in Schaizar wurde einmal ein anderes Pferd, auf dem ich ritt, gleich dreifach verwundet. Ich kämpfte jedoch während der ganzen Zeit auf ihm weiter, ohne, bei Gott, überhaupt zu wissen, daß es verletzt war, da ich ihm nichts Ungewöhnliches anmerkte.

Als Beispiel für wehleidige Pferde, die keine Wunden ertragen, sei folgende Begebenheit angeführt: Das Heer von Damaskus griff einmal *Hamât* an, das sich damals im Besitz des *Mohammed ibn Ajjûb* befand, während Damaskus dem *Mahmûd ibn Bûrî* gehörte[26]. Ich selbst befand mich in Hamât. Die Damaszener rückten mit einem großen Heer gegen uns heran. *Ahmad ibn Salâhaddîn,* der Statthalter von Hamât, stand auf dem Tell Mudschâhid, als der Kammerherr Ghâzî at-Tallî zu ihm kam und sprach: »Die Fußsoldaten haben sich verteilt, während die Helme schon zwischen den Zelten leuchten. Gleich werden die Feinde die Unseren angreifen und sie vernichten.« Und als draufhin Ahmad den Kammerherrn aufforderte, sich aufzumachen und unsere Leute zurückzuholen, antwortete dieser: »Bei Gott, niemand außer dir selbst oder Usâma kann sie zurückbringen!« Da gab Ahmad mir den Befehl aufzubrechen und die Männer zurückzuholen. Ich nahm mir einen Kettenpanzer, den ein Sklave von mir trug, legte ihn an und zog los, um unsere Leute in dichten Scharen zurückzutreiben. Ich ritt einen Falben aus bester Zucht und von jener Art, die die längsten Hälse hat. Als ich nun unsere Leute zurückholte, rückten die Feinde gegen uns heran. Außerhalb der Stadtmauern von Hamât war ich als einziger Reiter übriggeblieben. Die anderen hatten sich entweder in die Stadt begeben, da sie davon überzeugt waren, sonst gefangengenommen zu werden, oder sie waren abgestiegen und gingen zu Fuß in meinem Zug. Immer wenn die Feinde uns angriffen, zügelte ich mein Pferd und blieb, den Feinden zugewandt, hinter meinen Leuten zurück. Machten die Feinde kehrt, ritt ich im Schritt hinter meinen Leuten drein, um ihnen bei der Enge des Raumes und dem großen Gedränge Deckung

zu bieten. Da wurde mein Pferd von einem Pfeil am Bein getroffen, trug aber nur einen Kratzer davon. Es stürzte mit mir zu Boden, erhob sich wieder, stürzte aber erneut, während ich derart auf es einschlug, daß die Männer in meinem Trupp zu mir sagten, ich solle doch in die Festung gehen und mir ein anderes Pferd zum Reiten holen. »Nein, bei Gott, ich werde nicht von ihm absteigen!« erwiderte ich. Eine solche Schwäche wie bei diesem Pferd habe ich jedoch bei keinem anderen Pferd erlebt.
Ein Beispiel für die große Standhaftigkeit der Pferde ist auch die folgende Begebenheit: Tirâd ibn Wahîb vom Stamm der Banu *Numair* nahm an der Schlacht teil, die zwischen den Banu Numair und *Mâlik ibn Sâlim* entbrannte, nachdem die Banu Numair dessen Bruder Alî ibn Schamsaddaula, den Statthalter von *Raqqa*, getötet und die Stadt in ihren Besitz gebracht hatten. Tirâd ritt auf einem eigenen Pferd aus bester Zucht und von hohem Wert. Es erhielt einen Lanzenstich in die Seite, worauf ihm dort die Därme heraustraten. Da band Tirâd die Därme mit dem Sattelgurt hoch, damit das Pferd nicht darauftreten und sie zerreißen konnte, und kämpfte bis zum Ende der Schlacht weiter. Dann brachte ihn das Pferd noch nach Raqqa hinein, wo es sogleich starb.

Wie mir Mohammed ibn Ajjûb meine ständige Kampfbereitschaft dankte

Die Schilderung der Pferde erinnert mich an folgende Begebenheit, die mir mit *Mohammed ibn Ajjûb* – Gott sei ihm gnädig! – widerfuhr: Der König der Emire, der *Atabek Zankî*, schlug im Jahre 530 (= 1135/6)[27] im Gebiet von *Dârajjâ* sein Lager auf, um Damaskus anzugreifen. *Dschamâladdîn Mohammed*, der Herr von Baalbek, war mit dem Atabek in Verbindung getreten und hatte ihm mitgeteilt, daß er zu ihm kommen werde. So brach Dschamâladdîn von Baalbek auf, um sich in die Dienste des Atabek zu begeben. Als der Atabek erfuhr, daß das Damaszener Heer losgezogen war, um Dschamâladdîn abzufangen und festzunehmen, gab er Mohammed ibn Ajjûb den Befehl, Dschamâladdîn entgegenzureiten und die Damaszener von ihm abzuhalten. Mohammeds Bote kam in der Nacht zu mir mit dem Befehl, mein Pferd zu besteigen. Mein Zelt stand neben dem Zelt Mohammeds, und er saß schon hoch zu Roß bei seinem Zelt. Sofort stieg ich auf. Da sagte Mohammed: »Du hast wohl gewußt, daß ich mein Pferd bestiegen habe?« Und als ich verneinte, fuhr er fort: »Ich habe dich gerade erst benachrichtigen lassen, und schon sitzt du auf deinem Pferd.« Da erklärte ich ihm: »O mein Gebieter! Am Abend pflegt mein Pferd seine Gerste zu fressen, dann legt ihm der Stallknecht das Zaumzeug an und setzt sich danach mit dem Zügel in der Hand an den Eingang meines Zeltes, während ich meine Ausrüstung anlege, mir mein Schwert umgürte und mich zur Ruhe begebe. Deshalb gab es nichts, was mich aufhielt, als dein Bote zu mir kam.«

Mohammed wartete dann, bis sich eine Anzahl Soldaten bei ihm eingefunden hatte, und sprach: »Legt eure Rüstung an!« Nachdem die meisten der Anwesenden dies getan hatten, sprach er, wobei ich neben ihm stand: »Wie oft soll ich euch noch sagen, daß ihr eure Rüstung anlegen sollt?!« – »O mein Gebieter!« entfuhr es mir, »du meinst doch nicht etwa mich?« – »Doch!« gab er zurück. Da erklärte ich ihm: »Bei Gott, ich kann nicht noch mehr anziehen. Wir befinden uns noch im ersten Teil der Nacht, und mein gefütterter Panzer enthält zwei übereinanderliegende Kettenhemden. Sobald ich den Feind sehe, werde ich den Panzer anlegen.« Mohammed schwieg.

Wir ritten die Nacht hindurch und befanden uns am Morgen bei Dumair. Da sagte Mohammed zu mir: »Wollen wir nicht absteigen und etwas essen? Das Wachsein hat mich hungrig gemacht.« – »Bei dir liegt der Befehl!« erwiderte ich, und wir stiegen ab. Kaum stand er auf dem Boden, fragte er: »Wo ist dein gefütterter Panzer?« Ich befahl meinem Sklaven, den Panzer zu holen. Nachdem er ihn gebracht hatte, nahm ich ihn aus der Lederhülle, holte ein Messer hervor, trennte damit den Panzer an der Brust auf und ließ die Seite mit den beiden Kettenhemden zum Vorschein kommen. Es befanden sich darin ein fränkisches Kettenhemd, das bis zum untersten Rand reichte, und darüber ein zweites Kettenhemd, das bis zur Mitte ging. Über beiden Kettenhemden lag eine Schicht Futter, Wolle, Rohseide und Hasenhaare. Mohammed wandte sich an einen seiner Sklaven und sagte ihm etwas auf Türkisch, was ich nicht verstand. Der Sklave führte dann ein rotbraunes Pferd vor ihn hin, das ihm der Atabek früher einmal gegeben hatte und das einem festgefügten Fels glich, den man von der Spitze eines Berges gebrochen hat. »Dieses Pferd«, so ließ sich Mohammed vernehmen, »paßt zu diesem Panzer. Übergib es dem Sklaven Usâmas!« Da übergab sein Sklave das Pferd an meinen Sklaven.

Wie mein Oheim meine Geistesgegenwart im Kampf zu prüfen pflegte

Mein Oheim *Izzaddîn* – Gott sei ihm gnädig! – pflegte meine Geistesgegenwart im Kampf zu prüfen und mich durch Fragen auf die Probe zu stellen. Eines Tages, als wir uns im Krieg gegen den Herrn von Hamât befanden und dieser Truppen zusammengezogen und sich brennend und raubend über eines der zu Schaizar gehörenden Dörfer gemacht hatte, sonderte mein Oheim etwa sechzig, siebzig Reiter aus unserem Heer ab und sagte mir, ich solle mit diesen Reitern gegen die Feinde ziehen. So schnell wir konnten, galoppierten wir davon, stießen auf die Vorhut ihrer Reiterei, besiegten sie, hausten mit den Lanzen unter ihnen und vertrieben sie aus ihrer Stellung. Dann schickte ich einen meiner Reiter zu meinem Oheim und meinem Vater, die mit dem Rest des Heeres und zahlreichen Fußsoldaten gewartet hatten, und ließ ihnen ausrichten: »Rückt mit den Fußsoldaten heran! Wir haben die Feinde besiegt!« Da zogen sie zu mir, und als sie nahe heran waren, griffen wir gemeinsam die Feinde an und besiegten sie. Unsere Gegner stürzten sich mit ihren Pferden in den *Schârûf*, der gerade Hochwasser führte, schwammen hinüber und zogen davon. Wir aber kehrten siegreich zurück. Da fragte mich mein Oheim: »Was für eine Botschaft hattest du mir geschickt?« Ich antwortete: »Ich hatte dir ausrichten lassen: ›Rücke mit den Fußsoldaten vor, denn wir haben die Feinde besiegt!‹« – »Und durch wen hast du die Botschaft überbringen lassen?« fragte er mich weiter. »Durch den schwarzen Sklaven Radschab«, erwiderte ich. »Richtig!« sagte er. »Ich sehe, daß du deine Sinne beieinanderbehalten hast und der Kampf dich nicht verwirrt hat.«

Ein anderes Mal befanden wir uns im Kampf gegen das Heer von Hamât. *Mahmûd ibn Qarâdschâ* hatte das Heer seines Bruders Chîrchân ibn Qarâdschâ, des Herrn von Homs, für den Kampf gegen uns zu Hilfe gerufen. Damals waren sie gerade auf die Kampftechnik mit den zusammengesetzten Lanzen gekommen, indem sie eine Lanze an eine zweite fügten, wodurch die ganze Waffe achtzehn oder zwanzig Ellen lang wurde. Ein Trupp von ihnen stand mir gegenüber, während ich mich in einer Schar von etwa fünfzehn Reitern befand. Alwân der Iraker, einer ihrer tapfersten Ritter, griff uns an. Als er sich uns näherte, wir aber nicht wankten, machte er kehrt und zog seine Lanze hinter sich her. Seine Lanze kam mir vor wie ein Strick, den man über den Boden zieht und den der Reiter nicht hochzuheben vermochte. Ich ließ mein Pferd hinter ihm herjagen und versetzte ihm einen Stoß mit meiner Lanze, doch hatte er inzwischen seine Gefährten erreicht. Ihre Fahnen über meinem Kopf, ritt ich zurück. Meine Gefährten, darunter auch mein Bruder Bahâ'addaula Munqidh, traten ihnen entgegen und schlugen sie zurück. Bei meinem Stoß mit der Lanze, war mir die Lanze zerbrochen und die eine Hälfte davon im gefütterten Panzer Alwâns steckengeblieben. Mein Oheim, der mich aus der Nähe beobachtet hatte, fragte mich dann, nachdem der Kampf beendet war, wo ich Alwân mit der Lanze getroffen habe. »O mein Gebieter«, erwiderte ich, »ich wollte ihn in den Rücken treffen, doch bog der Wind meine Fahne zur Seite, weshalb meine Lanze ihn nur in die Seite traf.« Da sagte mein Oheim: »Richtig. Du hattest in jenem Augenblick deine Sinne wirklich beieinander!«

Wie mich mein Vater zu Mut und Tapferkeit erzog

Bei all der Sorge und Zuneigung, die mir mein Vater entgegenbrachte und die ich sehr wohl spürte, habe ich nie erlebt, daß er es mir verboten hätte, mich an einem Kampf zu beteiligen oder eine Gefahr auf mich zu nehmen. Eines Tages erlebte ich mit ihm folgendes: Wir hatten bei uns in Schaizar einige Geiseln von *Balduin,* dem König der Franken, die dieser dem *Timurtâsch ibn Ilghâzî* als Sicherheit für eine Geldschuld überstellt hatte. Es waren fränkische und armenische Ritter. Sobald die Schuld beglichen war und die Geiseln in ihr Gebiet zurückkehren wollten, sandte Chîrchân, der Herr von Homs, eine Schar Reiter aus, die den Geiseln am Rande von Schaizar auflauerten. Als sich dann die Geiseln auf dem Weg befanden, kamen jene Reiter aus dem Hinterhalt hervor, griffen die Geiseln an und nahmen sie gefangen. Wir hörten ihre Hilfeschreie. Sogleich bestiegen mein Oheim und mein Vater ihre Pferde und stellten sich auf. Jeden, der zu ihnen kam, schickten sie hinter den Reitern her. Als auch ich kam, sagte mein Vater zu mir: »Verfolge sie mit deinen Leuten, werft euch auf sie und befreit die Geiseln aus ihren Händen!« Ich nahm die Verfolgung auf, holte sie ein, nachdem ich den größten Teil des Tages galoppiert war, befreite alle, die sie in ihre Gewalt gebracht hatten, und nahm auch noch einige der Reiter von Homs gefangen. Über die Worte meines Vaters: »Werft euch auf sie!« aber wunderte ich mich.

Einmal war ich bei meinem Vater, als er im Innenhof seines Hauses stand. Eine gewaltige Schlange hatte ihren Kopf über den Rand des Bogengangs im Haus gestreckt, und mein Vater stand da und betrachtete sie. Da holte ich eine Leiter, die sich an der Seite des Hauses befand, lehnte sie unterhalb der Schlange an und stieg hinauf, während mir mein Vater zusah, es mir aber nicht verbot. Dann zog ich ein kleines Messer aus meinem Gürtel, legte es der Schlange an den Hals – sie schlief und war weniger als eine Elle von meinem Gesicht entfernt – und begann ihr den Kopf abzuschneiden. Sie kroch hervor und schlang sich um meine Hand, bis ich ihr den Kopf abgetrennt hatte. Dann warf ich sie tot ins Haus hinunter.

Doch einmal erlebte ich meinen Vater auch anders. Wir waren eines Tages ausgezogen, um einen Löwen zu erlegen, der bei der Brücke aufgetaucht war. Als wir dort ankamen, stürzte der Löwe aus einem Dickicht, in dem er sich verborgen hatte, auf uns los und griff unsere Pferde an. Dann hielt er inne, während ich mich mit meinem Bruder *Bahâ'addaula* zwischen dem Löwen und einer Männerschar befand, zu der mein Vater und mein Oheim mit einer Anzahl Soldaten gehörten. Der Löwe hatte sich brüllend und mit der Brust auf den Boden schlagend am Rand des Flusses niedergelegt. Als ich ihn angriff, rief mein Vater mir zu: »Geh nicht an ihn ran, du Verrückter, sonst packt er dich!« Ich stach jedoch mit der Lanze auf den Löwen ein, und dieser, bei Gott, rührte sich nicht vom Platz. Er war auf der Stelle tot. Es war dies das einzige Mal, daß mich mein Vater von einem Kampf abzuhalten versucht hatte.

Gott – mächtig und erhaben ist Er! – hat in Seiner Weisheit und Seiner Allmacht die Geschöpfe in Wesen und Natur verschiedenartig geschaffen: Weiße und Schwarze, Hübsche und Häßliche, Große und Kleine, Starke und Schwache, Tapfere und Feige.
Ich sah einmal, wie einer der Söhne der turkmenischen Emire, die im Dienst des Königs der Emire, des *Atabek Zankî*, standen, nachdem ihn ein Pfeil getroffen hatte, ihm aber nur so tief wie ein Gerstenkorn in die Haut gedrungen war, in sich zusammensank, an allen Gliedern erschlaffte, seine Stimme verlor und bewußtlos wurde, obwohl er ein Mann wie ein Löwe und der wuchtigste Kerl war, den es gab. Man holte ihm den Arzt und den Chirurgen. Der Arzt sagte: »Ihr braucht keine Angst um ihn zu haben. Wenn er allerdings ein zweites Mal verletzt wird, wird er sterben.« Da beruhigte sich der Mann, bestieg wieder sein Pferd und benahm sich wie früher. Nach einer Weile traf ihn wieder ein Pfeil, der ihm eine noch unbedeutendere und harmlosere Wunde zufügte als der erste, doch er starb daran.
Ein anderes Mal erlebte ich etwas Ähnliches. Bei uns in Schaizar lebten zwei Brüder, »die Söhne des Madschâdschû« genannt. Der Name des einen war Abu l-Madschd, der des anderen Muhâsin. Für 800 Dinare hatten sie die Mühle an der Brücke gepachtet. Bei der Mühle befand sich ein Schlachtplatz, auf dem die Metzger von Schaizar ihre Schafe und Ziegen zu schlachten pflegten und wo sich auf den Blutresten große Mengen von Hornissen sammelten. Als nun eines Tages Muhâsin ibn Madschâdschû über diesen Platz zur Mühle ging, stach ihn eine Hornisse, worauf er gelähmt wurde, seine Stimme verlor und sich am Rande des Todes befand. In diesem Zustand blieb er eine Weile. Dann kam er wieder auf die Beine, hielt sich aber einige Zeit von der Mühle fern. Sein Bruder Abu l-Madschd tadelte ihn deshalb und sprach: »O mein Bruder! Gemeinsam haben wir diese Mühle für 800 Dinar gepachtet, und nun beaufsichtigst du sie nicht mehr und siehst sie dir nicht mehr an. Bald werden wir die Pacht nicht mehr bezahlen können und im Gefängnis sterben.« Da antwortete ihm Muhâsin: »Du willst wohl, daß mich wieder eine Hornisse sticht und mich umbringt!« Und als er am nächsten Morgen zur Mühle kam, stach ihn eine Hornisse, und er starb.

Hierher gehört auch die folgende Begebenheit: Bei uns im Gebiet von Schaizar tauchte einmal ein Löwe auf. Wir ritten zu der betreffenden Stelle und fanden dort einen Sklaven des Emirs Sâbiq ibn Waththâb ibn Mahmûd ibn Sâlih. Der Sklave hieß Schammâs und ließ dort sein Pferd weiden. Als mein Oheim ihn fragte, wo der Löwe sei, antwortete er: »In jener Hecke dort.«
»Geh vor mir her zu der Hecke!« forderte ihn mein Oheim auf, worauf der Sklave sagte: »Du willst wohl, daß der Löwe herauskommt und mich packt!« Dann ging er jedoch vor meinem Oheim her. Da kam der Löwe hervor, packte Schammâs, als sei er gegen diesen gesandt worden, und tötete ihn, ohne einen der anderen Männer anzurühren. Dann wurde auch der Löwe getötet.
Mit Löwen habe ich Dinge erlebt, an die ich vorher nie gedacht hätte. Auch hatte ich nicht geglaubt, daß es unter den Löwen wie unter den Menschen Mutige und Feige gibt.
Eines Tages kam unser Pferdehirte herbeigelaufen und rief: »Im Dickicht am Tall at-Tulûl sind drei Löwen!« Sogleich bestiegen wir die Pferde und ritten zu der betreffenden Stelle, und siehe da, wir fanden einen weiblichen und dahinter zwei männliche Löwen. Als wir um das Dickicht herumstreiften, kam die Löwin hervor, griff uns an und blieb dann stehen. Mein Bruder *Bahâ'addaula* ging auf sie los und tötete sie mit der Lanze, die in ihrem Körper in Stücke brach. Als wir uns wieder dem Dickicht zuwandten, kam einer der beiden anderen Löwen hervor und trieb die Pferde davon. Mit meinem Bruder Bahâ'addaula postierte ich mich auf dem Weg, auf dem der Löwe, nachdem er hinter den Pferden hergejagt war, zurückkehren würde. Löwen kommen nämlich, wenn sie einen Platz verlassen haben, ganz sicher wieder an die gleiche Stelle zurück. Wir richteten unsere Pferde so aus, daß sie ihr Hinterteil dem Löwen zugewandt hatten, und hielten ihm unsere Lanzen nach rückwärts entgegen, da wir glaubten, daß er uns angreifen würde, worauf wir ihm unsere Lanzen in den Körper stoßen und ihn damit töten wollten. Völlig überraschend schoß er jedoch so schnell wie der Wind an uns vorüber auf einen unserer Gefährten namens Sa'dallâh asch-Schaibânî zu und schlug dessen Pferd zu Boden. Da stieß ich der Bestie meine Lanze mitten in den Leib, und sie verendete auf der Stelle.

Mit etwa zwanzig armenischen Fußsoldaten, flinken Bogenschützen, kehrten wir dann zurück, um uns mit dem dritten Löwen zu befassen. Dieser – er war von den dreien der gewaltigste – kam langsam hervor. Die Armenier empfingen ihn mit ihren Pfeilen, während ich mich seitlich von ihnen hielt in der Erwartung, daß der Löwe sie angreifen würde, um sich einen von ihnen zu packen. Dann wollte ich mit der Lanze zustoßen. Der Löwe ging jedoch unbeirrt weiter. Immer wenn ihn ein Pfeil traf, brüllte er und schlug mit dem Schwanz, so daß ich dachte, jetzt greift er an. Dann ging er jedoch immer wieder weiter. Dabei blieb es, bis er tot zusammenbrach. An diesem Löwen habe ich etwas gesehen, was ich vorher nie geglaubt hätte.

Später habe ich bei einem Löwen etwas noch Merkwürdigeres erlebt: In Damaskus war einmal ein junger Löwe, den ein Löwenbändiger bei sich aufgezogen hatte, bis er groß geworden war, die Pferde verfolgte und die Leute durch ihn zu Schaden kamen. Als ich mich einmal beim Emir *Mu'înaddîn* befand, wurde ihm berichtet, daß der Löwe Leute belästigt hatte und daß die Pferde vor ihm davonliefen, sobald er auf der Straße war. Der Löwe pflegte sich Tag und Nacht auf einer Steinbank in der Nähe von Mu'înaddîns Haus aufzuhalten. Der Emir ließ daraufhin dem Löwenbändiger ausrichten, er solle den Löwen herbringen. Und zu seinem Küchenmeister sagte er: »Hole von den für die Küche bestimmten Schlachttieren einen Hammel her und lasse ihn in den Innenhof des Hauses, damit wir sehen, wie der Löwe ihn zerreißt!« So brachte der Küchenmeister einen Hammel in den Innenhof, und der Löwenbändiger kam mit seinem Löwen herein. Sobald aber der Hammel den Löwen erblickte, den der Bändiger von der Halskette losgelassen hatte, griff er ihn an und stieß mit dem Kopf nach ihm. Der Löwe ergriff die Flucht und begann um den Brunnen herumzurennen, gejagt und gestoßen von dem Hammel. Wir schüttelten uns vor Lachen. Der Emir Mu'înaddîn sagte: »Das ist ein unglückseliger Löwe! Schafft ihn weg, schlachtet ihn, zieht ihm das Fell ab und bringt es mir!« Daraufhin schlachtete man den Löwen und zog ihm das Fell ab. Der Hammel aber wurde vom Schlachten verschont.

Zu den seltsamen Begebenheiten mit Löwen gehört auch diese: Bei uns im Gebiet von Schaizar war ein Löwe aufgetaucht. Mit einer Anzahl Fußsoldaten aus Schaizar machten wir uns auf. Unter ihnen befand sich auch ein Sklave des *al-Mu'abbad*, dem die Bergbewohner Gefolgschaft leisten und den sie fast anbeten. Der Sklave hatte einen Hund dabei. Der Löwe griff die Pferde an, worauf diese scheuend davonliefen. Dann stürzte er sich unter die Fußsoldaten, packte den Sklaven und legte sich auf ihn. Da sprang der Hund auf den Rücken des Löwen, der daraufhin von dem Sklaven abließ und in das Dickicht zurücklief. Lachend trat der Sklave vor meinen Vater und sagte: »Bei deinem Leben, Herr, er hat mich nicht verwundet und mir nichts angetan!« Schließlich tötete man den Löwen. Der Sklave ging nach Hause und starb noch in derselben Nacht, ohne daß er eine Wunde davongetragen hatte, an einem Herzschlag. Immer wieder habe ich mich über die Kühnheit dieses Hundes gewundert, mit der er den Löwen angegriffen hatte, wo doch sonst alle Tiere vor Löwen fliehen und sich von ihnen fernhalten.

Ich habe erlebt, wie man einen Löwenkopf zu einem Haus brachte und man daraufhin die Katzen aus jenem Hause fliehen und sich von den Dächern stürzen sah, ohne daß sie zuvor je einen Löwen gesehen hatten. Wir pflegten den Löwen das Fell abzuziehen und es von der Festung an den Fuß der Bastion hinunterzuwerfen, worauf sich kein Hund und kein Vogel mehr in die Nähe wagte. Wenn Krähen das Fleisch erblickten, flogen sie hinunter zu ihm, kreischten dann jedoch auf und flogen wieder davon, sobald sie nahe herangekommen waren. Die Furcht, die der Löwe bei den Tieren verbreitet, ist sehr ähnlich der Furcht, die der Adler bei den Vögeln auslöst, denn sobald ein Vogeljunges, das zuvor noch nie einen Adler gesehen hat, einen Adler erblickt, ergreift es schreiend die Flucht, aus einer Scheu heraus, die Gott allen Tieren vor diesen beiden Tieren in die Herzen gelegt hat.

Da ich gerade von Löwen spreche, möchte ich auch noch folgende Begebenheit anführen. Unter unseren Männern hatten wir zwei Brüder namens Banu r-Ru'âm. Sie waren Fußsoldaten und trugen Briefe zwischen meinen beiden Oheimen *Izzaddaula* und *Izzaddîn* zwischen Schaizar und *Lâdhiqîja* hin und her. Lâdhiqîja gehörte damals Izzaddaula, als dessen Vertreter Izzaddîn in der Stadt saß. Die beiden Fußsoldaten nun erzählten mir einmal dieses Erlebnis:

»Wir verließen Lâdhiqîja und blickten vom Manda-Paß hinunter, einer hohen Erhebung, die das ganze darunterliegende Tiefland beherrscht, als wir eines Löwen gewahr wurden, der sich an einem Fluß unterhalb des Passes niedergelassen hatte. Wir blieben an unserem Platz stehen, da wir aus Furcht vor dem Löwen nicht wagten, hinunterzugehen. Da sahen wir einen Mann herankommen. Schreiend und mit Kleiderstücken winkend, versuchten wir ihn vor dem Löwen zu warnen, doch er hörte uns nicht. Er spannte seinen Bogen, legte einen Pfeil auf die Sehne und ging weiter. Als der Löwe ihn sah, sprang er auf ihn zu, doch der Mann schoß seinen Pfeil ab, traf den Löwen genau ins Herz und verwundete ihn tödlich. Er ging zu dem Tier hin und erledigte es vollends. Dann nahm er seinen Pfeil, ging zum Fluß, zog seine Schuhe aus, legte seine Kleider ab und stieg ins Wasser, um zu baden. Danach sahen wir, wie er wieder herausstieg und seine Haare zu schütteln begann, um sie zu trocknen. Schließlich zog er einen Schuh an und lehnte sich seitwärts auf den Boden. Lange verharrte er in dieser Haltung, und wir fragten uns: ›Bei Gott, der Mann ist tüchtig, aber vor wem prahlt er denn?‹ Während er immer noch so dalag, gingen wir zu ihm hinunter und fanden ihn tot, ohne daß wir wußten, was ihm zugestoßen war. Als wir ihm jedoch den Schuh vom Fuß zogen, entdeckten wir darin einen kleinen Skorpion, der den Mann in den großen Zeh gestochen hatte, worauf er sofort gestorben war. Da wunderten wir uns sehr über diesen gewaltigen Kerl, der einen Löwen getötet hatte und dann selbst von einem fingergroßen Skorpion getötet wurde. Gepriesen sei Gott der Allmächtige, Dessen Wille an Seinen Geschöpfen vollzogen wird!«

Ich selbst habe so viele Male gegen Raubtiere gekämpft, daß ich nicht mehr weiß, wie oft es war. Viele habe ich ganz allein getötet, andere habe ich zusammen mit meinen Begleitern erlegt, bis ich schließlich über die Raubtiere und die Raubtierjagd besser Bescheid wußte als irgendein anderer. Zu diesen meinen Kenntnissen gehört etwa, daß der Löwe wie auch alle anderen wilden Tiere den Menschen fürchtet und vor ihm flieht. Gewöhnlich ist der Löwe unachtsam und dumm. Erst wenn er verwundet ist, wird er zum wahren Löwen, und dann muß man ihn fürchten. Wenn er einen Wald oder ein Dickicht verläßt, um die Pferde anzugreifen, kehrt er mit Sicherheit in dasselbe Dickicht zurück, aus dem er gekommen ist, selbst wenn man ihm Feuer in den Weg legt. Nachdem ich dies durch Erfahrung erkannt hatte, postierte ich mich immer, wenn ein Löwe die Pferde angriff und noch bevor er verwundet wurde, auf dem Weg, den er zurückkommen mußte. Wenn er dann zurückkam, ließ ich ihn an mir vorbeilaufen, griff ihn mit der Lanze an und tötete ihn.

Leopardengeschichten

Was die Leoparden angeht, so ist es schwieriger, gegen sie zu kämpfen, als gegen Löwen, da sie äußerst flink sind und sehr weit springen können. Außerdem kriechen sie wie die Hyänen in Höhlen und Löcher, während sich die Löwen nur in Wäldern und Dickichten aufhalten.

Einmal war ein Leopard bei uns in einem Dorf namens Ma'arzaf im Bezirk von Schaizar aufgetaucht. Mein Oheim *Izzaddîn* – Gott sei ihm gnädig! – ritt hin und schickte einen Reiter zu mir, als ich mich gerade mit meinem Pferd in einer persönlichen Angelegenheit unterwegs befand, und ließ mir ausrichten, ich solle ihm nach Ma'arzaf folgen. Ich holte ihn dort ein, und gemeinsam ritten wir zu der Stelle, wo man behauptete, daß der Leopard wäre. Wir sahen ihn aber nicht. Nun befand sich dort ein Brunnen, und ich stieg mit meiner Lanze vom Pferd und setzte mich auf den Rand des Brunnens. Er war nur etwa einen Klafter tief, und an seiner Innenseite befand sich ein lochähnlicher Riß. Ich stocherte mit der Lanze in dem Loch herum, worauf der Leopard seinen Kopf herausstreckte, um die Lanze zu packen. Als wir nun wußten, daß der Leopard dort drin war, stiegen auch einige Gefährten ab und kamen zu mir. Während dann die einen mit ihren Lanzen in dem Loch herumzustochern begannen, stießen die anderen mit ihren Lanzen nach dem Leoparden, sobald er herauskam. Immer wenn er aus dem Brunnen herauswollte, hielten wir ihn mit den Lanzen unten fest, bis wir ihn schließlich töteten. Er war sehr groß, doch hatte er von den Tieren des Dorfes so viele gefressen, daß er unfähig war, sich zu retten.

Als einziges von allen Tieren kann der Leopard vierzig Ellen hoch springen. In der Kirche von Hunâk gab es vierzig Ellen über dem Boden eine Fensteröffnung. Jeden Tag in der Mittagshitze kam ein Leopard zu der Kirche, sprang zu dem Fenster hinauf und schlief dort bis zum Ende des Tages. Dann sprang er wieder herunter und machte sich davon. Lehensherr von Hunâk war damals ein fränkischer Ritter namens Sir Adam, ein Teufel unter den Franken. Man berichtete ihm von dem Leoparden, worauf er den Leuten den Auftrag gab, sie sollten ihm Bescheid sagen, wenn sie den Leoparden wieder sähen. Als der Leopard wieder wie gewohnt zu der Kirche kam und zu jenem Fenster hinaufsprang, kam einer der Bauern zu Sir Adam und meldete es ihm. Sogleich legte er seinen Panzer an, bestieg sein Pferd, nahm Schild und Lanze und ritt zu der Kirche. Das Gebäude war verfallen, und es stand nur noch eine Mauer, eben jene, in der sich das Fenster befand. Als der Leopard den Franken sah, sprang er vom Fenster auf ihn hinunter, während der Franke auf seinem Pferd saß, brach ihm das Rückgrat, tötete ihn und lief davon. Die Bauern von Hunâk nannten diesen Leoparden fortan an-Nimr al-Mudschâhid, »den im Heiligen Krieg kämpfenden Leoparden«.

Zu den Besonderheiten der Leoparden gehört, daß ein Mensch, wenn er von einem Leoparden verwundet wurde und eine Maus auf die Wunde pißt, stirbt. Mäuse lassen sich von einem Menschen, den ein Leopard verwundet hat, kaum zurückhalten. Manchmal stellt man einem solchen Verwundeten sein Bett sogar mitten ins Wasser und bindet außenherum Katzen an, aus Furcht, die Mäuse könnten sich an den Kranken machen.

Leoparden lassen sich kaum zähmen und an den Menschen gewöhnen. Ich kam einmal an der Küste durch die Stadt Haifa, die den Franken gehört. Einer der dortigen Franken fragte mich, ob ich einen sehr guten Geparden von ihm kaufen wollte. Als ich bejahte, brachte er jedoch einen Leoparden, den er aufgezogen hatte, bis er so groß wie ein Hund geworden war. Da sagte ich: »Nein, das Tier eignet sich nicht für mich. Das ist ein Leopard und kein Gepard!« Ich staunte aber darüber, wie zutraulich sich der Leopard dem Franken gegenüber verhielt.

Der Unterschied zwischen Leopard und Gepard besteht darin, daß das Gesicht des Leoparden lang ist wie das Gesicht des Hundes und daß seine Augen blau sind, während der Gepard ein rundes Gesicht und schwarze Augen hat.

Ein Bewohner von Aleppo hatte einmal einen Leoparden gefangen und brachte ihn in einem Sack zum Herrn von Qadmûs – diese Festung gehört einem der Banu Muhriz –, als dieser gerade beim Weintrinken war. Der Mann aus Aleppo öffnete den Sack, worauf sich der Leopard auf die Männer in der Runde stürzte. Der Emir selbst be-

fand sich gerade bei einem Fenster im Turm, stieg durch dieses hindurch und schloß den Verschlag hinter sich. Der Leopard lief im Raum herum und tötete die einen und verwundete die anderen, bis man ihn selbst umbrachte.
Ich hörte, daß es unter den Raubtieren auch den Tiger gibt. Ich habe dieses Tier jedoch nie gesehen und glaubte auch nicht an seine Existenz. Dann erzählte mir jedoch der Scheich und *Imâm* Huddschataddîn Abu Hâschim Mohammed ibn Mohammed ibn Zafar – Gott sei ihm gnädig! – folgendes Erlebnis:
»Ich begab mich einmal zusammen mit einem alten Sklaven, der meinem Vater gehörte, viel gereist war und viele Erfahrungen gesammelt hatte, vom Maghreb aus auf eine Reise. Da ging uns das Wasser aus, und wir litten Durst. Wir hatten keinen anderen Menschen bei uns, sondern waren nur zu zweit, nämlich er und ich, und wir ritten jeder ein Kamel aus edler Zucht. Als wir zu einem Brunnen zogen, der auf unserem Weg lag, fanden wir dort einen Tiger. Er schlief. Wir hielten uns von ihm fern, dann stieg mein Begleiter von seinem Kamel, gab mir das Halfter zu halten, nahm sein Schwert und seinen Schild sowie einen Wassersack, den wir bei uns hatten, sagte mir, ich solle auf den Kopf seines Kamels aufpassen, und ging zum Brunnen. Als der Tiger ihn erblickte, erhob er sich und sprang in seine Richtung, bis er an ihm vorbei war. Dann brüllte er, worauf seine Jungen heranstoben und hinter ihm herliefen. Der Tiger stellte sich uns nicht in den Weg und tat uns nichts zuleide. Nachdem wir dann getrunken und unsere Kamele getränkt hatten, zogen wir weiter[28].«
So hat er es mir erzählt, und er gehörte zu den besten Muslimen, sowohl was seinen Glauben anging als auch sein Wissen.

Die Byzantiner und ihre gar schrecklichen Wurfmaschinen

Zu den denkwürdigen Schicksalen gehören auch die folgenden Begebenheiten:
Als die Byzantiner im Jahr 532 (= 1138) Schaizar belagerten, richteten sie gegen die Stadt gewaltige Wurfmaschinen, die sie aus ihrem Land mitgebracht hatten, um schwere Geschosse zu schleudern.

Ihre Reichweite war größer als die von Pfeilen, und sie schleuderten Steine, die ein Gewicht von 25 *Ratl* hatten. Einmal schleuderten sie einen Mühlstein auf das Haus meines Freundes Jûsuf ibn abi l-Gharîb, das durch den einzigen Stein von oben bis unten in Trümmer fiel. Oben auf dem Turm am Gebäude des Emirs stand eine Lanze, an der man eine Fahne angebracht hatte. Der Weg, den die Leute innerhalb der Festung benutzten, verlief unmittelbar darunter. Einmal wurde die Lanze von einem Stein der Wurfmaschine getroffen und brach mitten entzwei. Der Teil mit der Spitze überschlug sich und fiel auf den Weg hinunter, als dort gerade einer unserer Männer vorüberging. Die Lanzenspitze mit der halben Lanze daran fiel von dieser großen Höhe dem Mann aufs Schlüsselbein, fuhr bis zum Boden durch ihn hindurch und tötete ihn.
Chutluch, ein *Mameluck* meines Vaters, erzählte mir einmal folgendes: »Als wir einmal während der Belagerung durch die Byzantiner mit unserer Ausrüstung und unseren Schwertern in der Vorhalle der Festung saßen, kam ein alter Mann zu uns hergelaufen und rief: »Ihr Muslime! Rettet eure Harems! Die Byzantiner sind herinnen!« Wir ergriffen unsere Schwerter, stürmten hinaus und stießen auf die Byzantiner, die bereits durch eine Bresche, die die Wurfmaschine in die Mauer geschlagen hatte, heraufgestiegen waren. Wir hieben mit den Schwertern auf sie ein, bis wir sie wieder hinausgedrängt hatten, und verfolgten sie draußen weiter, bis sie zu ihren Gefährten gelangten. Dann kehrten wir zurück und zerstreuten uns. Ich blieb mit jenem alten Mann allein, der uns gewarnt hatte. Als er aufstand und sich mit dem Gesicht zur Wand drehte, um Wasser zu lassen, wandte ich mich von ihm ab. Da hörte ich einen dumpfen Fall. Ich drehte mich um, und siehe, da hatte ein Stein der Wurfmaschine dem Alten den Schädel zertrümmert und an die Wand geklebt, von der sein Gehirn herunterfloß. Ich trug ihn weg, wir sprachen das Totengebet über ihn und bestatteten ihn an seinem Platz. Möge Gott sich seiner erbarmen!«
Einmal traf ein Stein der Wurfmaschine einen unserer Männer und brach ihm ein Bein. Man brachte ihn zu meinem Oheim, der in der Vorhalle der Festung saß, und dieser befahl, man solle den Knocheneinrenker holen. Es gab in Schaizar einen Mann namens Jahjâ, der sich gut auf das Einrenken von Knochen verstand. Er kam und setzte sich an eine abgeschirmte Stelle außerhalb des Festungstores,

um das gebrochene Bein wiedereinzurichten. Da traf ein Stein den Verletzten und riß ihm den Kopf weg. Als daraufhin der Knocheneinrenker wieder in die Vorhalle trat und mein Oheim zu ihm sagte: »Wie schnell du ihm doch seine Knochen eingerenkt hast!«, erwiderte der Mann: »Herr, ein zweiter Stein ist auf ihn geflogen und hat ihm das Einrenken erspart!«

Der Angriff der Franken auf Damaskus und die Trauer einer Mutter

Ein Beispiel dafür, wie sich der Wille Gottes am Ablauf der festgesetzten Lebensfristen vollzieht, ist auch folgende Begebenheit. Die Franken beschlossen einmal[29], nach Damaskus zu ziehen und die Stadt einzunehmen. Es sammelte sich ein großes fränkische Heer, und auch der Herr von Edessa und *Tell Bâschir* sowie der Herr von Antiochia kamen hinzu. Auf seinem Weg nach Damaskus lagerte der Herr von Antiochia vor Schaizar. Sie hatten untereinander bereits den Besitz der Häuser, Bäder und Geschäfte von Damaskus ausgehandelt und an die Bourgeois[30] verkauft, die ihnen den Preis dafür bezahlten – so zweifelsfrei stand für sie fest, daß sie Damaskus erobern und in ihren Besitz bringen würden. *Kafartâb* gehörte damals dem Herrn von Antiochia. Er wählte aus seinem Heer hundert Reiter aus und befahl ihnen, in Kafartâb zu bleiben, um uns und *Hamât* in Schach zu halten. Als er dann nach Damaskus zog, sammelten sich die in Syrien lebenden Muslime, um Kafartâb anzugreifen. Sie schickten einen unserer Männer namens Qunaib ibn Mâlik los, um für sie in der Nacht Kafartâb auszukundschaften. Er gelangte zur Stadt, ging darin herum und kam zurück mit den Worten: »Freut euch auf Beute und Sicherheit!« Dann zogen die Muslime gegen die dortigen Franken, und es kam zu einem Teffen ...[31] Gott verhalf dem Islam zum Sieg, und die Muslime töteten alle Franken.

Qunaib, der Kafartâb für die Muslime ausgekundschaftet hatte, hatte dabei im Wallgraben eine große Anzahl Reittiere gesehen. Als die Muslime dann die Franken besiegten und töteten, wollte er sich diese Tiere, die sich im Wallgraben befanden, holen und hoffte darauf, sich die Beute ganz allein aneignen zu können. Er rannte zum Wallgraben hin, doch ein Franke warf von der Festung einen Stein

auf ihn und tötete ihn. Er hinterließ bei uns eine sehr alte Mutter, die bei unseren Begräbnisfeiern zu klagen pflegte und dann immer noch eine Klage über das Schicksal ihres Sohnes Qunaib anschloß. Dabei flossen dann ihre Brüste vor Milch derart über, daß ihre Kleider völlig durchnäßt wurden. Sobald sie aber das Klagen über ihren Sohn beendete und ihr Schmerz sich beruhigte, wurden ihre Brüste wieder wie zwei Hautlappen ohne einen Tropfen Milch darin. Gepriesen sei Er, Der die Herzen mit Liebe zu den Kindern tränkt.
Als man dem Herrn von Antiochia sagte, daß die Muslime seine Männer getötet hatten, sprach er: »Das ist nicht wahr! Ich habe in Kafartâb hundert Reiter zurückgelassen, die es mit allen Muslimen zusammen aufnehmen!« Gott der Gepriesene beschloß, daß auch die Muslime in Damaskus über die Franken siegten, viele von ihnen töteten und ihnen alle ihre Tiere wegnahmen. In der schimpflichsten und erniedrigtsten Weise zogen sie von Damaskus ab. Preis sei Gott, dem Herrn der Menschen!

Der Kurde, der den falschen Kopf abschnitt

Zu den denkwürdigen Begebenheiten, die sich während dieser Schlacht mit den Franken abspielte, gehört auch diese: Im Heer von *Hamât* befanden sich zwei kurdische Brüder, von denen der eine Badr und der andere Annâz hieß. Annâz sah sehr schlecht. Nachdem die Franken besiegt und getötet waren, schnitten die Muslime den Leichen die Köpfe ab und befestigten sie an den Sattelriemen ihrer Pferde. Auch Annâz schnitt sich einen Kopf ab und band ihn an seinen Sattelriemen. Als ihn einige Soldaten aus dem Heer von Hamât sahen und ihn fragten, was mit dem Kopf sei, den er bei sich habe, erwiderte er: »Gepriesen sei Gott für das, was zwischen mir und dem Mann geschah, so daß ich ihn töten konnte!« Da riefen sie: »Aber Mensch, das ist doch der Kopf deines Bruders Badr!« Er sah sich den Kopf genau an, und siehe da, es war wirklich der Kopf seines Bruders. Da schämte er sich vor den Leuten und verließ Hamât. Wir wissen nicht, wohin er sich wandte, und haben nie wieder etwas von ihm gehört. Getötet hatten seinen Bruder Badr in dieser Schlacht allerdings die Franken – möge Gott der Erhabene sie im Stich lassen!

Gewaltige Schwertstreiche

Die Geschichte über jenen alten Mann, den ein Stein der Wurfmaschine am Kopf traf, hat mir manche Hiebe scharfer Schwerter in Erinnerung gebracht, so zum Beispiel den folgenden:
Einer unserer Männer namens Hammâm al-Hâddsch geriet im Säulengang im Hause meines Oheims mit einem Mann von den *Ismâ'îliten* aneinander, als diese Schaizar angriffen. Der Ismâ'îlit hatte ein Messer in der Hand, al-Hâddsch ein Schwert. Der Ismâ'îlit ging mit dem Messer auf al-Hâddsch los, doch dieser versetzte ihm oberhalb der Augen einen Schwertstreich, der ihm die Schädeldecke wegschlug. Sein Hirn fiel auf den Boden, wo es auseinanderfloß. Da legte al-Hâddsch sein Schwert aus der Hand und erbrach den gesamten Inhalt seines Magens. Solche Übelkeit verursachte ihm der Anblick des Hirns.
Am selben Tag geriet ich selbst an einen Ismâ'îliten, der einen großen Dolch in der Hand hatte, während ich mein Schwert trug. Er stürzte sich mit dem Dolch auf mich, doch ich versetzte ihm mit dem Schwert einen Hieb auf die Mitte des Vorderarms, als er den Dolch gerade so in der Hand hielt, daß die Klinge des Dolches den Vorderarm berührte. Mit meinem Hieb schlug ich etwa vier Fingerlängen der Dolchklinge ab und trennte ihm den Vorderarm mitten durch. Die Dolchspitze hinterließ an der Schneide meines Schwertes eine Scharte. Als ein Handwerker bei uns diese sah und mir erklärte, er könne sie wegmachen, antwortete ich: »Laß sie wie sie ist, denn sie ist das schönste an meinem Schwert!« Die Scharte befindet sich noch heute daran. Und immer, wenn jemand sie sieht, weiß er, daß sie von einem Dolch herrührt.
Dieses Schwert hat eine Geschichte, die ich nun erzählen will. Mein Vater hatte einen Stallknecht namens Dschâmi'. Als uns einmal die Franken überfielen, legte mein Vater seinen gefütterten Panzer an und verließ sein Haus, um sein Pferd zu besteigen, fand es aber nicht vor. Mein Vater blieb eine Weile stehen und wartete. Schließlich kam Dschâmi', der Stallknecht, mit dem Pferd. Er hatte sich verspätet. Da schlug ihn mein Vater mit dem Schwert, das sich noch in der Scheide befand, die er umgegürtet hatte. Das Schwert drang jedoch durch die Scheide und ihren Silberbeschlag sowie durch den Umhang und das Wollgewand des Stallknechts und schließlich auch

noch durch den Knochen seines Ellbogens, so daß seine Hand davonflog. Wegen dieses Hiebes kümmerte sich mein Vater später um den Stallknecht und auch um seine Kinder, nachdem er gestorben war. Das Schwert aber wurde seitdem nach dem Namen des Stallknechtes »das Dschâmi'itische« genannt.

Zu den bemerkenswerten Schwertstreichen gehört auch der folgende: Vier Brüder aus der Verwandtschaft des Emirs Iftichâraddaula Abu l-Futûh ibn Amrân, des Herrn der Festung *Abu Qubais,* kamen einmal zur Festung hinauf, während der Emir schlief, und verwundeten ihn schwer. Außer seinem Sohn befand sich sonst niemand bei ihm in der Festung. Im Glauben, daß sie den Emir getötet hätten, gingen die vier nun hinaus, um seinen Sohn zu suchen. Gott hatte dem Emir aber gewaltige Stärke verliehen. Nackt erhob er sich von seinem Bett, ergriff sein Schwert, das er bei sich im Zimmer hängen hatte, und lief hinaus, den vieren hinterher. Als ihm dann einer von ihnen begegnete – es war ihr Anführer und der Tapferste von ihnen –, versetzte er diesem einen Schwertstreich und sprang sogleich von ihm weg, da er fürchtete, er könne ihn sonst mit dem Messer erreichen, das er in der Hand hielt. Als er sich jedoch wieder umwandte, sah er ihn auf der Erde liegen, hingestreckt von seinem Schwertstreich. Dann drehte er sich dem nächsten zu und tötete ihn ebenfalls mit einem Schwerthieb. Die beiden übrigen ergriffen die Flucht und stürzten sich von der Festung hinunter. Dabei fand der eine den Tod, während der andere entkam.

Als uns die Nachricht von dem Vorfall in Schaizar erreichte, schickten wir jemanden los, der dem Emir unsere Glückwünsche zu seiner Errettung überbrachte. Drei Tage später begaben wir uns selbst zur Festung Abu Qubais hinauf, um ihn zu besuchen. Seine Schwester lebte nämlich bei meinem Oheim *Izzaddîn* und hatte ihm einige Kinder geboren. Beim Emir angekommen erzählte er uns, wie sich alles zugetragen hatte. Schließlich sagte er: »Es juckt mich an der Schulter. Ich kann die Stelle aber nicht erreichen.« Er rief einen seiner Sklaven herbei, damit dieser sich die Stelle betrachte und feststelle, was ihn da juckte. Der Sklave tat wie geheißen und siehe, da war eine Wunde in seinem Rücken, in der die Spitze eine Dolches stak, der dort abgebrochen war, ohne daß er etwas davon gewußt oder gemerkt hatte. Erst als die Wunde zu eitern begann, juckte sie ihn.

Wie groß die Stärke dieses Mannes war, läßt sich zum Beispiel daraus ersehen, daß ein Maultier, welches er an der Fußfessel festhielt, sein Bein nicht aus dem Griff seiner Hand befreien konnte, auch wenn man es schlug. Er konnte auch einen Hufnagel zwischen die Finger nehmen und ihn in ein Brett aus Eichenholz drücken. Seine Eßfähigkeit war so groß wie seine Körperstärke, nein, noch größer.

Von einer seltsamen Art, jemandem Angst einzujagen

Ich habe von einigen Männertaten berichtet und werde auch von einigen Frauentaten erzählen. Zuvor möchte ich jedoch noch etwas anderes zur Sprache bringen:

Antiochia gehörte einem Teufel unter den Franken namens *Roger.* Dieser begab sich einmal auf die Pilgerfahrt nach Jerusalem. Herr von Jerusalem war *Balduin* der Prinz. Balduin war bereits ein alter Mann, Roger dagegen noch jung. Roger sprach zu Balduin: »Laß uns eine Abmachung treffen, derzufolge dir Antiochia gehören soll, wenn ich vor dir sterbe, und daß Jerusalem mir gehören soll, wenn du vor mir stirbst.« Dann schlossen sie darüber einen bindenden Vertrag. Gott der Erhabene aber beschloß, daß *Nadschmaddîn* – Gott sei ihm gnädig! – am Donnerstag, dem 5. Dschumâdâ I. des Jahres 513 (= 14. August 1119) bei *Dânîth* auf Roger traf und ihn mitsamt seines ganzen Heeres tötete. Nur weniger als zwanzig Mann gelangten nach Antiochia zurück. Dann zog Balduin nach Antiochia und übernahm die Stadt. Vierzig Tage später trat Balduin zur Schlacht gegen Nadschmaddîn an. Nun hatte Nadschmaddîn die Angewohnheit, wenn er Wein trank, dann zwanzig Tage lang betrunken zu sein. Nach seinem Sieg über die Franken und ihre Niedermetzelung hatte er sich auch wieder betrunken und war nicht mehr nüchtern geworden, bis König Balduin mit seinem Heer nach Antiochia gelangte. Die zweite Schlacht zwischen den beiden Heeren verlief dann unentschieden. Ein Teil der Franken besiegte einen Teil der Muslime und ein Teil der Muslime besiegte einen Teil der Franken. Auf beiden Seiten gab es viele Gefangene. Die Muslime nahmen auch Robert gefangen, den Herrn von *Sahjûn,* Balâtunus und der ganzen dortigen Gegend. Robert war mit dem Atabek

Tughtakîn, dem damaligen Herrn von Damaskus, befreundet und hatte sich auf der Seite Nadschmaddîns befunden, als sich dieser in Apamea mit den Franken zusammentat, um gegen die aus dem Osten unter Führung des *Bursuq* ibn Bursuq eingetroffenen Heere anzutreten. Robert, der Aussätzige, hatte damals an den Atabek Tughtakîn geschrieben: »Ich weiß nicht, womit ich dir meine Gastfreundschaft zeigen kann. Ich stelle dir aber mein Land zur Verfügung. Laß deine Reiter in es eindringen und nimm dir alles, was sie finden. Nur dürfen sie niemanden gefangennehmen und auch niemanden töten. Tiere, Geld und Getreide zu nehmen, ist ihnen erlaubt.« Als Robert nun in Gefangenschaft geriet, wobei sich der Atabek Tughtakîn in dieser Schlacht auf seiten Nadschmaddîns befand, setzte Robert die Auslösesumme für sich selbst auf zehntausend Dinar fest. Da sprach Nadschmaddîn: »Bringt ihn zum Atabek! Vielleicht wird dieser ihm Angst einjagen, so daß er uns eine noch höhere Summe anbietet.« Also brachte man Robert zum Atabek, der in seinem Zelt gerade beim Weintrinken war. Als er Robert herankommen sah, erhob er sich, raffte den Saum seines Mantels hoch und steckte ihn in den Schwertgurt, ergriff sein Schwert, trat zu Robert hinaus und schlug ihm den Kopf ab. Darauf schickte ihm Nadschmaddîn einen Boten, durch den er ihm tadelnd ausrichten ließ: »Wir brauchen jeden einzelnen Dinar für unsere Turkmenen, und dieser Mann hatte für sich selbst schon eine Auslösesumme von zehntausend Dinaren angeboten. Ich habe ihn zu dir geschickt, damit du ihm Angst machen solltest und er uns dann vielleicht eine noch höhere Summe angeboten hätte. Und nun hast du ihn umgebracht!« Da erwiderte der Atabek: »Aber richtig Angst einjagen kann ich nur so!«

Wie Balduin sich uns erkenntlich zeigte, und wie ich Bohemunds Sohn vor der Lanze hatte

Dann ergriff *Balduin der Prinz* Besitz von Antiochia. Er war meinem Vater und meinem Oheim zu großem Dank verpflichtet, seit Nûraddîn Balak ihn einst gefangengenommen hatte, er nach Balaks Tod in den Besitz *Timurtâschs* gelangt war, dieser ihn zu uns nach Schaizar gebracht hatte, damit mein Vater und mein Oheim bei seinem Verkauf vermittelten, und wir ihn dann bestens behandelt hatten. Als Balduin König wurde, hatten wir Abgaben an den Herrn von Antiochia zu entrichten[32]. Diese erließ uns nun Balduin, und wir wurden in Antiochia recht einflußreich.

Als sich Balduin nun in dieser Lage befand und einer unserer Männer als Bote bei ihm war, da langte in *Suwaidîja* ein Schiff an mit einem in Lumpen gekleideten Knaben. Er erschien bei Balduin und gab sich als Sohn *Bohemunds* zu erkennen. Da übergab ihm Balduin Antiochia, verließ die Stadt und schlug sein Zelt am Stadtrand auf. Unser Bote, der sich bei Balduin befunden hatte, schwor uns nachher, daß König Balduin in jener Nacht das Futter für seine Pferde auf dem Markt kaufte, obwohl die Speicher Antiochias voll Getreide waren. Dann zog Balduin nach Jerusalem zurück.

Vom Sohn Bohemunds, diesem Teufel, ging für unsere Leute eine gewaltige Heimsuchung aus. Eines Tages zog er mit seinem Heer gegen uns heran und schlug seine Zelte auf. Wir hatten ihnen gegenüber unsere Pferde bestiegen, doch verließ keiner von ihnen das Lager, um uns anzugreifen, sondern sie blieben in ihren Zelten. Wir standen mit unseren Pferden auf einer Anhöhe, von wo wir sie im Auge behielten, durch den Orontes von ihnen getrennt. Da ritt mein Vetter Jahjâ ibn Mâlik zum Orontes hinunter. Wir dachten, er wollte nur sein Pferd tränken, doch er stürzte sich ins Wasser, durchquerte den Fluß und ritt auf einen Trupp Franken zu, der in der Nähe ihrer Zelte stand. Als er sich ihnen näherte, kam ein Reiter herunter, ihm entgegen. Sie griffen einander an, doch verstanden es beide, dem Lanzenstoß des Gegners auszuweichen. Zusammen mit meinen Altersgefährten, damals alles noch junge Burschen, eilte ich zu den beiden Kämpfenden hin. Da kam auch der Trupp Franken herunter, und der Sohn Bohemunds ritt mit seinem Heer wie ein Sturzbach heran. Das Pferd meines Vetters war inzwischen von einem Lanzenstich getroffen worden. Unsere vordersten Reiter stießen auf die vordersten fränkischen Reiter. Unter unseren Soldaten befand sich ein Kurde namens Mîkâ'îl, der nun vor ihren ersten Reitern fliehend zurückkam, verfolgt von einem fränkischen Ritter, der ihn hart bedrängte. Der Kurde vor ihm brüllte und schrie aus vollem Halse. Als ich ihn erreichte, ließ der Franke von dem kurdischen Reiter ab, bog zur Seite, entwischte mir aus der Wegrichtung und ritt auf eine Gruppe unserer Reiter zu, die in der Nähe von uns am Wasser stand. Ich verfolgte den Franken und versuchte ihn mit meinem Pferd einzuholen, um ihn mit der Lanze anzugreifen. Mein Pferd schaffte es aber nicht. Der Franke drehte sich auch nicht zu mir um, sondern strebte weiter auf jene Reiterschar zu, bis er sie, von mir verfolgt, erreichte. Meine Gefährten versetzten seinem Pferd einen Lanzenstoß und verwundeten es schwer. Schon waren aber seine eigenen Männer hinter ihm, in so großer Zahl, daß wir nichts gegen sie hätten ausrichten können. Der fränkische Ritter ritt zurück, wobei sein Pferd dem Ende nahe war. Er traf auf seine Leute und ließ sie allesamt umkehren. Er selbst trat mit ihnen den Rückzug an. Dieser Ritter war niemand anderer gewesen als Bohemunds Sohn, der Herr von Antiochia. Da er noch ein Knabe war, hatte sich sein Herz mit Angst erfüllt. Hätte er seine Männer gewähren lassen, hätten sie uns besiegt und uns bis in die Stadt zurückgetrieben.

Die alte Sklavin Buraika

Während all dieser Geschehnisse stand eine alte Sklavin namens Buraika, die einem unserer Männer, einem Kurden namens Alî ibn Mahbûb gehörte, inmitten der Reiter am Ufer des Flusses mit einem irdenen Krug in der Hand, mit dem sie Wasser schöpfte und es unseren Leuten zu trinken gab. Die meisten unserer Männer, die auf der Anhöhe standen, stürzten, als sie die Franken in so großer Anzahl herankommen sahen, zurück zur Stadt, während dieses Teufelsweib an seinem Platz stehenblieb, unbeeindruckt von dem gewaltigen Geschehen.
Ich will nun einiges über diese Buraika erzählen, auch wenn hier eigentlich nicht der Ort dafür ist, aber man kommt eben von einer Geschichte zur anderen. Ihr Besitzer Alî war ein frommer Mann und trank keinen Wein. Eines Tages sagte er zu meinem Vater: »Bei Gott, o Emir, ich halte es nicht für erlaubt, daß ich auf Kosten der Staatskasse lebe. Ich will allein von den Einkünften Buraikas zehren.« Er war so ein Tor, daß er dieses unerlaubte Einkommen für erlaubter hielt als das Einkommen aus der Staatskasse, von der er gedungen war[33]. Besagte Sklavin hatte einen Sohn namens Nasr, der bereits bejahrt und in einem Dorf meines Vaters als Aufseher beschäftigt war zusammen mit einem Mann namens Baqîja ibn al-Usaifir. Dieser Baqîja erzählte mir einmal folgendes:

»Eines Nachts kam ich in die Stadt, um mich in einer persönlichen Angelegenheit in mein Haus zu begeben. Als ich mich der Stadt näherte, erblickte ich im Mondschein zwischen den Gräbern ein Wesen, das weder Mensch noch Tier war. Ich blieb in einiger Entfernung stehen und hatte Angst. Dann sagte ich mir jedoch: ›Bin ich denn nicht Baqîja? Was soll diese Angst vor einem einzelnen Wesen?!‹ Ich legte mein Schwert, meinen Lederschild und auch den Speer, den ich bei mir trug, ab und ging Schritt für Schritt vorwärts, wobei ich hörte, wie ein Singsang und eine Stimme von dem Wesen ausging. Als ich nahe heran war, sprang ich mit dem Dolch in der Hand auf das Wesen und packte es. Und siehe da, es war Buraika mit entblößtem Kopf und aufgelösten Haaren. Sie ritt auf einem Rohrstock und wanderte wiehernd zwischen den Gräbern umher. ›Wehe dir!‹ rief ich aus, ›was machst du hier um diese Zeit?‹ – ›Ich hexe‹, erwiderte sie, worauf ich sagte: ›Möge Gott dich, deine Hexerei und dein Gewerbe unter allen Gewerben mit Schimpf und Schande bedecken!‹«

Wie meine Tante aus meinem Vetter einen Ritter machte, und wie meine Mutter meine Schwester vor Schande bewahren wollte

Die Unerschrockenheit dieser Hündin von einer Frau brachte mir Dinge in Erinnerung, die sich mit unseren Frauen in jener Schlacht ereigneten, welche zwischen uns und den *Ismâ'îliten* stattfand, auch wenn unsere Frauen nicht mit jener Sklavin zu vergleichen sind.

An jenem Tag [34] stieß Alwân ibn Harrâr, der Anführer der Ismâ'îliten, in der Festung auf meinen Vetter *Schabîb ibn Hâmid,* der mit mir gleichaltrig und wie ich am Sonntag, dem 27. Dschumâdâ II. im Jahre 488 (= 4. Juli 1095) geboren war. Er hatte jedoch bis zu diesem Tag noch an keinem Kampf teilgenommen, während ich bereits ein Meister im Kämpfen war. In der Absicht, sich Schabîb gefügig zu machen, sagte Alwân zu ihm: »Geh in dein Haus zurück und trage daraus so viel weg, wie du kannst. Dann verschwinde, damit du nicht getötet wirst! Wir haben die Festung nämlich schon in der Hand.« Schabîb ging daraufhin in sein Haus zurück und erklärte

seiner Tante und den Frauen seines Onkels, jede von ihnen, die etwas besitze, solle es ihm geben, und alle gaben ihm etwas. Während er noch beim Einsammeln war, trat jemand mit Kettenhemd, Helm, Schwert und Schild ins Haus, und Schabîb war sich bei diesem Anblick seines Todes sicher. Da legte die Gestalt ihren Helm ab, und siehe da, es war die Mutter seines Vetters Jahjâ. »Was hast du vor?« fragte sie Schabîb, und dieser erwiderte: »Ich nehme, was ich kann, dann lasse ich mich an einem Strick von der Festung hinunter und lebe in der Welt.« Da sprach sie: »Welch eine elende Tat! Du überläßt die Töchter deines Oheims und deine Familie diesen Baumwollarbeitern [35] und machst dich davon?! Was wird das für ein Leben für dich sein, wenn du in deiner Familie entehrt und du geflohen bist, anstatt sie zu verteidigen?! Gehe hinaus und kämpfe um deine Familie, bis du in ihrer Mitte getötet wirst! Möge doch Gott dir dies antun!« So hielt sie Schabîb von der Flucht zurück. Und Schabîb wurde danach einer unserer herausragenden Ritter.
An jenem Tag verteilte meine Mutter – Gott sei ihr gnädig! – meine Schwerter und gefütterten Panzer. Dann kam sie zu meiner schon bejahrten Schwester und sagte: »Ziehe deine Schuhe und deinen Überwurf an!« Nachdem meine Schwester dies getan hatte, nahm meine Mutter sie mit zu einem Balkonzimmer meines Hauses, das nach Osten auf das Tal hinausging, und ließ sie dort Platz nehmen. Meine Mutter setzte sich selbst an die Tür zum Balkon. Gott der Gepriesene verlieh uns den Sieg über die Feinde. Als ich dann zu meinem Haus kam, um einige meiner Waffen zu holen, fand ich nur die leeren Schwertscheiden und Panzerhüllen vor. Auf die Frage, wo meine Waffen seien, antwortete mir meine Mutter: »Mein lieber Sohn, ich habe die Waffen denen gegeben, die für uns kämpfen. Ich glaubte nicht, daß du noch lebtest.« – »Und meine Schwester«, fragte ich sie weiter, »was macht die hier?« Da sagte sie: »Mein lieber Sohn! Ich habe sie auf dem Balkon Platz nehmen lassen und habe mich selbst an den Eingang zum Balkon gesetzt. Wenn ich gesehen hätte, daß die Ismâ'îliten zu uns gelangt wären, hätte ich deine Schwester ins Tal hinuntergestoßen, um sie lieber tot zu sehen als als Gefangene bei diesen Bauern und Baumwollarbeitern.« Ich dankte meiner Mutter, und auch meine Schwester dankte ihr und wünschte, daß Gott es ihr mit Gutem vergelten möge. Solcher Edelsinn ist stärker als der Edelsinn der Männer!

An jenem Tage legte eine alte Sklavin meines Großvaters, des Emirs *Alî ibn Muqallad*, namens Futûn, ihren Schleier an, ergriff ein Schwert, begab sich hinaus in den Kampf und kämpfte unaufhörlich, bis wir die Feinde überwältigten und die Oberhand über sie gewannen.
Man kann den edlen Frauen weder Stolz noch Edelsinn noch Urteilskraft absprechen!

Mein Sieg über einen Löwen, und der weise Rat meiner Großmutter

Eines Tages zog ich mit meinem Vater hinaus zur Jagd. Mein Vater war ein großer Jagdliebhaber und hatte so viele Habichte, Wanderfalken, Sakerfalken, Geparde und Jagdhunde[36] wie kaum ein anderer. Er pflegte inmitten von vierzig Berittenen auszureiten, einer Schar, die aus seinen Söhnen und seinen *Mamelucken* bestand, von denen jeder ein erfahrener Jäger war und sich mit dem Jagdwild bestens auskannte. Er hatte in der Umgebung von Schaizar zwei Jagdgebiete. So ritt er das eine Mal von Schaizar nach Westen in die Niederungen und zu den Bächen, um dort Haselhühner, Wasservögel, Hasen und Gazellen zu jagen und Wildschweine zu töten, und ein anderes Mal zum Berg südlich von Schaizar, um auf Rebhuhn- und Hasenjagd zu gehen.
Eines Tages befanden wir uns an dem Berg, da kam die Zeit des Nachmittagsgebetes, und mein Vater und wir anderen stiegen ab, um jeder für sich sein Gebet zu verrichten. Plötzlich kam ein Sklave herbeigelaufen und rief: »Da ist der Löwe!« Ich sprach die Grußformel am Ende des Gebetes vor meinem Vater, damit er mich nicht daran hindern konnte, den Kampf mit dem Löwen aufzunehmen. Mit meiner Lanze bestieg ich mein Pferd und griff den Löwen an. Er empfing mich mit einem Brüllen, worauf mein Pferd mit mir durchging, mir die Lanze wegen ihres Gewichtes aus der Hand fiel und mich der Löwe ein gutes Stück davonjagte. Dann kehrte er an den Abhang des Berges zurück und blieb dort stehen. Er war einer der gewaltigsten Löwen, groß wie ein Brückenbogen und hungrig. Immer wenn wir uns ihm näherten, kam er den Berg herunter, jagte hinter den Pferden her und kehrte wieder an seinen Platz zurück.

Und jedes Mal, wenn er herunterkam, hinterließ er bei meinen Gefährten seine Spuren.
Dann sah ich, wie er hinter Bastakîn Gharza, einem Sklaven meines Oheims, aufs Pferd sprang, ihm mit den Krallen seine Kleider und Gamaschen zerriß und dann wieder zum Berg zurückkehrte. Die einzige List, die mir blieb, um seiner habhaft zu werden, war, den Abhang hinaufzureiten, um ihn von oben her anzugreifen. Ich ritt also hinauf, trieb mein Pferd dann von oben hinunter auf den Löwen zu, griff ihn mit der Lanze an, und durchbohrte ihn. Die Lanze ließ ich ihm in der Seite stecken, und er rollte, sich überschlagend, mit der Lanze im Körper zum Fuß des Berges hinunter. Dort verendete er. Die Lanze war zerbrochen. Während dieser ganzen Zeit stand mein Vater mit den noch jungen Söhnen seines Bruders *Izzaddîn* da und betrachtete sich mit ihnen, was geschah.
Nachdem wir dann mit dem Löwen gegen Abend nach Schaizar gelangt waren, kam in der Nacht meine Großmutter väterlicherseits mit einer Kerze in den Händen zu mir. Sie war eine fast hundertjährige Greisin. Ich zweifelte nicht daran, daß sie gekommen war, um mich zu beglückwünschen, daß ich heil davongekommen war, und mir ihre Freude über meine Tat auszudrücken. Doch als ich auf sie zutrat und ihr die Hand küßte, sprach sie voll Zorn und Ärger: »Mein lieber Junge! Was treibt dich zu solch kühnen Taten, in denen du dein eigenes Leben und das Leben deines Pferdes aufs Spiel setzt und deine Waffen zerbrichst und durch die sich die Kälte und die Abneigung im Herzen deines Oheims dir gegenüber nur vermehren?« Ich antwortete ihr: »Meine liebe Großmutter! Ich begebe mich doch in solche und ähnliche Gefahren, um mich dem Herzen meines Oheims näherzubringen!« Da sprach sie: »Nein, bei Gott, dies bringt dich ihm nicht näher, sondern entfernt dich von ihm nur noch weiter und vergrößert seine Kälte und Abneigung dir gegenüber!« Da erkannte ich, daß sie mir mit ihren Worten einen weisen Rat gegeben und mir die Wahrheit gesagt hatte. – So sind, bei meinem Leben, der Männer wahre Mütter!
Diese alte Frau war aufgrund der wunderbaren Art, wie sie ihren Glaubenspflichten nachkam, mildtätig war, fastete und betete, eine der frömmsten Muslime. Eines Nachts in der Mitte des Monats Scha'bân war ich zugegen, als sie bei meinem Vater betete, der – Gott sei ihm gnädig! – zu den besten Koranrezitatoren gehörte. Während

meine Großmutter nun mit ihm betete, empfand er Mitleid mit ihr und schlug ihm vor, sie solle sich doch setzen und im Sitzen beten. Da sprach sie: »Mein lieber Sohn! Bleibt mir von meinem Leben noch so viel, daß ich noch einmal eine Nacht wie diese erleben werde? Nein, bei Gott, ich setze mich nicht!« Mein Vater hatte damals bereits die Siebzig erreicht, und meine Großmutter näherte sich den Hundert. Möge Gott sich ihrer erbarmen!

Warum Alî, der Späher, von seiner Frau getötet wurde

Ich habe wunderbare Beispiele für den Edelsinn der Frauen erlebt, darunter auch das folgende. Einer der Männer des Chalaf ibn Mulâ'ib namens Alî, Sklave des Ibn abi Raidâ', war von Gott mit so guten Augen gesegnet worden wie einst Zarqâ' al-Jamâma. Dieser Alî pflegte zusammen mit Ibn Mulâ'ib auf Raubzüge zu gehen und die Karawanen bereits aus einer Entfernung einer ganzen Tagesreise zu erspähen.

Einer seiner Freunde namens Sâlim al-'Adschâ'izî, der, nachdem Chalaf ibn Mulâ'ib getötet worden war, in die Dienste meines Vaters gelangte, erzählte mir einmal die folgende Begebenheit: »Eines Tages begaben wir uns auf einen Raubzug und schickten Alî in aller Frühe los, um für uns Ausschau zu halten. Er kam mit den Worten zurück: ›Freut euch auf Beute! Da nähert sich eine große Karawane.‹ Als wir selbst dann auch Ausschau hielten, sahen wir nichts und sagten: ›Wir sehen weder eine Karawane noch irgend etwas anderes.‹ Doch er erwiderte: ›Bei Gott, ich sehe wirklich die Karawane und an ihrer Spitze zwei erschöpfte Pferde, die ihre Mähnen schütteln.‹ Wir blieben in unserem Hinterhalt bis zum späten Nachmittag. Dann erreichte uns die Karawane mit den beiden erschöpften Pferden an der Spitze. Wir verließen unseren Hinterhalt und bemächtigten uns der Karawane.«

Auch die folgende Begebenheit erzählte mir Sâlim al-'Adschâ'izî: »Eines Tages begaben wir uns auf einen Raubzug, und Alî stieg auf eine Anhöhe, um Ausschau zu halten. Er schlief dort jedoch ein, und bevor er richtig merkte, was geschah, hatte ihn ein Mann aus einer türkischen Räuberschar gefangengenommen. Als die Türken ihn dann fragten, was es für eine Bewandtnis mit ihm habe, behauptete

Alî: ›Ich bin ein armer Habenichts und habe mein Kamel an einen Händler in einer Karawane vermietet.‹ Und an den Anführer der Türken gewandt, sagte er: ›Gib mir deine Hand, daß du mir mein Kamel wiedergibst, wenn ich euch zu dieser Karawane geleite!‹ Der Anführer versprach es ihm in die Hand, und Alî ging vor ihnen her, bis er sie zu unserem Hinterhalt brachte. Wir stürzten heraus, griffen sie an und überwältigten sie. Alî selbst hielt sich an den Mann vor ihm und nahm ihm Pferd und Ausrüstung weg. Wir holten uns von ihnen schöne Beute.«

Nachdem Chalaf ibn Mulâ'ib getötet worden war, gelangte Alî in den Dienst des Franken Theophil, des Herrn von *Kafartâb*, und pflegte fortan gemeinsam mit den Franken Raubzüge gegen die Muslime zu unternehmen und sich Beute von ihnen zu holen. Er ging in der Schädigung, Ausplünderung und Tötung der Muslime so weit, daß er schließlich die Wege für die Reisenden völlig unsicher machte. Nun hatte Alî bei sich in Kafartâb in der Gewalt der Franken eine Frau, die ihm sein Tun übelnahm und ihn davon abzuhalten suchte, doch er hörte nicht auf damit. Schließlich schickte sie an einen Verwandten – ich glaube, es war ihr Bruder – in einem der Dörfer eine Nachricht, ließ ihn zu sich kommen und versteckte ihn bis zur Nacht in ihrem Zimmer. Gemeinsam stürzten sie sich dann auf Alî, ihren Ehemann, und brachten ihn um. Sie nahmen die gesamte Habe der Frau und flohen. Am folgenden Morgen erschien die Frau bei uns in Schaizar und erklärte: »Ich war wütend darüber, was dieser Ungläubige den Muslimen antat!« So verschaffte die Frau unseren Leuten Ruhe vor diesem Teufel. Wir rechneten ihr hoch an, was sie getan hatte, und sie blieb bei uns geehrt und geschätzt.

Eine Fränkin verwundet einen Muslim, und eine Muslimin nimmt drei Franken gefangen

Einer unter den ägyptischen Emiren namens Badî as-Sulaihî hatte im Gesicht zwei Narben, von denen die eine von der rechten und die andere von der linken Augenbraue bis zum Haaransatz nach oben reichte. Als ich ihn einmal nach dem Grund für diese Narben fragte, erzählte er mir: »Als ich noch ein junger Bursche war, pflegte ich von Askalon aus zu Fuß auf Raubzüge zu gehen. So machte ich mich eines Tages wieder auf den Weg in Richtung der Straße nach Jerusalem, um fränkische Pilger zu überfallen. Als wir auf eine Gruppe von ihnen trafen, stieß ich auf einen Mann, der eine Lanze bei sich hatte und hinter dem seine Frau mit einem mit Wasser gefüllten Holzkrug herging. Der Mann brachte mir mit seiner Lanze die eine Wunde hier bei, bevor ich ihn mit einem Hieb tötete. Dann trat seine Frau auf mich zu und versetzte mir mit ihrem Holzkrug einen Schlag ins Gesicht, der mir diese andere Wunde hier zurückließ. Beide Verletzungen sind mir als Narben im Gesicht geblieben.«

Ein Beispiel dafür, mit welcher Kühnheit auch Frauen angreifen können, ist folgende Begebenheit: Eine Schar Franken unternahm einmal die Pilgerfahrt. Auf ihrem Rückweg kamen sie zunächst nach *Rafanîja*, das damals in fränkischen Händen war, und machten sich dann von dort auf den Weg nach *Apamea*. In der Nacht verirrten sie sich jedoch und gelangten nach Schaizar, das damals keine Stadtmauern hatte. Die Pilger, etwa siebenhundert bis achthundert Männer, Frauen und Kinder, kamen bis ins Stadtgebiet. Das Heer von Schaizar war damals mit meinen beiden Oheimen *Izzaddîn* und *Fachraddîn* fortgezogen, um zwei Bräute zu treffen, die meine beiden Oheime geheiratet hatten und die – es waren Schwestern – zu den Banu s-Sûfî von Aleppo gehörten. Mein Vater war in der Festung geblieben. In der Nacht verließ nun ein Mann in irgendeiner Angelegenheit die Stadt und erblickte einen Franken. Da machte er kehrt, holte sein Schwert, ging wieder hinaus und brachte ihn um. Das Geschrei hallte über den ganzen Ort. Da zogen unsere Leute hinaus, töteten die Franken und nahmen sich ihre Frauen und Kinder, ihr Silber und ihre Tiere als Beute.

In Schaizar lebte damals eine Frau namens Nadra bint Bûzarmât, die mit einem unserer Männer verheiratet war. Auch sie zog mit den Leuten hinaus, nahm einen Franken gefangen und brachte ihn mit in ihr Haus. Dann zog sie wieder los, ergriff einen zweiten und brachte ihn ebenfalls nach Hause. Schließlich fing sie auch noch einen dritten. Damit hatte sie drei Franken zusammen. Nachdem sie ihnen dann weggenommen hatte, was sie bei sich trugen und was ihr zusagte, ging sie hinaus und rief ein paar Nachbarn, die die Franken töteten.

Noch in derselben Nacht kamen meine beiden Oheime mit dem Heer zurück. Da einige von den Franken geflohen waren, hatten die Männer aus Schaizar ihre Verfolgung aufgenommen und töteten sie nun in der Umgebung der Stadt. Die Pferde des zurückkehrenden Heeres begannen nun in der Nacht über die toten Franken in der Stadt zu straucheln, ohne daß die Reiter wußten, worüber sie strauchelten, bis einer von ihnen abstieg und im Dunkeln die Toten sah. Dies versetzte die Soldaten in Schrecken, und sie glaubten schon, Schaizar sei überfallen worden. Es war jedoch Beute, die der erhabene und mächtige Gott unseren Leuten geschickt hatte.

Von einer Fränkin, die lieber bei einem christlichen Schuster als bei einem muslimischen Emir lebte, und von einem Franken, der wieder zum Christentum zurückkehrte

Eine Gruppe fränkischer Mädchen, die gefangengenommen worden waren, gelangte ins Haus meines Vaters. Nun sind die Franken – Gott verfluche sie! – wirklich eine verfluchte Rasse, die sich an keine andere Rasse gewöhnt. Mein Vater sah unter den Mädchen ein hübsches, junges Ding und befahl seiner Haushälterin, es ins Bad zu stecken, seine Kleider auszubessern und es reisefertig zu machen. Nachdem dies geschehen war, übergab er das Mädchen einem seiner Eunuchen und ließ es zu seinem Freund, dem Emir Schihâbaddîn Mâlik ibn Sâlim ibn Mâlik, dem Herrn der Festung Dscha'bar, bringen und schickte einen Brief mit, in welchem er ihm schrieb: »Wir haben uns von den Franken Beute geholt, wovon ich dir hiermit einen Anteil schicke.«

Das Mädchen gefiel dem Emir sehr, und er behielt es für sich selbst. Es gebar ihm einen Sohn, den er Badrân nannte und den er später zu seinem Nachfolger einsetzte. Badrân wuchs heran und, als sein Vater starb, übernahm er die Herrschaft über den Ort und dessen Bewohner, während seine Mutter die eigentliche Herrscherin war. Dann verabredete sie sich jedoch mit einigen Leuten, und diese brachten sie, nachdem sie sich an einem Seil von der Festung heruntergelassen hatte, nach *Sarûdsch*, das damals den Franken gehörte. Dort heiratete sie einen fränkischen Schuster, während ihr Sohn der Herr der Festung von Dscha'bar war!

Unter jenen Gefangenen, die ins Haus meines Vaters gelangten, befand sich auch eine alte Frau mit einer jungen, hübschen Tochter und einem kräftigen Sohn. Dieser Sohn trat zum Islam über und wurde, nach seinem Beten und Fasten zu schließen, ein guter Muslim. Von einem Marmorsteinmetz, der das Haus meines Vaters mit Marmor auslegte, erlernte er dessen Handwerk. Nachdem er dann bereits längere Zeit bei uns war, verheiratete ihn mein Vater mit einer Frau aus einer ordentlichen Familie und versorgte ihn mit allem, was er für die Hochzeit und für seinen Hausstand brauchte. Seine Frau schenkte ihm zwei Söhne, die heranwuchsen, bis sie beide fünf oder sechs Jahre alt waren. Er war sehr glücklich über die beiden. Dann aber nahm dieser Sklave – er hieß Râ'ûl – seine beiden Jungen, ihre Mutter und alles, was er in seinem Hause hatte, und war am nächsten Morgen in Apamea bei den Franken. Dort bekehrte er sich mit seinen Kindern wieder zum Christentum, nachdem er sich bereits zum Islam bekannt, wie ein Muslim gebetet und den islamischen Glauben ausgeübt hatte. Möge Gott der Erhabene die Welt von ihnen säubern!

Von einem Franken, der aus meinem Sohn einen vernünftigen Menschen machen wollte

Gepriesen sei der Schöpfer, der alles erschaffen hat! Wenn man die Franken kennengelernt hat, kann man nur Gott den Erhabenen loben und preisen und die Franken als Tiere betrachten, die außer Tapferkeit und Kampfesmut keine Tugend besitzen, so wie den Tieren die Stärke und die Fähigkeit des Lastentragens als Tugenden eigen sind. Ich will nun einiges von den Handlungsweisen und seltsamen Vorstellungen der Franken berichten.

Im Heer des Königs *Fulk*, des Sohnes des Fulk, befand sich ein geachteter Ritter, der aus dem Land der Franken gekommen war, um die Pilgerfahrt zu machen und dann wieder zurückzukehren. Er war gern in meiner Gesellschaft und wurde mein ständiger Begleiter, wobei er mich als Bruder anredete und uns eine enge Freundschaft verband. Als er sich entschloß, zur See in seine Heimat zurückzukehren, sagte er zu mir: »O mein Bruder, ich fahre nun in mein Land und wünsche mir von dir, daß du mir deinen Sohn – ich hatte meinen damals vierzehnjährigen Sohn bei mir – mit in meine Heimat schickst, damit er sich dort die Ritter ansieht und Klugheit und Ritterlichkeit erlernt. Wenn er dann zurückkehrt, wird er einem klugen Manne gleichen.« So drangen Worte an mein Ohr, die nicht dem Kopf eines vernünftigen Mannes entsprungen sein konnten, denn selbst wenn mein Sohn in Gefangenschaft geraten wäre, hätte dies nicht schlimmer für ihn sein können, als ins Land der Franken zu gehen! Ich erwiderte: »Genau dies, bei deinem Leben, hatte ich vor. Was mich aber daran hindert, ist, daß seine Großmutter ihn sehr liebt und ihn nicht mit mir weggehen ließ, bevor ich ihr nicht geschworen hatte, daß ich ihn wieder zu ihr zurückbringe.« Da fragte er mich, ob meine Mutter noch lebe, und als ich bejahte, sprach er: »So handle nicht gegen ihren Willen!«

Fränkische Heilkunde

Hier ein Beispiel für ihre seltsamen Heilverfahren: Der Herr von Munaitira schrieb an meinen Oheim und bat ihn, einen Arzt zu schicken, der die Kranken unter seinen Leuten behandeln sollte. Mein Oheim sandte ihm daraufhin einen christlichen Arzt namens Thâbit. Als dieser schon nach zehn Tagen wieder zurückkam und wir zu ihm sagten: »Du hast die Kranken aber schnell behandelt!«, erzählte er: »Sie brachten mir einen Ritter, an dessen Bein ein Abszeß aufgetreten war, und eine Frau, die von Auszehrung befallen war. Dem Ritter machte ich einen kleinen Breiumschlag, worauf sich der Abszeß öffnete und besserte. Der Frau verordnete ich eine Diät und führte ihren Körpersäften Feuchtigkeit zu. Dann kam ein fränkischer Arzt zu ihnen und erklärte: ›Der versteht doch nichts davon, wie sie zu behandeln sind!‹, und er fragte den Ritter: ›Was ist dir lieber, mit einem Bein am Leben zu bleiben oder mit beiden Beinen zu sterben?‹ – ›Lieber mit einem Bein am Leben zu bleiben‹, erwiderte der Ritter, worauf der Arzt sagte: ›Holt mir einen kräftigen Ritter und eine scharfe Axt!‹ Nachdem man ihm den Ritter und die Axt geholt hatte, legte er, während ich dabeistand, das Bein des Kranken auf einen Holzklotz und befahl dem Ritter, das Bein mit einem einzigen Axthieb abzuhauen. Vor meinen Augen schlug der Ritter einmal zu, und da das Bein dann noch nicht abgetrennt war, ein zweites Mal, worauf das Mark aus dem Bein herauslief und der Kranke auf der Stelle starb. Dann untersuchte er die Frau und erklär-

te: ›Diese Frau hier hat in ihrem Kopf einen Teufel, der sich in sie verliebt hat. Schert ihr die Haare!‹ Man schor ihr die Haare, und sie aß wieder ihre normalen Speisen, Knoblauch und Senf. Als sich daraufhin ihre Auszehrung noch verschlimmerte, erklärte er: ›Der Teufel ist in ihren Kopf eingedrungen.‹ Dann nahm er ein Rasiermesser, schnitt ihr ein Kreuz in den Kopf, zog die Haut in der Mitte ab, bis der Schädelknochen sichtbar wurde, und rieb die Stelle mit Salz ein. Die Frau starb sofort. Als ich die Leute dann fragte, ob sie mich noch bräuchten, verneinten sie. So bin ich nun wieder hier, nachdem ich von ihrer Heilkunde gelernt habe, was ich vorher nicht wußte.«
Ich habe jedoch auch andere Beispiele ihrer Heilkunde erlebt. Ihr König hatte als Schatzmeister einen Ritter namens Bernard – Gott verfluche ihn! –, einen der abscheulichsten und schändlichsten Franken überhaupt. Einmal trat ihn ein Pferd ans Bein, worauf das Bein eiterte und gleich an vierzehn Stellen aufging. Immer wenn sich die Wunde an einer Stelle schloß, brach sie an einer anderen Stelle wieder auf. Ich betete währenddessen schon darum, daß er draufginge. Da kam ein fränkischer Arzt zu ihm, entfernte alle Salben vom Bein und wusch es mit sauerem Essig, worauf sich die Wunde schloß. Der Mann genas und benahm sich wieder wie der Teufel.
Hier noch ein Beispiel für ihre erstaunliche Heilkunde. Bei uns in Schaizar lebte ein Handwerker namens Abu l-Fath, dessen Sohn am Halse Skrofeln hatte. Immer wenn sich eine Stelle schloß, brach eine andere auf. Eines Tages kam er in einer persönlichen Angelegenheit nach Antiochia. Dort sah ein Franke den Jungen und erkundigte sich bei seinem Vater nach ihm, worauf dieser ihm sagte, es sei sein Sohn. Da sprach der Franke: »Schwörst du mir bei deinem Glauben, daß du, wenn ich dir ein Heilmittel verschreibe, welches ihn heilt, von niemandem, den du dann selbst damit behandelst, eine Belohnung nimmst? Dann verschreibe ich dir ein Heilmittel, das ihm hilft.« Und nachdem der Handwerker dies geschworen hatte, sagte der Franke: »Nimm unzermahlene Alkali-Pflanzen, verbrenne sie, rühre die Asche mit Öl und saurem Essig an und behandle damit jede Skrofel, bis die betreffende Stelle weggefressen ist. Dann nimm gebranntes Blei, mische es mit flüssiger Butter und behandle damit den Jungen! Dies wird ihn heilen.« Als der Handwerker dann seinen Sohn damit behandelte, genas er, die Wunden schlossen sich, und er

wurde wieder gesund wie früher. Ich selbst habe dann Leute, an denen diese Krankheit auftauchte, mit diesem Mittel behandelt. Es half ihnen und befreite sie von ihren Beschwerden.

Wie mich ein Franke zwingen wollte, in Richtung Osten zu beten, und ein anderer uns Gott als kleines Kind zeigte

Alle Franken, die erst seit kurzem ihr Land verlassen haben, sind roher in ihrem Wesen als jene, die sich schon an unser Land gewöhnt haben und mit den Muslimen Umgang pflegen. Hier ein Beispiel für ihr rohes Wesen – möge sie Gott mit Schimpf und Schande bedekken! Immer, wenn ich Jerusalem besuchte, ging ich in die *Al-Aqsâ*-Moschee, an deren Seite sich ein kleiner Betraum befindet, den die Franken zu einer Kirche gemacht haben. Sobald ich die Al-Aqsâ-Moschee betrat, in der sich die Templer befanden, mit denen ich befreundet war, räumten sie für mich diesen kleinen Betraum, damit ich darin meine Gebete verrichten konnte. Als ich eines Tages wieder dort eintrat, »Allâhu akbar« sprach und mich zum Gebet hinstellte, stürzte ein Franke auf mich zu, packte mich, drehte mir mein Gesicht nach Osten und rief: »So wird gebetet!« Eilends liefen ein paar Templer zu ihm, packten ihn und brachten ihn von mir weg. Ich nahm wieder mein Gebet auf. Der Franke nutzte jedoch einen Augenblick, als die Templer nicht achtgaben, stürzte sich abermals auf mich, drehte mir das Gesicht gen Osten und rief: »So wird gebetet!« Da kamen erneut die Templer herein und schafften ihn hinaus. Sie entschuldigten sich bei mir und sagten: »Das ist ein Fremder, der erst dieser Tage aus dem Land der Franken gekommen ist und noch niemanden in eine andere Richtung als nach Osten hat beten sehen.« – »Ich habe genug gebetet«, erwiderte ich und ging hinaus, verwundert darüber, wie sich das Gesicht dieses Teufels verfärbt hatte, wie er zitterte und sich benahm beim Anblick eines Menschen, der sein Gebet in der Richtung nach Mekka verrichtet.

Ich sah einmal einen Franken zum Emir *Mu'înaddîn* kommen, als dieser sich gerade im Felsendom aufhielt. Der Franke fragte: »Möchtest du Gott als kleines Kind sehen?« Der Emir bejahte, worauf der Franke nahe vor uns hintrat und ein Bild Mariens mit dem

Messias – Friede über Ihm! – als kleines Kind auf ihrem Schoß zeigte. Er sprach: »Dies ist Gott als kleines Kind!« – Aber weit erhaben ist Gott über allem, was die Ungläubigen sagen!

Wie ich erfahren habe, daß die Franken weder Ehrgefühl noch Eifersucht kennen

Die Franken kennen weder Ehrgefühl noch Eifersucht. So kommt es vor, daß ein Franke mit seiner Frau auf der Straße einhergeht und einen anderen Mann trifft, der die Frau zur Seite nimmt und sich mit ihr unterhält, während ihr Ehemann abseits steht und wartet, bis die Frau ihre Unterhaltung beendet. Wenn es ihm zu lange dauert, läßt er sie mit ihrem Gesprächspartner allein und geht seiner Wege.
Hier ein Beispiel, das ich selbst erlebt habe. Sooft ich nach Nâblus kam, pflegte ich bei einem Mann namens Mu'izz abzusteigen, dessen Haus den Muslimen als Herberge diente. Die Fenster des Hauses gingen auf die Straße hinaus. Ihm gegenüber, auf der anderen Seite der Straße, befand sich das Haus eines Franken, der im Auftrag der Händler Wein verkaufte. Dies tat er in der Weise, daß er eine Flasche Wein nahm und sie mit den Worten anpries: »Der Händler Soundso hat ein Faß dieses Weines geöffnet. Wer davon haben will, findet ihn an demunddem Ort!« Der Lohn für sein Anpreisen war der Wein in der Flasche. Eines Tages nun kam der Franke nach Hause und fand einen Mann mit seiner Frau im Bett. Er fragte ihn: »Was hat dich hierher zu meiner Frau geführt?«
»Ich war müde und bin hierhergekommen, um mich auszuruhen.«
»Und wie bist du in mein Bett gekommen?«
»Ich fand ein Bett bereitet und habe mich darin schlafen gelegt.«
»Und meine Frau hat mit dir geschlafen?«
»Das Bett gehört doch ihr. Konnte ich sie daran hindern, ihr eigenes Bett zu benutzen?«
»Bei meinem Glauben, wenn du dies noch einmal tust, werden wir uns vor Gericht sehen!«
Das war der ganze Ausdruck und das höchste Ausmaß seiner Eifersucht!
Ein weiteres Beispiel: Im Badehaus meines Vaters hatten wir einen Bademeister aus *al-Ma'arra,* namens Sâlim, beschäftigt. Dieser er-

zählte mir einmal folgende Begebenheit: »Ich eröffnete in al-Ma'arra ein Badehaus, um mir damit meinen Lebensunterhalt zu verdienen. Eines Tages kam ein fränkischer Ritter herein. Da die Franken es nicht mögen, wenn einer im Bad einen Schurz um seine Hüften trägt, streckte er seine Hand aus, zog mir meinen Schurz von den Hüften und warf ihn fort. Er betrachtete mich – ich hatte mir gerade erst meine Schamgegend rasiert – und rief: ›Sâlim!‹ Ich ging nahe zu ihm hin, er streckte die Hand nach meiner Scham aus und sagte: ›Großartig, Sâlim! Bei meinem Glauben, das mußt du auch bei mir machen!‹ Dann legte er sich auf den Rücken. Er hatte an der Stelle Haare so lang wie sein Bart. Nachdem ich ihm die Haare wegrasiert hatte, befühlte er mit der Hand die Stelle, fand sie schön weich und sagte: ›Sâlim, bei deinem Glauben, das mußt du auch bei meiner Dame machen!‹ In ihrer Sprache bedeutet Dame Herrin, und er meinte damit seine eigene Frau. An seinen Burschen gewandt sagte er: ›Richte meiner Dame aus, sie soll herkommen!‹ Der Bursche ging weg und holte die Frau herein. Sie legte sich auf den Rücken, und ihr Mann beauftragte mich: ›Mache es so wie bei mir!‹ Während er dabeisaß und mir zusah, rasierte ich der Frau die Haare weg. Dann dankte er mir und entlohnte mich für meine Dienste.«
Man betrachte sich diesen großen Widerspruch! Sie kennen weder Eifersucht noch Ehrgefühl, doch besitzen sie großen Mut, obwohl doch der Mut gewöhnlich nur aus dem Ehrgefühl und aus der Verachtung für einen schlechten Ruf entsteht.
Ähnlich ist auch folgende Begebenheit: In der Stadt Tyrus ging ich einmal ins Badehaus und ließ mich in einer separaten Kabine nieder. Da sagte mir einer meiner Sklaven: »Wir haben hier eine Frau im Bad!« Als ich dann die Kabine verließ und mich auf eine der Steinbänke setzte, da war auch gerade die Frau, die sich im Badehaus aufhielt, herausgekommen. Sie war angezogen und stand mit ihrem Vater mir gegenüber. Da ich mir aber nicht ganz sicher war, ob es wirklich eine Frau war, sagte ich zu einem meiner Begleiter: »Bei Gott, schau nach, ob dies wirklich eine Frau ist!« Ich hatte damit eigentlich nur beabsichtigt, daß er sich nach der Frau erkundigte, doch er ging hin, hob vor meinen Augen den Saum ihres Gewandes hoch und schaute darunter. Da wandte sich ihr Vater mir zu und erklärte: »Das ist meine Tochter. Seit ihre Mutter gestorben ist, hat sie niemanden mehr, der ihr den Kopf wäscht. Deshalb habe ich sie

mit mir ins Bad genommen und ihr selbst den Kopf gewaschen.« Ich erwiderte: »Trefflich hast du gehandelt! Gottes Lohn ist dir dafür sicher.«

Der fränkische Ritter mit dem Wachs in der Nase

Noch einmal ein Beispiel für ihre merkwürdigen Heilverfahren. Erzählt hat es mir Guillaume de Bures, der Herr von Tiberias und einer der führenden Franken. Es begab sich, daß Guillaume den Emir *Mu'înaddîn* von Akkon nach Tiberias begleitete. Ich war auch dabei, und unterwegs erzählte er uns folgende Geschichte: »Bei uns in unserem Lande gab es einmal einen überaus angesehenen Ritter. Als er erkrankte und schon an der Schwelle des Todes stand, begaben wir uns zu einem unserer höchsten Priester und fragten ihn, ob er mit uns kommen wolle, um sich den Ritter anzusehen. Der Priester stimmte zu und begleitete uns, wobei wir ganz sicher waren, daß er dem Ritter nur die Hand auflegen brauchte, damit dieser wieder gesund wurde. Als er sich den Kranken angesehen hatte, bat er uns um etwas Wachs. Wir holten es ihm und, nachdem er es weichgeknetet hatte, formte er daraus zwei Pfropfen in der Stärke von Fingerknöcheln. Dann steckte er dem Ritter in jedes Nasenloch einen der Pfropfen, worauf der Ritter starb. ›Er ist tot‹, sagten wir zum Priester, doch dieser erwiderte: ›Gewiß. Er litt große Schmerzen, deshalb habe ich ihm die Nase zugestopft, damit er stirbt und Ruhe findet.‹«

Nun aber wollen wir dieses verlassen
und uns lieber mit Harim befassen[37]!

Ein Wettlauf um ein Schwein und die gar seltsamen Strafen der Franken

Verlassen wir nun die Körperöffnungen der Franken und wenden uns etwas anderem zu!
Ich war einmal in Tiberias, als die Franken gerade eines ihrer Feste feierten. Die Ritter waren vor die Stadt gezogen, um Lanzenspiele

zu veranstalten. Mit ihnen waren auch zwei gebrechliche alte Weiber hinausgekommen. Diese stellten sie nun an einem Ende des Platzes auf, während sie am anderen Ende ein Schwein abbrühten und es auf einen Felsen legten. Dann ließen sie die beiden Weiber um die Wette laufen. Beide wurden jeweils von einer Schar Reiter begleitet, die sie vorwärts trieb. Unter dem Gelächter der Zuschauer fielen die alten Weiber bei jedem Schritt hin und rappelten sich wieder auf die Beine, bis schließlich eine als erste das Ziel erreichte und als Preis für den Sieg das Schwein bekam.

Ich erlebte einmal in Nâblus, wie man gerade zwei Männer zum Duell brachte. Der Grund dafür war folgender: Eine muslimische Räuberbande hatte eines der Dörfer in der Umgebung von Nâblus überfallen, worauf man einen der dortigen Bauern beschuldigte, er habe den Räubern beim Überfall auf das Dorf als Führer gedient. Der Bauer floh, doch schickte der König seine Soldaten und ließ die Kinder des Bauern festnehmen. Daraufhin kehrte der Bauer zum König zurück und sprach: »Laß mir Gerechtigkeit widerfahren! Ich stelle mich demjenigen zum Duell, der von mir behauptet hat, daß ich die Räuber gegen das Dorf geführt hätte.« Nun befahl der König dem Lehensherrn des Dorfes, er solle jemanden beibringen, der sich mit dem Bauern im Duell messen würde. Der Lehensherr begab sich in sein Dorf, holte einen Schmied, der dort lebte, und gab ihm den Befehl, das Duell zu bestreiten. Auf diese Weise wollte der Lehensherr dafür sorgen, daß keiner seiner Bauern getötet wurde, was auch zur Zerstörung von dessen Landwirtschaft geführt hätte. Ich sah diesen Schmied. Er war ein kräftiger junger Bursche, hatte aber keine Ausdauer. Nach ein paar Schritten setzte er sich hin und bat um etwas zu trinken. Der andere, der das Duell verlangt hatte, war zwar ein alter Mann, aber voll Selbstvertrauen. Er schrie herum, als sei er über den Ausgang des Duells unbesorgt. Dann kam der Vicomte, das heißt, der Stadtkommandant, gab jedem der beiden eine Keule und einen Schild und ließ die Leute um sie herum einen Kreis bilden. Die beiden stießen aufeinander. Der Alte drängte den Schmied immer wieder bis an den Rand des Kreises und kehrte dann zur Mitte zurück. Sie schlugen aufeinander ein, bis sie wie blutbeschmierte Säulen aussahen. Der Kampf dauerte immer länger, während der Vicomte sie ständig zur Eile antrieb. Für den Schmied zahlte es sich nun aus, daß er in seinem Handwerk immer mit dem

Hammer zuschlagen mußte. Der Alte dagegen ermüdete. Da versetzte der Schmied ihm einen Schlag, daß er zu Boden stürzte und seine eigene Keule unter seinem Rücken lag. Der Schmied kniete sich auf ihn, um ihm die Finger in die Augen zu stoßen, was ihm wegen des vielen Blutes, das aus den Augen quoll, aber nicht gelang. Er erhob sich, und schlug dem Alten die Keule auf den Kopf, worauf dieser starb. Sogleich legten sie dem Toten einen Strick um den Hals, zerrten ihn davon und hängten ihn auf. Dann kam der Lehensherr des Schmiedes, gab ihm seinen eigenen Mantel, ließ ihn hinter sich auf sein Pferd steigen und ritt mit ihm davon. – Dies ist ein Beispiel für ihre Rechtssprechung und ihre Gerichtsbarkeit. Gott verfluche sie!

Ich zog einmal mit dem Emir Mu'înaddîn nach Jerusalem. Unterwegs machten wir in Nâblus halt. Dort kam ein blinder Mann zum Emir. Er war noch jung, gut gekleidet und ein Muslim. Er brachte dem Emir etwas Obst und bat ihn um die Erlaubnis, nach Damaskus kommen und in seine Dienste treten zu dürfen. Der Emir war einverstanden. Ich erkundigte mich dann nach dem Blinden und erfuhr, daß seine Mutter an einen Franken verheiratet worden war und daß sie diesen umgebracht hatte. Ihr Sohn heckte allerlei Ränke gegen fränkische Pilger aus und ermordete sie mit Hilfe seiner Mutter. Schließlich wurde er dafür angeklagt, und die Franken fällten das Urteil auf ihre Art: Sie stellten ein riesengroßes Faß auf, füllten es mit Wasser und legten ein Holzbrett darüber. Dann fesselten sie dem Angeklagten die Hände auf den Rücken, banden an die Fesseln einen Strick und warfen den Mann ins Faß. Wenn er unschuldig war, so ihre Vorstellung, würde er im Wasser untergehen, worauf sie ihn dann mit dem Strick herausziehen wollten, damit er nicht ertrinkt. War er dagegen schuldig, würde er, so immer noch ihre Vorstellung, nicht untergehen. Nachdem sie ihn nun ins Wasser geworfen hatten, mühte sich der Mann eifrig ab, um unterzugehen, aber es gelang ihm nicht. So mußte er sich ihrem Urteilsspruch – Gott verfluche sie! – fügen: Sie nahmen ihm das Augenlicht. Der Mann kam dann nach Damaskus, wo ihn der Emir Mu'înaddîn mit allem versorgte, was er brauchte. Schließlich gab er einem seiner Sklaven den Auftrag, den Blinden zu Burhânaddîn al-Balchî zu bringen und diesem auszurichten, er möge den Blinden in der Koranrezitation unterweisen und ihm auch etwas Rechtswissenschaft beibringen. Da sprach der

Blinde zum Emir: »Ich wünsche dir alle Siege und Triumphe! Aber das ist eigentlich nicht, was ich mir vorstellte.« Und als der Emir ihn fragte, was er sich denn vorgestellt habe, antwortete ihm der Blinde: »Ich glaubte, du würdest mir ein Pferd, ein Maultier und Waffen geben und aus mir einen Ritter machen!« – »Ich dachte nicht«, erwiderte der Emir, »daß aus einem Blinden ein Ritter werden kann.«

Von einem Franken, der kein Schweinefleisch aß

Unter den Franken gibt es einige, die sich in unserem Land eingewöhnt haben und mit den Muslimen Umgang pflegen. Diese sind besser als jene, die erst vor kurzem aus ihrer Heimat gekommen sind. Sie sind aber die Ausnahme und nicht als die Regel zu betrachten.

Hier ein Beispiel davon: Ich schickte einmal einen Gefährten in einer bestimmten Angelegenheit nach Antiochia, wo das Kirchenoberhaupt Theodoros Sophianos, mit dem ich freundschaftlich verbunden war, großen Einfluß besaß. Eines Tages sagte Theodoros zu meinem Gefährten: »Ein fränkischer Freund hat mich eingeladen. Komm doch mit, damit du ihre Sitten kennenlernst!«

»Ich begleitete ihn«, so erzählte mir später mein Gefährte, »und wir gelangten zum Haus eines jener alteingesessenen Ritter, die bereits mit dem ersten Zug der Franken gekommen waren. Er hatte sich schon aus dem Heeresregister streichen lassen und seinen Dienst quittiert. In Antiochia hatte er Besitz, von dem er lebte. Er ließ eine schöne Tafel bringen und überaus saubere und vorzügliche Speisen auftragen. Als er sah, daß ich nicht aß, sagte er: ›Greif ruhig zu, denn ich esse niemals fränkische Speisen. Ich habe ägyptische Köchinnen und esse nur, was sie zubereitet haben. Schweinefleisch kommt mir nicht ins Haus.‹ Ich aß also, blieb aber auf der Hut. Dann brachen wir auf. Als wir durch den Basar gingen, klammerte sich plötzlich eine fränkische Frau an mich und redete in ihrer barbarischen Sprache mit unverständlichen Worten auf mich ein. Sogleich sammelte sich eine große Menge Franken um mich, und ich war mir schon meines Todes sicher, als sich plötzlich jener Ritter näherte. Er sah mich, kam heran und fragte die Frau: ›Was hast du mit diesem Muslim zu tun?‹ Die Frau erwiderte: ›Er hat meinen Bruder Hurso getötet!‹ Dieser Hurso war ein Ritter in Apamea gewesen, der von einem Soldaten aus Hamât getötet worden war. Da schrie er die Frau an: ›Dies hier ist ein Bourgeois – d. h. ein Händler –, der weder kämpft noch an Kämpfen teilnimmt!‹ Er herrschte auch die Umstehenden an, worauf sie sich zerstreuten. Dann nahm er mich bei der Hand und führte mich weg. So verdanke ich der Tatsache, daß ich bei dem Ritter gegessen hatte, meine Errettung vom Tod.«

Von großen Helden, die sich vor Mäusen und Schlangen fürchten

Zu den seltsamen Eigenschaften des Herzens gehört, daß ein Mann, der sich in die Wogen des Kampfes stürzt und Gefahren meistert, ohne im Herzen Furcht zu empfinden, manchmal vor Dingen Angst hat, vor denen sich nicht einmal Knaben und Frauen fürchten.
So habe ich erlebt, wie mein Oheim *Izzaddîn,* der unter seinen Leuten zu den tapfersten zählte, berühmte Schlachten geschlagen und denkwürdige Lanzenstöße geführt hat, sobald er eine Maus sah, erblaßte, bei ihrem Anblick in Angst und Schrecken geriet und den Ort sogleich verließ, wo er sie sah. Unter den Sklaven meines Oheims befand sich ein tapferer Mann namens Sandûq, der wegen seines Mutes und seiner Kühnheit wohlbekannt war. Er hatte jedoch eine solche Angst vor Schlangen, daß er bei ihrem Anblick jedes Mal von Sinnen kam. Eines Tages, als er gerade bei meinem Oheim stand, fragte ihn mein Vater: »O Sandûq! Du bist ein trefflicher und wegen deines Mutes bekannter Mann, schämst du dich nicht, daß du vor Schlangen Angst hast?« Da erwiderte Sandûq: »Was ist daran so seltsam? In Homs gibt es einen tapferen Mann, einen richtigen Helden, der sich vor Mäusen zu Tode fürchtet!« Mein Oheim, auf den er damit angespielt hatte, beschimpfte ihn daraufhin mit den Worten: »Möge dich Gott mit Schande bedecken!«
Folgende Begebenheit habe ich mit einem *Mamelucken* namens Lu'lu' erlebt, der meinem Vater gehörte und ein trefflicher und kühner Mann war. Eines Nachts zog ich mit einer großen Anzahl Mulis und anderen Tieren von Schaizar los, um auf ihnen von den Bergen Holz zu holen, das ich dort geschlagen hatte und das ich zum Bau einer *Noria* verwenden wollte. Wir verließen die Umgebung von

Schaizar, wobei wir dachten, der Morgen sei bereits nahe, doch erreichten wir schon das Dorf Dubais, als es noch nicht einmal Mitternacht war. Ich sagte deshalb zu meinen Begleitern: »Steigt ab! Solange es Nacht ist, ziehen wir nicht in die Berge!« Nachdem wir abgestiegen waren und uns niedergelassen hatten, hörten wir das Wiehern von Pferden und riefen: »Die Franken!« Im Dunkeln stiegen wir auf, und innerlich nahm ich mir vor, einen von ihnen mit der Lanze zu durchbohren, während sie sich an unsere Lasttiere und an die Männer, die bei den Lasttieren waren, machten. Lu'lu' und drei anderen Sklaven befahl ich, vorauszureiten und auszukundschaften, was es mit dem Wiehern auf sich habe. Die vier ritten im Galopp davon und stießen auf eine große Menge Leute. Lu'lu' war als erster dort und rief: »Sprecht, sonst bringe ich euch alle um!« Er war nämlich ein trefflicher Bogenschütze. Die anderen erkannten seine Stimme und fragten: »Kämmerer Lu'lu'?« Er bejahte. Da stellte sich heraus, daß es das Heer von Hamât unter Führung des Emirs *Saifaddîn Suwâr* war, das gerade einen Raubzug auf fränkisches Gebiet gemacht hatte und sich nun auf dem Rückzug befand. Mit solcher Kühnheit wagte sich Lu'lu' an eine so große Menge Soldaten heran! Wenn er aber bei sich zu Hause eine Schlange erblickte, lief er fluchtartig davon und sagte zu seiner Frau: »Hier, kümmere du dich um die Schlange!« Seine Frau ging dann immer zu der Schlange und tötete sie.

Ein loser Zügel und ein zerbrochener Steigbügel

Die kleinste Behinderung kann zuweilen einen Kämpfer, und sei er auch so stark wie ein Löwe, vernichten oder zumindest kampfunfähig machen. So etwas widerfuhr mir einmal vor Homs. Bei einem Ausfall wurde mein Pferd getötet, und ich erhielt fünfzig Schwerthiebe. Dies alles geschah durch die Erfüllung des göttlichen Willens, in zweiter Linie aber auch durch die Nachlässigkeit meines Pferdeknechtes beim Anlegen des Zügels. Er hatte ihn zwar an die Ringe gebunden, ihn aber nicht herumgeschlungen. Als ich dann am Zügel hatte ziehen wollen, um aus der Mitte der Feinde zu entkommen, löste sich der Zügel von den Ringen, und es geschah mit mir, was geschah.

Eines Tages war in Schaizar von Süden her ein Geschrei zu hören. Wir legten unsere Waffen an, doch als wir damit fertig waren, stellte es sich als blinder Alarm heraus. Mein Vater und mein Oheim brachen dennoch auf, während ich zurückblieb. Dann erscholl ein Geschrei von Norden her aus der Richtung der Franken. Im Galopp ritt ich hin und sah, wie unsere Männer einer hinter dem anderen durch die Furt ritten und riefen: »Die Franken!« Ich durchquerte die Furt und sagte unseren Leuten: »Macht euch keine Sorgen! Ich bin schon zwischen euch und den Feinden!« Dann galoppierte ich hinauf auf den Qarâfita-Hügel und siehe, da näherte sich eine große Reiterschar, allen voran ein Reiter mit Kettenhemd und Helm. Er war bereits nahe an mich herangekommen. Ich ritt auf ihn zu, um die Gelegenheit zu nutzen, erst ihn und dann seine Gefährten anzugreifen. Als ich aber meinem Pferd die Sporen gab, zerbrach mir mein Steigbügel. Da ich keine Möglichkeit mehr hatte, einem Treffen mit ihm auszuweichen, ritt ich ohne Steigbügel gegen ihn. Als wir einander so nahe waren, daß uns eigentlich nur noch der Stoß mit den Lanzen übrigblieb, grüßte er mich und entbot mir seine Dienste. Und siehe da, es war as-Salâr Umar, der Mutterbruder des as-Salâr Zainaddîn Ismâ'îl ibn Umar ibn Bachtijâr. Er war mit dem Heer von Hamât zur Stadt Kafartâb aufgebrochen, doch waren die Franken herausgekommen und hatten sie angegriffen. Die Soldaten von Hamât waren deshalb zurück nach Schaizar geflohen, angeführt vom Emir Salâr – Gott sei ihm gnädig!
Der Kämpfer prüft deshalb immer genau die Ausrüstung seines Pferdes, denn die kleinste Kleinigkeit kann Schaden verursachen oder gar zum Untergang führen, wobei natürlich alles so verläuft, wie die Vorherbestimmung und der Ratschluß Gottes es fügen.

Wie mir eine Hyäne fast den Hals brach

Ich habe unzählige Male an Kämpfen gegen Löwen teilgenommen und habe viele Löwen getötet, ohne daß mir dabei jemand beistand. Und niemals habe ich dabei den geringsten Schaden genommen.
Eines Tages zog ich mit meinem Vater auf die Jagd zu einem in der Nähe von Schaizar gelegenen Berg. Wir wollten dort mit Falken Rebhühner jagen. Mein Vater wollte sich mit mir und den Falknern

auf dem Berg postieren, während einige Sklaven und andere Falkner am Fuß des Berges bleiben sollten, um den Falken die Beute abzunehmen und die Nistplätze ausfindig zu machen. Plötzlich tauchte vor uns eine weibliche Hyäne auf und verschwand in einer Höhle. In der Höhle befand sich ein Bau, in den sie hineinkroch. Ich rief einen meiner Sklaven, einen Pferdeknecht namens Jûsuf. Er legte seine Kleider ab, nahm sein Messer und kroch in den Bau, während ich mit der Lanze in der Hand davorstand, um die Hyäne, wenn sie herauskam, zu durchbohren. Als der Sklave schrie: »Jetzt ist sie hinaus zu euch!«, stieß ich mit der Lanze nach ihr, verfehlte sie aber, denn Hyänen sind ja recht kleine Tiere. Mein Sklave schrie: »Hier bei mir ist noch eine Hyäne!« Sie folgte der ersten aus der Höhle hinaus. Dann stellte ich mich in den Eingang der Höhle, der zwar schmal, aber doppelt mannshoch war, um zu sehen, was unsere Gefährten, die sich unten am Fuß des Berges befanden, mit den Hyänen, die zu ihnen hinunterliefen, machen würden. Und während ich ganz damit beschäftigt war, den ersten beiden Hyänen nachzusehen, kam plötzlich eine dritte Hyäne heraus, stieß mich an und warf mich vom Eingang der Höhle hinunter zu einer tiefergelegenen Stelle. Fast hätte sie mir auf diese Weise das Genick gebrochen. So bin ich durch eine Hyäne zu Schaden gekommen, niemals aber durch Löwen. Gepriesen sei Der, Der alles vorausbestimmt und die Ursache aller Dinge ist!

Von schwachen und starken Herzen

Ich habe bei einigen Männern eine solche Kraftlosigkeit und Schwäche des Herzens erlebt, wie ich es nicht einmal bei Frauen für möglich hielt.

Hierher gehört folgende Begebenheit: Als ich eines Tages als kleiner Junge von noch nicht zehn Jahren einmal an der Tür des Hauses meines Vaters stand, versetzte ein Sklave meines Vaters namens Mohammed al-Adschamî einem Jungen aus der Dienerschaft des Hauses eine Ohrfeige, worauf sich der Junge zu mir flüchtete und sich an meine Kleider hängte. Mohammed folgte ihm jedoch und schlug auch auf den Jungen ein, als dieser sich schon an meinen Kleidern festhielt. Da schlug ich selbst mit einem Stock, den ich in der Hand hielt, nach Mohammed, und als dieser mich wegstieß, zog ich ein

Messer aus meinem Gürtel und versetzte ihm damit einen Stich in die linke Seite der Brust, worauf er zu Boden stürzte. Da kam ein alter Sklave meines Vaters namens al-Qâ'id Asad herbei, untersuchte den Verletzten und betrachtete sich die Wunde, aus der bei jedem Atemzug Blut wie Wasserblasen herausquoll. Bei diesem Anblick wurde der alte Sklave blaß, er zitterte und fiel schließlich bewußtlos zu Boden. Man brachte ihn in sein Zimmer, und er blieb bewußtlos bei uns auf dem Schloß. Aus der Bewußtlosigkeit erwachte er nicht mehr bis zum Ende des Tages, als der Verwundete längst gestorben und begraben war.

Und noch eine ähnliche Begebenheit: Es pflegte uns in Schaizar ein Mann aus Aleppo zu besuchen. Er hieß Abu l-Muraddschâ Sâlim ibn Qânit und war ein gelehrter und gebildeter Mann, der Schach sowohl mit als auch ohne Brett spielen konnte. Er blieb jeweils immer für mehr oder weniger ein Jahr bei uns. Zuweilen wurde er krank, worauf ihm der Arzt jeweils einen Aderlaß verordnete. Sobald aber dann der Schröpfer kam, wurde er blaß im Gesicht und zitterte, und sobald der Aderlaß begonnen wurde, verlor er das Bewußtsein, aus dem er nicht mehr erwachte, bevor der Aderschnitt nicht verbunden war.

Hier nun ein Beispiel für das gegenteilige Verhalten. Unter unseren Leuten von den Banu *Kinâna* gab es einen sehr dunkelhäutigen Mann namens Alî ibn Faradsch, an dessen Fuß eine Pustel aufgetreten war. Als sie sich immer mehr verschlimmerte, die Zehen abfielen und der ganze Fuß zu faulen begann, sagte der Wundarzt zu Alî: »Es bleibt nichts anderes mehr übrig als dein Bein abzutrennen. Sonst stirbst du!« Da holte sich Alî eine Säge und begann, sein eigenes Bein abzusägen, bis ihn der Blutverlust übermannte und er ohnmächtig wurde. Sobald er aber wieder zu sich kam, machte er sich erneut ans Sägen, bis er seinen Fuß in der Mitte durchgesägt hatte. Dann behandelte man das Bein, und es kam in Ordnung.

Dieser Alî gehörte zu den kräftigsten und stärksten Männern. Er saß später nur mit einem Steigbügel im Sattel und hatte auf der anderen Seite sein Knie in einen Gurt gelegt. So nahm er an Kämpfen teil und kämpfte auch mit der Lanze gegen die Franken. Ich habe oft gesehen, wie es niemand im Finger- oder Ringkampf mit ihm aufnehmen konnte. Bei all seiner Stärke und seinem Mut war er aber ein sehr liebenswerter Mann.

Zu der Zeit als Alî und die Banu Kinâna bei uns in der Brückenfestung lebten, schickte Alî eines Morgens einen Boten zu einigen führenden Männern unter den Banu Kinâna und ließ ihnen ausrichten: »Heute ist ein regnerischer Tag. Ich habe noch einen Rest Wein und auch etwas zu essen. Seid so freundlich und kommt zu mir, damit wir gemeinsam trinken!« Die Eingeladenen versammelten sich daraufhin bei Alî. Dann setzte er sich in die Tür seines Zimmers und sprach zu seinen Gästen, wobei er auf seine Stärke verwies: »Kann einer von euch durch diese Tür hinausgehen, wenn ich es nicht will?« – »Bei Gott, nein!« erwiderten sie, worauf er fortfuhr: »Dies ist ein regnerischer Tag, und ich habe weder Mehl noch Brot, noch Wein im Haus. Jeder von euch hat aber bei sich zu Hause so viel, wie er für den heutigen Tag braucht. Schickt deshalb zu euren Häusern und laßt eure Speisen und euren Wein herbringen! Den Raum stelle ich zur Verfügung. Wir wollen heute zusammenbleiben, um zu trinken und uns miteinander zu unterhalten!« Da antworteten ihm alle wie aus einem Munde: »Welch trefflicher Gedanke, Abu l-Hasan!« Jeder schickte nach Hause und ließ alles Essen und Trinken, das er zu Hause hatte, herbeibringen. Dann verbrachten sie den ganzen Tag bei ihm. Alî war ein hochgeachteter Mann. Erhaben ist Der, Der die Geschöpfe verschiedenartig erschaffen hat! Kann man die Kraft und die Seelenstärke dieses Mannes mit der Schwäche und Ängstlichkeit der zuvor erwähnten Männer vergleichen?!
Ähnliches zeigte sich auch bei folgender Begebenheit. Einer von den Banu Kinâna erzählte mir einmal in der Brückenfestung von einem Mann, der Wassersucht gehabt hatte und, nachdem er sich selbst den Bauch aufgeschnitten hatte, wieder genas und gesund wurde wie zuvor. Der Kinânit, der mir dies erzählte, hieß Ahmad ibn Maʿbad ibn Ahmad. Als ich ihm erklärte, ich würde den Mann gern sehen und ihn befragen, brachte er ihn zu mir. Ich fragte ihn, wie es ihm ginge und wie er sich selbst behandelt habe. Da sagte er: »Ich bin ein armer Mann und lebe für mich allein. Ich bekam die Wassersucht und wurde schließlich so dick, daß ich mich nicht mehr selbständig bewegen konnte und des Lebens überdrüssig wurde. Da nahm ich ein Rasiermesser, fuhr mit ihm oberhalb des Nabels quer über meinen Bauch und schnitt ihn auf. Zwei Kochkessel voll Wasser kamen heraus, und es sickerte unaufhörlich weiter, bis mein Bauch sich zusammenzog. Dann nähte ich den Schnitt und behandelte die Wunde,

bis sie geheilt war. So verschwand mein Leiden.« Er zeigte mir auch die Stelle, an der er sich seinen Bauch aufgeschnitten hatte. Die Narbe war etwas länger als eine Spanne. Es besteht kein Zweifel daran, daß diesem Mann von Gott auf der Erde noch ein Lebensunterhalt beschieden war, den er noch aufbrauchen mußte. Ich habe nämlich auch andere Wassersüchtige erlebt, denen der Arzt den Bauch aufschnitt, worauf ebensoviel Wasser herauskam wie bei dem, der sich den Bauch selber aufschnitt, nur mit dem Unterschied, daß die anderen daran starben. Der festgesetzte Zeitpunkt des Todes ist eine uneinnehmbare Festung!

Tote Franken im Orontes und ein ungleicher Faustkampf

Der Sieg im Krieg wird von Gott verliehen und nicht aufgrund einer bestimmten Organisation und Planung oder durch die Vielzahl der Truppen und Verbündeten errungen. Immer wenn mich mein Oheim in den Kampf gegen Türken oder Franken schickte, pflegte ich ihn zu bitten: »Herr, gib mir Anweisungen, nach welchem Plan ich vorgehen soll, wenn ich auf den Feind treffe!«, worauf mein Oheim stets antwortete: »Mein lieber Sohn, der Krieg plant sich selbst!« Und er hatte recht.

Einmal befahl mir mein Oheim, seine Frau Châtûn bint Tâdschaddaula Tutusch und seine Kinder mit unserem Heer zur Festung *Masjâf* zu geleiten, die damals ihm gehörte, da er wegen der Hitze in Schaizar um seine Familie besorgt war. Ich ritt los, und mein Vater und mein Oheim begleiteten uns ein Stück. Dann kehrten die beiden um, nur von ein paar jungen Mamelucken begleitet, die die Seitpferde führten und die Waffen trugen. Das gesamte Heer hatte ich bei mir. Als sich mein Oheim und mein Vater Schaizar näherten, hörten sie, daß die Trommel auf der Brücke geschlagen wurde, und sie sagten sich, daß an der Brücke etwas vorgefallen sein mußte. Sie trieben ihre Pferde zu höchster Eile an und galoppierten auf die Brücke zu. Damals bestand ein Waffenstillstand zwischen uns und den Franken – Gott verfluche sie! –, aber sie hatten dennoch einen Späher ausgeschickt, der für sie eine Furt auskundschaften sollte, durch die sie zur Brückenstadt[38] hinübergelangen konnten. Diese liegt auf einer Halbinsel, zu der man über eine gewölbte, aus Stein und Kalk bestehende Brücke gelangte, die aber für die Franken unzugänglich war. Der Späher konnte sie jedoch auf eine Furt hinweisen. Alle zusammen ritten sie dann von Apamea los und gelangten am folgenden Morgen zu der Stelle, die der Kundschafter ihnen gezeigt hatte. Sie durchquerten den Fluß, bemächtigten sich der Stadt, plünderten, raubten und mordeten. Einige Gefangene und Beutegüter schickten sie nach Apamea. Sie ergriffen Besitz von den Häusern, und jeder kennzeichnete sein Haus durch ein Kreuz und hißte darüber seine Fahne.

Als mein Vater und mein Oheim in Sichtweite der Festung gelangten, riefen unsere Leute in der Festung »Allâhu akbar« und erhoben ein gewaltiges Geschrei. Gott der Gepriesene erfüllte die Franken mit Angst und Schrecken. In ihrer Bestürzung verfehlten sie die Stelle, an der sie den Fluß durchquert hatten, und trieben ihre Pferde, auf denen sie in voller Rüstung saßen, dort in den Fluß, wo es keine Furt gab. Viele von ihnen ertranken in der Weise, daß sie ins Wasser hineinritten, dann aus dem Sattel fielen und auf den Grund des Flusses sanken, während ihre Pferde wieder herauskamen. Diejenigen Franken, die heil davonkamen, flohen ohne sich um einander zu kümmern. Dabei waren die Franken ein großer Haufen gewesen, während mein Vater und mein Oheim nur zehn junge Mamelucken bei sich hatten.

Mein Oheim postierte sich dann an der Brücke, während mein Vater nach Schaizar zurückkehrte. Ich selbst geleitete die Kinder meines Oheims nach Masjâth und machte mich noch am selben Tag wieder auf den Rückweg. Als ich gegen Abend zu Hause ankam, erzählte man mir, was geschehen war. Ich begab mich sofort zu meinem Vater und fragte ihn um Rat, ob ich zu meinem Oheim zur Brückenfestung ziehen sollte. Mein Vater meinte jedoch: »Du würdest mitten in der Nacht dort ankommen, wenn sie schlafen. Reite morgen in aller Frühe hin!« So machte ich mich am nächsten Morgen auf den Weg und erschien bei meinem Oheim. Zusammen ritten wir dann los und hielten an der Stelle an, an der die Franken ertrunken waren. Einige Schwimmer tauchten hinunter und holten eine Anzahl toter fränkischer Ritter aus dem Wasser heraus. Als ich meinen Oheim fragte, ob wir ihnen nicht die Köpfe abschlagen und diese nach Schaizar schicken sollten, war er damit einverstanden, und wir hieben etwa zwanzig Ertrunkenen die Köpfe ab. Dabei floß Blut, als seien die Männer gerade erst getötet worden und nicht schon einen Tag und eine Nacht lang tot. Ich glaube, das Wasser hatte das Blut in ihren Körpern festgehalten.

Unsere Männer erbeuteten von den Franken zahlreiche Waffen, darunter Kettenhemden, Schwerter, Lanzen, Helme und Beinschutze. Ich sah, wie einer der Bauern aus der Umgebung der Brücke bei meinem Oheim erschien, wobei er eine Hand unter den Kleidern verbarg. Mein Oheim wollte sich mit ihm einen Spaß machen und fragte ihn: »Na, was hast du von der Beute für mich beiseite gelegt?«, doch der Bauer antwortete: »Ein Pferd mitsamt Ausrüstung und Kettenhemd sowie einen Schild und ein Schwert!« Und sogleich machte er sich davon und holte alles herbei. Mein Oheim nahm die Ausrüstung und schenkte dem Bauern das Pferd. Als er dann den Bauern fragte, was denn mit seiner Hand los sei, erklärte dieser: »O mein Gebieter! Ich kam mit einem Franken ins Handgemenge, hatte jedoch weder Rüstung noch Schwert. Ich warf ihn zu Boden und schlug ihm so lange mit der Faust auf sein von einem Kettenschleier bedecktes Gesicht, bis er ohnmächtig wurde. Dann nahm ich sein Schwert und tötete ihn. Die Haut auf meinen Fingerknöcheln ist völlig abgeschunden, und meine Hand ist angeschwollen und nützt mir nichts mehr.« Dabei zeigte er uns seine Hand, die so aussah, wie er es beschrieben hatte: Seine Fingerknochen lagen offen.

Unter den an der Brücke stationierten Soldaten befand sich ein Kurde namens Abu l-Dschaisch, dessen Tochter Rafûl von den Franken gefangengenommen worden war. Aus Angst um seine Tochter völlig verwirrt, sagte er den ganzen Tag zu allen Leuten, denen er begegnete: »Rafûl ist gefangen!« Als wir am folgenden Morgen am Fluß entlanggingen, sahen wir am Rande des Wassers etwas Schwarzes und sagten zu einem unserer Sklaven, er solle hinschwimmen und nachsehen, was es sei. Der Sklave ging hin, und siehe da, das Schwarze war Rafûl, die ein blaues Gewand trug. Sie hatte sich vom Pferd des Franken gestürzt, der sie gefangengenommen hatte, und war ertrunken. Ihr Kleid war dann an einer Weide hängengeblieben. Als ihr Vater davon erfuhr, beruhigte sich sein Schmerz.

Das Geschrei, das die Franken in Schrecken versetzt hatte, ihre Flucht und ihre Vernichtung rührten allein von Gottes Güte und waren nicht die Folge einer Macht oder eines Heeres. Gesegnet sei Gott, Der die Macht hat zu allem, was Er will!

Vom Nutzen, die Feinde zu täuschen

Zuweilen ist es im Kriege nützlich, den Gegner einzuschüchtern. Hier ein Beispiel dafür:
Im Jahr 529 (= 1135 n. Chr.) gelangte der *Atabek* nach Syrien und zog weiter in Richtung Damaskus. Ich befand mich damals auch in seiner Begleitung. Als wir in Qutaifa haltmachten, befahl mir *Mohammed ibn Ajjûb,* ich solle nach al-Fustuqa vorausreiten und mich dort auf dem Weg postieren, damit niemand aus dem Heer nach Damaskus fliehe. Ich machte mich auf den Weg und hatte bereits eine Weile in al-Fustuqa gewartet, als Mohammed ibn Ajjûb mit einer kleinen Schar seiner Männer ankam. Dann sahen wir Rauch in Adhrâ', und Mohammed schickte ein paar Reiter los, die nachsehen sollten, was es mit dem Rauch für eine Bewandtnis hatte. Sie stießen auf eine Gruppe von Soldaten aus Damaskus, die in Adhrâ' Stroh verbrannten und nun sofort die Flucht ergriffen. Mohammed ibn Ajjûb nahm die Verfolgung auf, von uns mit etwa dreißig bis vierzig Reitern begleitet. Als wir in al-Qusair anlangten, sahen wir dort, jenseits der Brücke, das ganze Damaszener Heer. In diesem Augenblick befanden wir uns gerade bei der Karawanserei, hielten an und versteckten uns dahinter. Mehrmals ritten dann jeweils fünf oder sechs von unseren Reitern vor, damit die Damaszener Soldaten sie sehen konnten, und kamen dann sofort wieder hinter die Karawanserei zurück, um die Damaszener glauben zu machen, wir hätten einen Hinterhalt gelegt.
Mohammed ibn Ajjûb schickte einen Reiter zum Atabek, um ihn über unsere Lage zu unterrichten. Dann sahen wir, wie etwa zehn Reiter in höchster Eile auf uns zukamen, gefolgt von der langen Reihe des Heeres. Als die Reiter bei uns anlangten, stellten wir fest, daß es der Atabek selbst war, der die Spitze des Heeres übernommen hatte. Der Atabek tadelte Mohammed ibn Ajjûb wegen seines Handelns mit den Worten: »Mit dreißig Reitern bist du bis zu den Toren von Damaskus galoppiert, um vernichtet zu werden, Mohammed!« Er schimpfte weiter mit ihm, doch sprachen sie Türkisch, weshalb ich ihre Worte nicht verstand.
Als dann die Vorhut des Heeres bei uns eintraf, sagte ich zu Mohammed ibn Ajjûb: »Wenn du befiehlst, nehme ich diese Männer, die eben angekommen sind, und führe sie hinüber gegen die Damas-

zener Reiterei, die uns gegenübersteht, um sie zu vernichten!« Da erwiderte mir Mohammed: »Nein! Wie kann man sich in den Diensten dieses Mannes noch aufrichtig verhalten?! Hast du nicht gehört, wie er mich behandelt hat?!«

Wäre nicht Gottes Huld und dann die Einschüchterung und Überlistung der Feinde gewesen, hätten diese uns gewiß vernichtet!

Etwas Ähnliches habe ich einmal selbst erlebt. Ich war mit meinem Oheim von Schaizar aufgebrochen, um nach *Kafartâb* zu ziehen. Bei uns hatten wir auch eine Menge Bauern und arme Leute, die in der Umgebung von Kafartâb Getreide und Baumwolle plündern wollten. Als diese Leute sich zum Plündern zerstreuten, hatten die Reiter von Kafartâb schon ihre Pferde bestiegen und standen in der Nähe des Ortes, während wir zwischen diesen feindlichen Reitern und unseren über die Getreide- und Baumwollfelder verstreuten Leuten postiert waren. Plötzlich kam einer unserer Kundschafter herangaloppiert und rief: »Die Reiterei von *Apamea* kommt!« Da sagte mein Oheim zu mir: »Du bleibst hier und hältst die Reiterei von Kafartâb in Schach, ich ziehe mit dem Heer weiter, um auf die Reiterei von Apamea zu treffen!« Ich postierte mich mit zehn Reitern versteckt zwischen die Olivenbäume. Um die Franken zu täuschen, ritten dann immer wieder drei oder vier von uns hinaus, kehrten aber gleich wieder zwischen die Olivenbäume zurück. Die Franken ihrerseits, im Glauben, wir seien recht viele, versammelten sich, schrien und trieben ihre Pferde bis in unsere Nähe, machten aber sofort wieder kehrt, als sie uns nicht wanken sahen. So blieb es, bis mein Oheim zurückkam und die Franken, die aus Apamea gekommen waren, flohen. Dann sagte zu meinem Oheim einer seiner Sklaven: »Siehst du, was er – er meinte damit mich – getan hat? Er ist hinter dir zurückgeblieben und hat dich nicht zum Treffen mit der Reiterei von Apamea begleitet.« Da erklärte ihm mein Oheim: »Wäre er nicht mit zehn Reitern hiergeblieben und hätte er nicht die Reiter und Fußsoldaten aus Kafartâb in Schach gehalten, hätten sie alle die Leute hier gefangengenommen!«

Zu diesem Zeitpunkt war es nützlicher, die Franken einzuschüchtern und zu überlisten als gegen sie zu kämpfen, da wir nur wenige, sie aber in der großen Überzahl waren.

Etwas Ähnliches widerfuhr mir einmal in Damaskus. Ich befand mich eines Tages gerade beim Emir *Mu'înaddîn,* als ein Reiter ankam und berichtete, daß Räuber auf dem Bergweg eine Karawane, die Rohleinen transportierte, abgefangen hatten. »Wir reiten hin!« sagte der Emir sofort, doch ich wandte ein: »Der Befehl liegt bei dir! Gib aber den Sergeanten die Order, sie sollen die Truppen mit dir reiten lassen!« – »Aber wozu brauchen wir denn Truppen?!« fragte der Emir, und ich fragte dagegen: »Und was schadet es uns, wenn sie mitreiten?!« Der Emir blieb jedoch bei seiner Ansicht, daß wir keine Truppen brauchten. Er war zwar einer der tapfersten Ritter, doch Mut kann zuweilen auch zu Nachlässigkeit verführen und Schaden mit sich bringen.

Wir waren etwa zwanzig Reiter, als wir losritten. Im Verlaufe des Vormittags schickte der Emir dann bald zwei Reiter in diese und zwei Reiter in jene Richtung und bald einen Reiter hierhin und einen anderen dorthin, um die Wege auszukundschaften, bis wir schließlich nur noch mit ganz wenigen Männern dahinzogen. Als die Zeit zum Nachmittagsgebet herankam, sagte der Emir zu einem meiner Sklaven: »Sunûdsch, geh hinauf und halte von oben nach Westen hin Ausschau, solange wir beten!« Wir hatten unser Gebet noch nicht beendet, als der Sklave angelaufen kam und rief: »Diese Männer, zu Fuß, Leinenballen auf dem Kopf, im Wadi!« Sofort gab der Emir den Befehl aufzusitzen, doch ich wandte ein: »Laß uns Zeit, unsere Panzer anzulegen! Wenn wir sie dann sehen, stürzen wir uns mit den Pferden auf sie und greifen sie mit den Lanzen an, bevor sie richtig merken, ob wir viele oder nur wenige sind!« Der Emir erwiderte jedoch nur: »Sobald wir bei ihnen angelangt sind, ziehen wir die Panzer an!«

Mit diesen Worten bestieg er sein Pferd, und wir zogen los. Im Wadi *Halbûn* holten wir die Räuber ein. Dieses Wadi ist sehr schmal und manchmal beträgt die Entfernung zwischen den beiden Berghängen nur fünf Ellen. Die Berge zu beiden Seiten des Wadis sind rauh und hoch, und der Weg ist so eng, daß man nur hintereinander reiten kann. Die Räuber waren siebzig Mann, alle mit Pfeil und Bogen bewaffnet. Als wir sie einholten, befanden sich unsere Sklaven mit den Waffen hinter uns und konnten uns nicht erreichen, während sich die Räuber teilweise im Wadi, teilweise an den Berghängen befanden. Im Glauben, daß die Männer im Wadi Bauern aus den Dörfern seien, also zu uns gehörten, und selbst die Räuber verfolgten, und daß nur die Männer am Abhang Räuber seien, zog ich mein Schwert und griff die am Abhang an. Nur mit letzter Kraft kam mein Pferd durch das Geröll den Hang hinauf. Als ich sie erreichte und mein Pferd stehenblieb, weil es nicht mehr weiterkonnte, legte einer der Räuber einen Pfeil auf die Bogensehne, um auf mich zu schießen. Da brüllte ich ihn an und drohte ihm, worauf er von mir abließ. Dann trieb ich mein Pferd wieder hinunter, wobei ich schon nicht mehr daran glaubte, daß ich ihnen entkommen würde.

Der Emir Mu'înaddîn stieg auf den Kamm des Berges hinauf, da er glaubte, dort Bauern zu finden, die er zu Hilfe rufen könnte. Von oben rief er mir zu: »Entferne dich nicht von ihnen, bis ich zurückkomme!« Mit diesen Worten entschwand er unseren Blicken. Ich wandte mich daraufhin denjenigen im Wadi zu, nachdem ich gemerkt hatte, daß sie auch zu den Räubern gehörten. Wegen der Enge des Raumes griff ich sie ganz alleine an. Sie flohen und warfen all das Rohleinen, das sie bei sich hatten, fort. Es gelang mir auch, ihnen zwei mit Leinen beladene Lasttiere wegzunehmen. Sie stiegen dann zu einer Höhle am Hang des Berges hinauf, wo wir sie zwar sehen aber nicht erreichen konnten.

Gegen Ende des Tages kam der Emir zurück, ohne jemanden gefunden zu haben, den er hätte zu Hilfe holen können. Hätten wir die Truppen bei uns gehabt, hätten wir den Räubern die Köpfe abgeschlagen und ihnen ihr gesamtes Raubgut abgenommen.

Wie fehlende Kriegserfahrung zu Schaden führt

Ein anderes Mal erlebte ich wieder etwas Ähnliches. Für den Ablauf der Begebenheit war die Erfüllung des göttlichen Willens die Ursache, in zweiter Linie aber auch die geringe Kriegserfahrung. Wir brachen zusammen mit dem Emir Qutbaddîn Chosroe ibn Talîl von Hamât nach Damaskus auf, um uns dort in die Dienste *Nûraddîns* zu begeben. Wir erreichten Homs, wo der Emir beschloß, den Weg über Baalbek fortzusetzen. Ich sagte zu ihm: »Ich will vorausreiten, um mich in der Kirche von Baalbek[39] umzusehen, bis du nach-

kommst.« Der Emir stimmte zu. Ich saß auf und ritt los. Als ich mich in der Kirche befand, kam ein Reiter von seiten des Emirs und überbrachte mir von ihm die Botschaft: »Räuber haben eine Karawane überfallen und sich ihrer bemächtigt. Reite los und stoße am Berg zu mir.« Ich ritt los und gelangte zu ihm. Gemeinsam ritten wir dann den Berg hinauf und erblickten dann unter uns in einem Tal die Räuber. Der Berg, auf dem wir dahinzogen, führte in einem Bogen um das Tal herum. Als dem Emir nun einer seiner Begleiter vorschlug, sofort ins Tal hinunterzureiten und die Räuber anzugreifen, warnte ich ihn: »Tue es nicht! Wir wollen lieber in einem Bogen am Berg entlangreiten, damit wir über ihren Köpfen bleiben und ihnen den Weg nach Westen abschneiden! Dann können wir sie gefangennehmen!« Die Räuber waren nämlich aus dem Gebiet der Franken gekommen. Da wandte ein anderer ein: »Bis wir am Berg herumgezogen sind, können wir sie längst erreicht und gefangen haben!« So stiegen wir denn hinunter. Als uns die Räuber aber kommen sahen, stiegen sie den Berg hinauf. Der Emir rief mir zu, ich sollte ihnen folgen, und ich versuchte es auch mit größter Mühe, konnte es aber nicht. Auf dem Berg befanden sich noch sechs oder sieben Reiter von uns. Sie stiegen nun ab und gingen, ihre Pferde mit sich führend, auf die Räuber zu, die recht zahlreich waren. Die Räuber griffen unsere Gefährten an, töteten zwei Reiter, nahmen sich ihre beiden Pferde und ein drittes, dessen Besitzer sich retten konnte, und stiegen mit ihrer Beute an der anderen Seite des Berges wieder hinunter. Wir zogen uns zurück, nachdem zwei unserer Reiter getötet und drei Pferde einschließlich der Karawane geraubt worden waren.
Dies ist ein Beispiel dafür, wie man sich aus Mangel an Kriegserfahrung ins Verderben stürzen kann.

Wie der Mut eines einzelnen eine Belagerung entscheiden kann

Sein Leben bei einem kühnen Angriff aufs Spiel zu setzen, hat nichts mit dem Wunsch zu tun, dem Leben zu entsagen, sondern hat seine Ursache darin, daß ein Mann, der für sein Kühnheit bekannt ist und dem man den Stempel der Tapferkeit aufgedrückt hat, im Kampf von dem Bestreben erfaßt wird, etwas zu vollbringen, dessentwegen man von ihm spricht und zu dem kein anderer fähig ist. Vor dem Kampf wird seine Seele von solcher Angst vor dem Tod und vor der Gefahr ergriffen, daß sie ihn fast überwältigt und ihn beinahe noch von seinem Vorsatz zurückhält, bis er schließlich seine Seele zwingt und sie dazu bringt, etwas zu tun, was ihr eigentlich zuwider ist. Dann überfällt ihn ein Schauder, und sein Gesicht erblaßt. Sobald er sich aber in den Kampf stürzt, fallen Furcht und Erregung von ihm ab.

Auf seiten des Königs der Emire, des *Atabeks* Zankî, von dem ich bereits mehrfach gesprochen habe, nahm ich an der Belagerung der Festung *as-Saur* teil, die damals dem Emir *Fachraddîn Qarâ Arslân* aus dem *Ortoqiden*-Geschlecht gehörte. Sie war bestens mit Katapultmannschaften ausgerüstet. Die Belagerung erfolgte nach der Niederlage des Atabeks bei *Âmid*[40].

Gleich als die Zelte aufgeschlagen wurden, schickte der Atabek einen seiner Männer vor, der unterhalb der Festung rief: »Ihr Männer an den Katapulten! Der Atabek läßt euch ausrichten, daß er euch, bei der Gnade des Sultans, die Hände abschlagen läßt, wenn nur einer seiner Leute durch eure Pfeile den Tod findet!« Dann ließ der Atabek die Belagerungsmaschinen gegen die Festung richten, und diese zerstörten einen Teil der Mauern, doch war der Schaden nicht so groß, daß wir unsere Männer hätten hinaufschicken können. Da kam ein Soldat aus der Leibgarde des Atabek, ein Aleppiner namens Ibn al-Uraiq, und stieg in jener Bresche hoch. Er hieb mit dem Schwert auf die Verteidiger ein, doch diese fügten ihm zahlreiche Wunden zu und warfen ihn schließlich vom Turm in den Graben hinunter. Inzwischen gewannen unsere Soldaten an der Bresche jedoch die Überzahl und bemächtigten sich der Festung. Dann begaben sich die Abgeordneten des Atabek hinauf und übernahmen die Schlüssel der Festung, die der Atabek dann an *Timurtâsch* ibn Îlghâzî schickte, dem er die Festung schenkte.

Es hatte sich ergeben, daß ein Pfeil von einem Katapult einen der chorasanischen Soldaten am Knie traf und die Kniescheibe durchschlug, worauf der Mann gestorben war. Kaum hatte dann der Atabek die Festung in der Hand, da ließ er die Katapultschützen holen. Es waren neun Mann. Sie kamen mit ihren Bögen über der Schulter. Er befahl, ihnen die Daumen von den Händen zu schneiden, worauf ihre Hände ihre Aufgabe nicht mehr erfüllten und nutzlos wurden. Was Ibn al-Uraiq betrifft, so behandelte er seine Wunden und genas,

nachdem er bereits an der Schwelle des Todes gestanden hatte. Er war ein tapferer Mann, der sich vor keiner Gefahr scheute.
Ein andermal erlebte ich etwas Ähnliches. Der Atabek war zur Festung *al-Bâri'a* gezogen, um sie zu belagern. Da die Festung von felsigem Gelände umgeben ist, auf dem man keine Zelte aufschlagen kann, ließ er das Lager in der Niederung errichten und übertrug die Belagerung der Festung abwechselnd den Emiren. Eines Tages nun ritt der Atabek zur Festung, als gerade der Emir Abu Bakr ad-Dubaisî die Belagerung überwachte. Dieser hatte jedoch kein Kampfgerät dabei. Der Atabek hielt an und befahl Abu Bakr, gegen die Festung vorzurücken und die Belagerten anzugreifen. Abu Bakr rückte mit seinen ungewappneten Soldaten vor, worauf die Belagerten einen Ausfall aus der Festung machten. Da stürmte einer von Abu Bakrs Männern namens Mazjad, der bis dahin noch nicht wegen seines Kampfesmutes und seiner Tapferkeit berühmt geworden war, vor, focht einen gewaltigen Kampf, wütete mit seinem Schwert unter den Gegnern, trieb sie alle auseinander und nahm selbst zahlreiche Wunden hin. Ich sah dann, wie er, dem Tode nahe, ins Lager getragen wurde. Er genas jedoch wieder, Abu Bakr verlieh ihm einen höheren Rang und ein Ehrengewand und gliederte ihn in seine Leibgarde ein.

Mohammed ibn Ajjûb, der weder Gott noch den Atabek fürchtete

Der *Atabek* pflegte zu sagen: »Ich habe drei Sklaven[41]: Der eine fürchtet Gott und fürchtet mich« – damit meinte er Zainaddîn Alî Kûdschak –, »der zweite fürchtet mich, aber fürchtet nicht Gott« – damit meinte er Nasîraddin Sunqur –, »und der dritte fürchtet weder Gott noch mich« – damit meinte er *Mohammed ibn Ajjûb.*
Mit Mohammed ibn Ajjûb – möge Gott ihm sein Handeln nachsehen! – habe ich etwas erlebt, was die Worte des Atabeks bestätigt. Wir zogen eines Tages gegen Homs. In der Nacht zuvor hatte es so stark geregnet, daß sich unsere Pferde in dem schweren Schlammboden nicht mehr rühren konnten, während unsere Fußsoldaten bereits in ein Gefecht verwickelt waren. Während ich mit Mohammed dastand und wir die Fußsoldaten vor uns kämpfen

sahen, lief plötzlich einer unserer Fußsoldaten hinüber zu den Fußsoldaten von Homs und reihte sich bei ihnen ein. Da befahl Mohammed, der dies mitangesehen hatte, einem seiner Begleiter, er solle den Mann herbringen, der neben dem fahnenflüchtigen Soldaten gestanden hatte. Nachdem er ihn geholt hatte, fragte ihn Mohammed: »Wer war der Mann, der von deiner Seite geflohen und nach Homs übergelaufen ist?« – »Bei Gott, Herr, ich kenne ihn nicht!« antwortete der Soldat, worauf Mohammed befahl: »Zweiteilt ihn!« Da wandte ich ein: »Herr, nimm den Mann hier in Haft und stelle Nachforschungen über den Fahnenflüchtigen an! Wenn sich herausstellt, daß der hier ihn kennt oder mit ihm verwandt ist, lasse ihm den Kopf abschlagen, wenn nicht, so mache mit ihm, was du für richtig hältst!« Er schien meinem Rat nicht abgeneigt zu sein. Da sagte jedoch einer seiner Sklaven hinter ihm: »Wenn einer flieht, wird der, der neben ihm stand, ergriffen und enthauptet oder gezweiteilt.« Diese Worte machten Mohammed derart wütend, daß er nun befahl, den Sklaven zu zweiteilen. Dieser wurde so, wie es in diesen Fällen üblich war, gebunden und in Höhe des Gürtels in zwei Teile zerhauen. Dabei hatte er sich keines Vergehens schuldig gemacht, sondern war nur rechthaberisch und zu wenig gottesfürchtig gewesen.

Ich erlebte Mohammed ibn Ajjûb noch einmal bei einer ähnlichen Begebenheit. Nachdem wir nach der Schlacht von Bagdad zurückgekehrt waren[42], befahl der Atabek in dem Bemühen, Ausdauer und Stärke zu zeigen, dem Mohammed ibn Ajjûb, gegen den Emir Qifdschâq zu ziehen und ihn zu überrumpeln. Wir brachen von Mosul auf und zogen äußerst geschwächt sechs Tage lang dahin. Als wir schließlich Qifdschâqs Ort erreichten, stellten wir fest, daß er hoch hinauf in die Berge von *Kûhistân* gezogen war. Wir stiegen daraufhin zu einer Festung namens Mâsurra hinunter und langten dort bei Sonnenaufgang an. Da kam eine Frau aus der Festung heraus und fragte, ob wir Leinen dabei hätten. Und als wir dagegen fragten, ob dies denn die richtige Zeit zum Handeln sei, erwiderte sie: »Wir brauchen das Leinen als Leichtücher, damit wir euch darin einhüllen können. In fünf Tagen werdet ihr nämlich alle tot sein.« Sie wollte damit sagen, daß der Ort verseucht war.

Mohammed ibn Ajjûb stieg vom Pferd und stellte die Soldaten in aller Frühe zu einem Angriff auf die Festung auf. Er befahl denen, die gewöhnlich die Stollen gruben, unter einem der Türme hindurch in die Festung einzudringen, die ganz aus Lehm errichtet war und deren Besatzung aus Bauern bestand. Wir rückten gegen die Festung vor und stiegen die Anhöhe, auf der sie stand, hinauf. Die chorasanischen Soldaten gruben einen Stollen unter einen Turm, worauf dieser einstürzte. Von den zwei Männern, die darauf gestanden hatten, kam der eine zu Tode, während der andere von unseren Leuten ergriffen und zu Mohammed ibn Ajjûb gebracht wurde. Als Mohammed befahl, den Mann zu zweiteilen, wandte ich ein: »Herr, wir befinden uns im Monat Ramadan, und dieser Mann ist ein Muslim! Wir sollten nicht die Sünde auf uns laden, ihn getötet zu haben!« Mohammed aber befahl: »Zweiteilt ihn, damit sie die Festung übergeben!« Ich hielt ihm entgegen, daß er die Festung doch ohnehin gleich einnehmen werde, aber er wiederholte seinen Befehl, worauf der Mann gezweiteilt wurde. Im gleichen Augenblick nahmen wir die Festung ein.

Mohammed ibn Ajjûb kam dann zum Tor, um mit einer Menge Leute von der Festung hinunterzusteigen. Er gab die Festung einigen seiner Männer in die Obhut, ging hinunter und ließ sich eine Weile in seinem Zelt nieder, so lange, bis sich die Soldaten, die er bei sich hatte, zerstreut hatten. Dann bestieg er sein Pferd und forderte mich auf, das gleiche zu tun. Wir ritten wieder zur Festung hinauf, wo er sich niedersetzte und den Wächter der Festung holen ließ, damit dieser ihn davon unterrichtete, was sich alles in der Festung befand. Auch die christlichen und jüdischen Frauen und Jungen ließ er zu sich bringen.

Eine alte Kurdin erschien und fragte den Wächter, ob er ihren Sohn gesehen habe. »Er wurde getötet«, erwiderte der Wächter, »ein Pfeil hat ihn getroffen«. Da fragte ihn die Alte nach ihrem zweiten Sohn, und der Wächter antwortete: »Der Emir hat ihn zweiteilen lassen.« Die alte Frau schrie auf und entblößte ihr Haupt, auf dem Haare wie gekämmte Baumwolle sichtbar wurden. »Sei still wegen des Emirs!« bat sie der Wächter, doch die Frau erwiderte: »Was kann mir der Emir denn noch antun? Ich hatte zwei Söhne, die er umgebracht hat!« Dann stieß man die Frau weg.

Der Wächter ging fort und holte einen hochbetagten Greis mit wunderschönen weißen Haaren. Beim Gehen stützte er sich auf zwei Stöcke. Nachdem er Mohammed gegrüßt hatte, fragte dieser: »Was ist dieser Alte?«, worauf der Wächter erklärte: »Er ist der Imâm der

Festung.« Mohammed forderte den Alten mehrmals auf näherzutreten, bis er sich vor ihm niedersetzte. Da streckte Mohammed seine Hand aus, ergriff den Bart des Alten, holte ein Messer aus dem Gürtel seines Gewandes und schnitt ihm den Bart bis zum Kinn ab. Der Bart lag ihm in der Hand wie der Schwanz einer Seekuh. Als der Alte fragte: »Herr, womit habe ich verdient, daß du mir dies antust?«, antwortete Mohammed: »Damit, daß du dich gegen den Sultan aufgelehnt hast!« Da sprach der Alte: »Bei Gott, ich habe von eurer Ankunft nichts gewußt, bis jetzt der Wächter mit der Nachricht zu mir kam und mich holte!«

Wir brachen dann wieder auf und belagerten eine andere Festung, die dem Emir Qifdschâq gehörte und al-Karchînî hieß. Wir nahmen sie ein, und man fand darin eine Schatzkammer voll mit fertiggenähten Leinenkleidern, die als Almosen für die Armen von Mekka gedacht waren. Mohammed ibn Ajjûb nahm alle Christen und Juden, die in der Festung lebten, gefangen, obwohl sie unter vertraglichem Schutz[43] standen, und raubte ihnen alle ihre Habe, als wären es Byzantiner. Möge Gott der Gepriesene über sein Tun hinwegsehen!

Ich will diesen Abschnitt mit meinen Versen beenden:

Laßt uns nicht mehr von des Wahnes Opfern sprechen,
 da bei solchen Reden schon des Säuglings Haar ergraut!

Von einem Helden, der Futterhändler wurde

Ich will nun zu einer Begebenheit zurückkehren, die sich in der Festung von Schaizar zwischen uns und den *Ismâ'îliten* zutrug. An jenem Tag sah mein Vetter *Abu Abdallâh ibn Hâschim* im Vorbeigehen einen mit Schwert und Schild bewaffneten Ismâ'îliten in einem Turm im Gebäude meines Oheims. Die Tür war offen, und davor standen viele unserer Männer, doch wagte sich keiner hinein. Mein Vetter forderte einen der Umstehenden auf hineinzugehen. Dieser kam der Aufforderung nach, doch der Ismâ'îlit zögerte nicht, sondern schlug zu und verwundete ihn. Verletzt kam der Mann wieder heraus. Dann befahl mein Vetter einem anderen hineinzugehen, und auch dieser tat, wie ihm geheißen, doch der Ismâ'îlit versetzte ihm einen Hieb und verwundete ihn. Der Mann kam heraus wie sein

Vorgänger. Nun forderte mein Vetter den Ra'îs Dschawâd auf hineinzugehen. Da rief ihm der Ismâ'îlit zu: »Du Zauderer! Warum kommst du nicht selbst herein? Du schickst mir all die Leute herein und stehst selber ruhig da! Komm rein, damit ich's dir zeigen kann!« Es ging jedoch Ra'îs Dschawâd hinein, und er tötete den Ismâ'îliten. Dieser Dschawâd war ein Meister im Fechten, mutig und scharfsinnig. Nur wenige Jahre später, im Jahre 534 (= 1139/40) sah ich in Damaskus, wie er als Futterhändler Gerste und Stroh verkaufte. Er war alt geworden und sah aus wie ein abgenutzter Wasserschlauch, unfähig, die Mäuse von seinem Viehfutter fernzuhalten, geschweige denn die Männer. Ich wunderte mich darüber, was nach seinen früheren Jahren nun in seinen späteren Jahren aus ihm geworden war und wie ihn die Länge seines Lebens verändert hatte.

Neunzig Jahre alt

Ich wußte damals nicht, wie allgemein das Leid des Alterns ist und daß es über jeden kommt, den der Tod zunächst vergißt. Nachdem ich nun den Gipfel der Neunzig bestiegen und mir der Lauf der Tage und Jahre seine Spuren ins Antlitz geschrieben, wurde ich Dschawâd, dem Futterhändler, gleich und war nicht mehr der edle Spender, verschwenderisch und reich. Die Schwäche mich zu Boden zwang, und das Alter mir im Leib von einem Glied zum andern drang, so daß ich mich nun selbst nicht mehr zu kennen meine und ständig um mein Gestern weine. Meinen Zustand habe ich in folgenden Versen beschrieben:

Nun, da ich die erwünschte lange Lebensspanne lebte,
  wünsche ich von Herzen, daß ich endlich unterginge.
Des Lebens Länge hat mir nicht genügend Kraft gelassen,
  daß ich weiter mit des Schicksals Wechselfällen ringe.
Meine Kräfte schwanden, und die Freunde »Sehn und Hören«
  haben mich verraten, jetzt, da ich zum Ende dringe.
Wenn ich mich erhebe, glaub' ich, einen Berg zu tragen,
  und wenn ich gehe, scheint's, daß ich an Fesseln hinge.
Ich krieche nur dahin, und einen Stock hält jene Hand,
  die einst gewohnt war, daß sie Schwert und Lanze schwinge.

Ich finde keine Ruhe, so, als wär ein Fels mein Lager,
wenn ich ohne Schlaf die Nacht im weichen Bett verbringe.
Umgewandelt wird der Mensch im Leben, denn gerade
erst vollkommen wird er wieder wie am Anfang aller Dinge.

In Ägypten habe ich einst die folgenden Verse verfaßt, mit denen ich die Untätigkeit und die Ruhe im Leben tadelte. Ach wie schnell ist das Leben doch vergangen!

Sieh nur, wie mein Schicksal sich gewandelt hat und wie es
mir mit meinen grauen Haaren neue Sitten lehrt!
Eine Mahnung liegt in allem, was die Zeit verändert.
Und welcher Zustand wird vom Lauf der Tage nicht verkehrt?
Ich schürte einst den Krieg, und wenn er zu erlöschen drohte,
schlug ich neues Feuer aus den Schädeln mit dem Schwert.
Ich war stets bestrebt, den Kampf mit meinem Feind zu suchen,
den ich nur als Beute sah und den die Angst verzehrt.
Entsetzlicher als alle Nächte, rascher als der Sturzbach,
kühner als das Schicksal hab' ich mich dem Kampfe zugekehrt.
Doch nun hat mir die Zeit das Leben einer faulen Maid
auf dicken Polstern hinter Schleiern als Geschick beschert.
Mein Körper ist vom langen Nichtstun fast verfault, so,
wie nach langem Bleiben in den Scheiden rostet auch das Schwert.
Früher trug ich einen Harnisch, Seidenkleider trag ich jetzt!
Ach wie fühl' ich mich in diesen Kleidern doch beklagenswert!
Ein bequemes, sattes Leben war noch nie mein Streben,
und Genuß und Wohlbehagen hab' ich nie begehrt,
Ich will nicht, daß ich Ruhm in solchem Leben ernte
und man ohne Schwert- und Lanzenbrechen mich mit Rängen ehrt!

Ich dachte einst, die Zeit würde Neues nie zerreißen und würde Stärke nie zerschleißen. Als ich mich auf den Weg zurück nach Syrien machte, kam es deshalb, daß ich dachte, ich würde dort die alten Tage wiederfinden – wie gewohnt und von jeder Änderung durch die Zeit verschont. Nach meiner Rückkehr straften mich jedoch meine Hoffnungen Lügen, und jene Gedanken waren nichtig, wie leuchtende Trugbilder trügen.
O Gott, verzeih! Ich bin in diesem Abschnitt vom Thema abgekommen. Es war ein kummervoller Seufzer, der hiermit sein Ende genommen.

Kriegsgefahren verkürzen nicht die festgesetzte Lebensfrist

Ich will mich nun wieder dem Wichtigen zuwenden und das Irren in dunkler Nacht beenden! Wenn die Herzen von der Betrübnis der Sünden gereinigt werden könnten und sich Dem, Der die verborgenen Dinge kennt, anvertrauen würden, dann würden sie erkennen, daß es nicht die festgesetzte Lebensfrist verkürzt, wenn man sich in die Gefahren des Krieges begibt.

Am Tage, als wir in der Festung Schaizar gegen die *Ismâʿîliten* kämpften, sah ich ein lehrreiches Beispiel, welches sowohl dem klugen Tapferen als auch dem unwissenden Feigen klarmacht, daß das Leben eine im voraus festgesetzte Zeitspanne ist, deren Ende weder beschleunigt noch verzögert werden kann. Folgendes trug sich zu: Nachdem wir an jenem Tag den Kampf beendet hatten, schrie jemand an der Seite der Festung: »Die Feinde!« Ich hatte eine Schar meiner Männer bei mir, die ihre Waffen trugen, und wir eilten sofort zu dem Rufer hin. »Was ist los mit dir?« fragten wir ihn, worauf er erwiderte: »Hier sind Feinde zu hören!« Wir gingen zu einem leeren, dunklen Stall, traten ein und fanden darin zwei Männer mit ihren Waffen. Wir töteten beide. Dann fanden wir auch einen unserer Soldaten, der tot auf irgend etwas lag. Wir hoben ihn hoch und fanden darunter einen Ismâʿîliten, der sich mit einem Kleidungsstück bedeckt und sich dann den Toten auf die Brust gelegt hatte. Wir trugen unseren Soldaten weg und töteten den darunterliegenden Ismâʿîliten. Dann legten wir den Soldaten, der mit schweren Wunden bedeckt war, in eine nahe gelegene Moschee. Da er sich weder bewegte nocht atmete, hatten wir keinen Zweifel daran, daß er tot war. Bei Gott, ich selbst schob seinen Kopf einige Mal auf dem Steinpflaster der Moschee hin und her, da wir an seinem Tod eben nicht zweifelten. Der Arme war an jenem Stall vorbeigekommen, hatte ein Geräusch vernommen und seinen Kopf hineingesteckt, um sich zu vergewissern. Da hatte ihn einer der Ismâʿîliten hineingezogen, und dann hatten sie so lange mit ihren Messern auf ihn eingestochen, bis sie ihn für tot hielten. Gott der Gepriesene beschloß aber, daß seine Wunden an Hals und Körper genäht werden sollten und daß er genas und wieder so gesund wurde wie zuvor. Gesegnet sei Gott, Der alles vorherbestimmt und die Dauer des Lebens festsetzt!

Ich erlebte noch einmal etwas Ähnliches bei folgender Gelegenheit. Die Franken – Gott verfluche sie! – griffen uns im letzten Drittel der Nacht an. Als wir unsere Pferde bestiegen, um sie zu verfolgen, hielt uns mein Oheim *Izzaddîn* davon zurück mit den Worten: »Dies ist eine List, da der Überfall bei Nacht erfolgte!« Ohne unser Wissen verließen aber einige unserer Fußsoldaten die Oberstadt und nahmen die Verfolgung auf. Auf dem Rückweg wurde jedoch ein Teil von ihnen von den Franken überfallen und getötet. Andere kamen heil davon. Als ich am folgenden Morgen in Bandar Qanîn, einem Dorf in der Nähe von Schaizar, stand, sah ich drei Gestalten herankommen. Zwei von ihnen sahen wie Menschen aus, während das Gesicht des Mittleren nicht mehr menschenähnlich war. Als sie näher kamen, sah ich, daß ein Franke dem Mittleren einen Schwerthieb quer über die Nase versetzt und ihm das Gesicht bis zu den Ohren gespalten hatte. Die eine Hälfte des Gesichts hing ihm nun schlaff über der Brust. Der Spalt zwischen den beiden Gesichtshälften war fast eine Spanne breit. Dennoch hielt er sich noch zwischen den beiden anderen Männern auf den Beinen. Er kam in die Oberstadt von Schaizar, wo ihm der Wundarzt das Gesicht nähte und es behandelte. Die Wunde wuchs zusammen, und er genas und wurde gesund wie früher, bis er später in seinem Bett eines normalen Todes starb. Er handelte mit Lasttieren und hieß Ibn Ghâzî al-Maschtûb. Den Beinamen al-Maschtûb, »der mit der klaffenden Wunde«, hatte man ihm wegen dieses Schwertstreiches gegeben.

Niemand möge deshalb glauben, er könne seinen Tod beschleunigen durch Gefahren oder ihn verzögern durch besonders vorsichtiges Gebaren. Daß ich selbst so lange überlebt habe, ist dafür ein lehrhaftes Beispiel: In wie viele furchterregende Gefahren habe ich mich gestürzt! Wie vielen Rittern bin ich entgegengetreten! Wie vielen Schrecken bin ich begegnet! Wie viele Löwen habe ich getötet! Wie viele Schwerthiebe und Lanzenstöße habe ich empfangen! Wie oft bin ich von Pfeilen von Bögen und Katapulten verwundet worden! Und dabei stand ich dem Schicksal wie eine uneinnehmbare Festung gegenüber, bis ich neunzig Jahre vollendete. Ich erfreute mich meiner Gesundheit und meines Überlebens, wie der Prophet – Friede und Heil über ihm! – gesagt hat: »Gesundheit genügt als Krankheit!«

Die Errettung aus allen diesen Schrecken brachte etwas mit sich, was schwerer ist als kämpfen und andere niederzustrecken. An der

Spitze eines Heeres unterzugehen ist nämlich leichter, als die Mühen des späteren Lebens ertragen zu müssen. Durch die Länge meines Lebens haben mir die Tage alle Freuden weggenommen, die ich einstmals liebgewonnen, und der Kummer über das beschwerliche Leben hat die Reinheit des unbeschwerten Lebens getrübt. So steht es nun um mich, wie ich in den folgenden Versen sagte:

Mit Achtzig beginnt mir die Zeit die Geduld zu zerreißen!
  Mich quälen der schwächliche Fuß und die zittrige Hand.
Schreibe ich etwas, so ist meine Schrift ganz zerfahren,
  als ob mir ein ständiges Beben die Hand übermannt.
Seltsam, daß meine Hand nun zu schwach ist, das Schreibrohr
  zu führen, nachdem sie doch früher den Leu überwand.
Und geh' ich, den Stock in der Hand, dann werden die Füße
  mir schwer, als ging ich durch schlammiges, sumpfiges Land.
Und allen, die sich ein längeres Leben ersehnen,
  sag' ich, wie schlimm ich die Folgen des Alters empfand.

Die Kraft ist geschwunden und der Schwäche gewichen, und das freudvolle Leben ist für immer verstrichen. Das Alter hat mich umgewendet, wie auch jedes Licht, das aus dem Dunkel kam, im Dunkel endet. So bin ich nun so geworden, wie ich es in den folgenden Versen beschrieben habe:

Ich fühle mich gänzlich vom Schicksal vergessen,
  so wie verirrte Kamele in Wüsten verzagen.
Achtzig Jahre entzogen dem Leib alle Kräfte,
  ich fühl' mich beim Aufstehen, als sei ich zerschlagen.
Ich muß die Gebete im Sitzen verrichten,
  da meine Beine beim Knien versagen.
Und diese Gebrechen verkünden mir warnend:
  Schon bald wirst du fort auf die Reise getragen!

Mein Dank an Saladin

Die durch die Jahre bedingte Schwäche hat mir die Fähigkeit genommen, den Sultanen weiter zu dienen. Ich habe es aufgegeben, ihre Pforten zu besuchen, und nehme meinen Lebensunterhalt nicht mehr von dem ihren. Ich habe mich aus ihren Diensten zurückgezo-

gen und habe ihnen die Wohltaten zurückerstattet, die sie mir zukommen ließen, da ich weiß, daß die Schwäche des hohen Alters den Mühen des Dienstes nicht mehr gewachsen ist und daß man die Waren, die ein alter Mann zu bieten hat, nicht an einen Emir verkauft. So habe ich mich nun an mein Haus gebunden und habe mir die Untätigkeit zur Losung gemacht.
Einst liebte ich es, allein in der Fremde zu weilen und die Stätten meiner Heimat zu verlassen, bis sich die Abneigung meiner Seele vor ihrer eigenen Bitterkeit legte. Ich habe die Geduld des Gefangenen gegenüber seinen Fesseln und die Qualen des Durstenden, den man von der Wasserstelle zurückhält, gekostet.
Doch es rief mich durch einen Brief zu sich unser Herr, der siegverleihende König, die Güte der Welt und des Glaubens, der Sultan des Islams und der Muslime[44], der Einiger des Glaubensbekenntnisses, der Sieger über die Verehrer des Kreuzes, er, der die Fahne der Gerechtigkeit und der Wohltaten hißt und den Staat des Beherrschers der Gläubigen zu neuem Leben erweckt: Abu l-Muzaffar Jûsuf ibn Ajjûb – möge Gott dadurch, daß Er ihm ein langes Leben schenkt, den Islam und die Muslime schmücken, ihnen durch seine scharfen Schwerter und treffenden Ansichten helfen und seinen weiten Schatten über sie ausbreiten, wie Er für sie die Quellen seiner Güte von aller Trübung gereinigt hat. Möge Gott seine hohen Befehle und Verbote auf der ganzen Welt wirksam werden lassen und seine Schwerter zum Herrscher über die Hälse seiner Feinde machen.
Seine Barmherzigkeit hat nach mir im Lande gesucht, als ich in einem verlassenen Winkel der Erde jenseits der Berge und Ebenen ohne Geld und ohne Angehörige weilte[45]. Aufgrund seiner guten Meinung von mir errettete er mich aus den Zähnen der Schicksalsschläge und brachte mich in seiner reichen großen Huld an seine hohe Pforte. Er renkte wieder ein, was mir die Zeit zerbrochen hatte, und in seiner Großmut machte er wieder käuflich, was andere an mir wegen meines hohen Alters bereits für unverkäuflich erklärt hatten. Er hat mich überhäuft mit erlesenen Gaben und mir in seiner Gnade die köstlichsten Geschenke zukommen lassen, bis er mir in seinem überströmenden Edelmut sogar die Dienste angerechnet hat, die ich anderen geleistet habe, in einer Weise, als sei er selbst Zeuge dieser Dienste gewesen. Seine Gaben klopfen an meine Tür, wenn ich schlafe, und sie suchen mich auf, während ich unbeschäftigt auf

Gottes Lohn im Jenseits hoffe. Jeden Tag erlebe ich größere Zeichen seiner Huld, und seine Güte mir gegenüber gleicht der Güte gegenüber seiner eigenen Familie, obwohl ich doch nur der geringste seiner Diener bin. Seine gute Meinung von mir hat mich für alles entschädigt, was mir die Zeit durch ihre vernichtenden Heimsuchungen geraubt hat. Er hat mich über die Erfüllung von Pflicht und Brauch hinaus mit so vielen zusätzlichen Zeichen seiner Güte überhäuft, daß keine Schulter auch nur die leichteste dieser Gaben zu tragen vermag. Seine Güte ließ mir keinen Wunsch mehr offen, dessen Erfüllung ich erhoffe. So verbringe ich nun meine Zeit damit, Tag und Nacht für ihn zu beten. Er ist die Barmherzigkeit, mit der Gott die Gläubigen entschädigte und durch deren Segnungen Er das Land zu neuem Leben erweckte. Er ist der Sultan, der die Handlungsweise der rechtgeleiteten Kalifen [46] wiederbelebte und die Säule des Staates und des Glaubens wiederaufgerichtet hat. Er ist das Meer, dessen Wasser trotz der Vielzahl der Trinkenden nie zu Ende geht. Er ist der Freigebige, dessen Gabenfluß trotz der ständig aufeinanderfolgenden Bittsteller nie versiegt. Möge die Gemeinschaft der Muslime dank seiner Schwerter immer unter einem unbesiegbaren Schutz stehen, dank seiner Gnade in einem blühenden Frühling leben, dank seiner Gerechtigkeit in einem Licht wandeln, das die Finsternis des Unrechts von ihr nimmt und die ausgestreckte Hand des beutemachenden Angreifers zurückhält, und dank seines siegreichen Staates unter weitem Schatten und in einem Glück leben, in dem eine Freude auf die andere folgt, solange Nächte auf Tage folgen und das Firmament sich dreht.

Ich rief, und beide Hüterengel [47] sagten »Amen«.
Und auf dem Thron der Herr ist jedem, der ihn ruft, ganz nah!
Und der Gepriesene versprach es seinen Dienern:
»Ruft mich doch, denn hörend und erfüllend bin ich da!«

Preis sei Gott, dem Herrn der Menschen, und Segen über unserem Herrn Mohammed und seiner ganzen Familie! Gott genügt uns, und Er ist der beste Beschützer! Und alle Gnade, die euch zuteil wird, kommt von Gott (Sure 16,55).

Im folgenden [48] führe ich nun eine Anzahl denkwürdiger Geschichten an, die ich entweder selbst erlebt habe oder die mir von Männern erzählt wurden, denen ich vertraue. Ich habe diese Geschichten ans Ende meines Buches gestellt, da sie nicht zu den Themen gehören, die ich im vorangegangenen Teil behandeln wollte. Ich will mit den Geschichten über die frommen Männer beginnen. Möge Gott an ihnen allen Wohlgefallen haben!

Ein Ehevertrag als Zuckertüte

Der Schaich und Imâm al-Chatîb Sirâdschaddîn Abu Tâhir Ibrâhîm ibn al-Husain ibn Ibrâhîm, der Prediger der Stadt *Is'ird*, berichtete mir in nämlicher Stadt im Monat Dhu l-Qa'da des Jahres 562 (= Aug./Sept. 1167) von *Abu l-Faradsch* dem Bagdader die folgende Begebenheit mit dessen eigenen Worten:
»Ich nahm einmal in Bagdad an einer Gesprächsrunde teil, die der Schaich und Imâm Abu Abdallâh Mohammed der Basrenser leitete. Da erschien eine Frau und sagte zu ihm: ›Herr, du warst einer der Zeugen bei meiner Heirat. Nun habe ich den Vertrag über meine Mitgift verloren und möchte dich um die Freundlichkeit bitten, vor Gericht Zeugnis darüber abzulegen.‹ Da erwiderte ihr Abu Abdallâh, er werde dies erst tun, wenn sie ihm einige Süßigkeiten bringe. Und als die Frau stehenblieb, da sie glaubte, er habe mit seinen Worten nur Spaß gemacht, sagte er: ›Steh nicht länger herum! Ich begleite dich nicht, bevor du mir nicht die Süßigkeiten gebracht hast!‹ Da ging die Frau weg, und als sie wiederkam, zog sie aus ihrer Tasche unter ihrem Umhang ein Stück Papier hervor, in das einige trockene Süßigkeiten eingewickelt waren. Abu Abdallâhs Gefährten wunderten sich sehr darüber, daß er bei seinem asketischen Leben und seiner Enthaltsamkeit Süßigkeiten verlangt hatte. Er nahm nun das Papier, öffnete es und warf die Süßigkeiten Stück für Stück weg, bis nichts mehr in dem Papier war. Dann betrachtete er sich das Papier, und siehe da, es war der Heiratsvertrag, den die Frau verloren hatte. Er sprach zu der Frau: ›Nimm deinen Ehevertrag! Hier ist er!‹, und alle, die zugegen waren, staunten gar sehr darüber. Doch er sagte: ›Verzehrt nur das Erlaubte, dann könnt ihr das gleiche tun oder sogar noch mehr!‹«

Wie ein Ruf aus Hamât bis nach Kufa drang

Der Schaich Abu l-Qâsim al-Chidr ibn Muslim ibn Qâsim aus Hamât erzählte mir am Montag, dem letzten Dhu l-Hiddscha des Jahres 570 (= 1. August 1174) in Hamât, daß einmal ein Nachkomme des Propheten aus Kufa zu ihm gekommen sei und ihm folgende Begebenheit mit den Worten seines Vaters erzählt habe:
»Ich pflegte den syrischen Oberqadi aus Hamât zu besuchen, der mich immer gastlich und ehrenvoll empfing. Eines Tages sprach er zu mir: ›Ich liebe die Einwohner von Kufa wegen eines Mannes unter ihnen. Als junger Mann befand ich mich in Hamât, als dort Abdallâh ibn Maimûn al-Hamawî starb. Vor seinem Tode hatte man ihn um seinen Letzten Willen gebeten, worauf er erklärt hatte, man solle ihn nach seinem Tode und nach der Vorbereitung für seine Bestattung hinaus in die Wüste bringen, und ein Mann solle auf einen Hügel steigen, der die Gräber überragt, und rufen: ‚O Abdallâh ibn al-Qubais, es ist gestorben Abdallâh ibn Maimûn, so komm und sprich das Totengebet über ihn!' Nachdem er gestorben war, taten sie, was er ihnen aufgetragen hatte. Da näherte sich plötzlich ein Mann in Leinenkleidern und einem Wollmantel aus der Richtung, in die der Mann gerufen hatte. Er kam heran und sprach das Totengebet über Ibn Maimûn, während die Leute verwirrt dastanden und nichts zu ihm sagten. Nach dem Gebet verschwand er wieder in die gleiche Richtung, aus der er gekommen war. Die Leute machten sich gegenseitig Vorwürfe, daß sie ihn nicht festgehalten und befragt hatten. Sie liefen hinter ihm her, doch er entkam ihnen, ohne daß er ein einziges Wort zu ihnen gesprochen hatte.‹«

Der Asket al-Bustî am Grabe eines Heiligen

Etwas Ähnliches habe ich einmal selbst in *Hisn Kaifâ* erlebt. In der al-Chidr-Moschee gab es einen Mann namens Mohammed as-Sammâ', der neben der Moschee eine Klause hatte, die er jeweils zur Gebetszeit verließ, um das Gemeinschaftsgebet zu verrichten, und in die er danach wieder zurückkehrte. Er war ein Heiliger. Der Tod nahte sich ihm, als ich gerade in seiner Nähe wohnte. Da sprach er: »Ich habe mir immer von Gott gewünscht, daß er mir meinen Lehrer

Mohammed al-Bustî zur Totenfeier schickt.« Und siehe da, kaum hatte man seine Waschung und sein Leichentuch vorbereitet, da war sein Lehrer Mohammed al-Bustî schon bei ihm. Er besorgte die Waschung, führte hinter dem Toten gehend den Leichenzug an und sprach das Totengebet über ihn.
Al-Bustî lebte dann für kurze Zeit in der Klause des Verstorbenen. In dieser Zeit statteten wir uns gegenseitig Besuche ab. Er war ein Gelehrter und ein Asket, wie mir noch keiner zu Gesicht und zu Ohren gekommen ist. Er fastete ständig, trank kein Wasser und aß kein Brot noch irgendwelches Getreide. Er unterbrach sein Fasten lediglich, um zwei Granatäpfel, eine Traube Weinbeeren oder zwei Äpfel zu sich zu nehmen, und aß im Monat nur einmal ein paar Bissen gebratenes Fleisch. Eines Tages fragte ich ihn, wie er dazu gekommen sei, kein Brot zu essen, kein Wasser zu trinken und immer zu fasten. Da antwortete er mir: »Ich habe gefastet und gehungert, fand aber, daß ich noch mehr aushalten könne. Dann hungerte ich drei Tage lang und sagte mir, ich will mein Essen aus Aas bestehen lassen, dessen Genuß nach drei Tagen dem Hungernden erlaubt ist. Und wieder stellte ich fest, daß ich noch mehr ertragen könne. Dann ließ ich das gewöhnliche Essen und Trinken ganz. Nun habe ich mich daran gewöhnt, und es macht mir nichts mehr aus. Seitdem lebe ich so.
Nachdem einer der führenden Männer von Hisn Kaifâ für Schaich al-Bustî eine Klause in einem Garten errichtet hatte, erschien er zu Beginn des Monats Ramadan bei mir und erklärte, er wolle mir Lebewohl sagen. Da fragte ich ihn, was denn mit der Klause sei, die man für ihn errichtet habe, und mit dem Garten. Er erwiderte jedoch, er brauche beides nicht und werde nicht bleiben. Er sagte mir Lebewohl und ging davon. Möge Gott ihm gnädig sein! Dies ereignete sich im Jahre 570 (= 1175).
Der Schaich Abu 'l-Qâsim al-Chidr ibn Muslim ibn Qusaim al Hamawî erzählte mir einmal in Hamât im gleichen Jahr, daß eines Tages ein Mann, der im Garten des Mohammed ibn Mis'ar arbeitete, zu dessen Angehörigen kam, als sie gerade an den Türen ihrer Häuser in *Ma'arra* saßen, und sprach: »Gerade eben habe ich etwas Seltsames gehört!« Und als sie ihn danach fragten, sagte er: »Ein Mann mit einem Gefäß kam bei mir vorbei und bat mich, ihm Wasser hineinzuschütten. Ich erfüllte ihm seine Bitte, und er wiederholte seine rituelle Waschung. Dann bot ich ihm zwei Gurken an, doch er lehnte ab.

Als ich ihm sagte, daß die eine Hälfte des Gartens als Entgeld für meine Arbeit mir und die andere Mohammed ibn Mis'ar als dem Besitzer gehörte, fragte er mich, ob Mohammed in diesem Jahr auf die Pilgerfahrt gegangen sei. Als ich bejahte, sprach er: ›Gestern, nachdem wir von unserem Halt am Berge Arafât[49] aufgebrochen waren, ist er gestorben, und wir haben das Gebet über ihn gesprochen!‹ Da liefen die Angehörigen Mohammeds hinter dem Mann her, um sich bei ihm zu erkundigen, doch sahen sie ihn schon in so weiter Ferne, daß sie ihn nicht mehr einholen konnten. So kehrten sie wieder um und notierten sich das Gespräch mit dem Datum. Später stellte sich heraus, daß es so gewesen war, wie der Fremde gesagt hatte.«

Eine wundersame Heilung

Der hochgeehrte Schihâbaddîn Abu l-Fath al-Muzaffar ibn As'ad ibn Mas'ûd ibn Bachtakîn ibn Sabuktakîn, dessen Ahnherr Sabuktakîn ein Ahnherr des Mu'izzaddaula Ibn Buwaih war, erzählte mir am 18. Ramadan des Jahres 565 (= 5. Juni 1170) in Mosul die folgende Geschichte:

»Der Beherrscher der Gläubigen *al-Muqtafî* besuchte einmal die Moschee von Sandûdîjâ in der Umgebung von *Anbâr* am Westufer des Euphrat. Er befand sich in der Begleitung seines Wesirs, und auch ich war zugegen. Als er die Moschee betrat, die als Moschee des Beherrschers der Gläubigen *Alî* bekannt ist, trug er ein *dimjâtisches* Gewand und ein Schwert, dessen Zierat aus Eisen war. Nur diejenigen, die ihn kannten, wußten, daß er der Kalif war. Der Verwalter der Moschee begann Gottes Segen auf den Wesir herabzurufen, worauf dieser ihn anfuhr: ›Wehe dir! Bete für den Beherrscher der Gläubigen!‹ Da wandte sich al-Muqtafî an den Wesir und sagte: ›Frage ihn lieber nach etwas Nützlichem, nämlich danach, was aus der Krankheit geworden ist, die er früher im Gesicht hatte. In den Tagen unseres Herrn *al-Mustazhir* habe ich ihn nämlich mit einer Krankheit im Gesicht gesehen. Er hatte damals eine Geschwulst, die den größten Teil seines Gesichts bedeckte, und wenn er essen wollte, mußte er sie mit einem Taschentuch zur Seite drücken, damit er das Essen an seinen Mund führen konnte.‹ Darauf angesprochen, erzählte nun der Verwalter: ›Als ich in dem Zustand war, den du kennst, pflegte ich von al-Anbâr aus diese Moschee hier zu besuchen. Eines Tages begegnete mir dabei ein Mann und sagte: ,Wenn du den Vorsteher von al-Anbâr so oft besucht hättest, hätte er dir gewiß einen Arzt gerufen, der dir diese Krankheit aus dem Gesicht entfernt hätte!' Bei diesen seinen Worten überkam mich ein Gefühl, das mir die Brust eng machte. In der folgenden Nacht sah ich im Schlaf den Beherrscher der Gläubigen Alî ibn abi Tâlib, wie er in der Moschee war und nach dem Baumaterial fragte, das auf dem Boden lag. Ich klagte ihm meine Krankheit, worauf er sich von mir abwandte. Dann näherte ich mich ihm wieder und klagte ihm das, was mir jener Mann zuvor gesagt hatte. Da erklärte mir Alî, ich gehöre zu jenen, die die diesseitige Welt begehrten. Als ich dann erwachte, war die Geschwulst und damit mein Leiden verschwunden.‹ Al-Muqtafî bestätigte die Worte des Verwalters und befahl mir, mit dem Verwalter zu sprechen, zu erkunden, was er sich wünsche, darüber eine Urkunde anzufertigen und ihm diese vorzulegen, damit er sie unterzeichne. Ich sprach also mit dem Verwalter, der mir erklärte, er habe eine Familie und mehrere Töchter und wünsche sich jeden Monat drei Golddinare. Ich schrieb darüber eine Mitteilung, und der Verwalter setzte seinen Namen darauf: ›Moscheeverwalter Alî.‹ Der Kalif unterzeichnete das Schriftstück mit dem darin enthaltenen Wunsch des Verwalters und befahl mir, loszugehen und das Dokument im *Dîwân* registrieren zu lassen. Ich machte mich auf den Weg, ohne daß ich davon mehr gelesen hatte als die Worte: ›Hiermit wird dies für ihn angeordnet!‹ Der übliche Vorgang war, daß für den, um den es in einer Mitteilung ging, eine Anordnung ausgestellt wurde und man ihm das Schriftstück, auf dem sich die Handschrift des Beherrschers der Gläubigen befand, wegnahm. Als nun der Schreiber die Urkunde öffnete, um sie zu übertragen, fand er unter den Worten ›Moscheeverwalter Alî‹ die Worte ›geschrieben von al-Muqtafî, dem Beherrscher der Gläubigen‹. Hätte der Verwalter mehr verlangt, hätte der Kalif es gewiß für ihn angeordnet.«

Wie der Prophet einem armen Mann zur Aussteuer für seine Töchter verhilft

Der Qadi und Imam Madschaddîn Abu Sulaimân Dâ'ûd ibn Mohammed ibn al-Hasan ibn Châlid al-Châlidî berichtete mir am Donnerstag, dem 22. Rabî I. des Jahres 566 (= 3. Dezember 1170) in der Umgebung von *Hisn Kaifâ* folgende Geschichte, die ihm selbst jemand erzählt hatte:

»Ein alter Mann bat einmal um eine Audienz bei Chawâdschâ Buzurg. Als er eintrat, sah Buzurg, daß es ein würdevoller Greis von bester Erscheinung war, und fragte ihn, woher er käme. ›Aus einem fremden Land‹, erwiderte der Alte. ›Und was möchtest du?‹ fragte ihn Buzurg weiter, worauf der Alte antwortete: ›Ich bin der Gesandte des Gesandten Gottes – Heil und Segen über ihm! – an *Malikschâh*.‹ – ›Was sollen diese Worte, Alter?‹ fragte Buzurg, worauf der Alte erklärte: ›Wenn du mich zu Malikschâh bringst, werde ich ihm meine Botschaft mitteilen. Sonst werde ich mich nicht von der Stelle rühren, bis ich ihn getroffen und ihm mein Anliegen vorgetragen habe.‹

Chawâdschâ ging daraufhin zu Sultan Malikschâh hinein und unterrichtete ihn über die Worte des Alten. Da sagte der Sultan, man solle ihn zu ihm bringen. Als der Alte erschien, bot er dem Sultan ein Zahnputzholz [50] sowie einen Kamm an und sprach: ›Ich habe mehrere Töchter, bin aber so arm, daß ich ihre Aussteuer nicht aufbringen und sie nicht verheiraten kann. Jede Nacht bete ich deshalb zu Gott dem Gepriesenen, daß Er mir die Güter beschert, mit denen ich ihre Aussteuer besorgen kann. In der Nacht zum Freitag in einem bestimmten Monat betete ich beim Schlafengehen wieder zu Gott um Unterstützung für meine Töchter. Im Traum sah ich dann den Gesandten Gottes, der mich fragte, ob ich es sei, der immer zu Gott um die Mittel für die Aussteuer seiner Töchter bete. Als ich bejahte, forderte er mich auf, zu seiner Hoheit Malikschâh zu gehen und ihm zu erklären, der Gesandte Gottes befehle ihm, die Aussteuer für meine Töchter zu besorgen. Und als ich dann den Propheten fragte, was ich denn sagen sollte, wenn der Sultan ein Zeichen für die Wahrheit meiner Worte verlange, sagte der Prophet, ich solle dem Sultan als Beweis die Tatsache anführen, daß er jede Nacht vor dem Schlafengehen die Sure Tabâraka (Sure 67) rezitiere.‹ Als der Sultan dies hörte, sprach er: ›Dies ist ein wahres Zeichen! Niemand außer Gott selbst hatte Kenntnis davon. Mein Erzieher hatte mir einst befohlen, diese Sure in jeder Nacht zu rezitieren, und ich tue dies heute noch.‹ Dann befahl der Sultan, dem Alten alles zu geben, was er für die Aussteuer seiner Töchter verlangte. Außerdem machte er ihm noch reiche Geschenke und bezahlte ihm seine Reise.«

Die Hilfe des Propheten bei der Geburt der dritten Tochter

Obige Geschichte ähnelt einer anderen Begebenheit, die ich von dem Koranlehrer Abu Abdallâh Mohammed ibn Fâtik gehört habe. Er erzählte:

»Als ich mich eines Tages im Koranunterricht bei dem Koranlehrer Abu Bakr ibn Mudschâhid in Bagdad befand, erschien ein alter Mann mit einem schäbigen Turban, einem Schal und abgetragenen Kleidern. Ibn Mudschâhid kannte den Alten und fragte ihn: ›Was ist mit dem Mädchen geschehen?‹ Da sprach der Alte: ›O Abu Bakr! Gestern ist mir eine dritte Tochter geboren worden! Die Frauen in meiner Familie baten mich um einen sechstel Dirham, damit sie Butter und Honig kaufen könnten, um dem Kind den Mund damit einzureiben, aber ich konnte keinen sechstel Dirham auftreiben. Voller Sorgen begab ich mich zur Ruhe. Da sah ich im Traum den Propheten, der zu mir sagte, ich solle nicht bekümmert und traurig sein, sondern am nächsten Tag zu Alî ibn Îsâ, dem Wesir des Kalifen, gehen, ihn in seinem Namen grüßen und ihn bitten, er möge mir hundert Golddinare auszahlen und als Zeichen für die Wahrheit meiner Worte die Tatsache nehmen, daß er an seinem Grabe viertausendmal die Segensformel für ihn gesprochen habe.‹

Da sagte Ibn Mudschâhid: ›O Abu Abdallâh, in dieser Sache liegt ein Nutzen!‹ Er unterbrach den Koranunterricht mit mir, nahm den Alten bei der Hand, machte sich auf und brachte ihn zum Wesir Alî ibn Îsâ. Als der Wesir einen ihm unbekannten alten Mann in Begleitung des Ibn Mudschâhid sah, fragte er ihn, woher er den Alten habe. Ibn Mudschâhid erwiderte: ›Möge ihn der Wesir näher treten lassen und sich seine Worte anhören!‹ Der Wesir bat den Alten heran und forderte ihn auf, ihm zu sagen, was er auf dem Herzen habe. Da sprach

der Alte: ›Ibn Mudschâhid weiß, daß ich zwei Töchter habe. Gestern kam nun auch noch die dritte. Die Frauen in meiner Familie baten mich um einen sechstel Dirham, damit sie Butter und Honig kaufen könnten, um dem Kind den Mund damit einzureiben, aber ich konnte keinen sechstel Dirham auftreiben. Voller Sorge begab ich mich zur Ruhe. Da sah ich im Traum den Propheten, der zu mir sagte, ich solle nicht bekümmert und traurig sein, sondern am nächsten Tag zu Alî ibn Îsâ, dem Wesir des Kalifen, gehen, ihn in seinem Namen grüßen und ihn bitten, er möge mir hundert Golddinare auszahlen und als Zeichen für die Wahrheit meiner Worte die Tatsache nehmen, daß er an seinem Grabe viertausendmal die Segensformel für ihn gesprochen habe.‹
Da flossen die Augen des Wesirs vor Tränen über, und er sprach: ›Gott und Sein Gesandter haben die Wahrheit gesprochen, und so hast auch du die Wahrheit gesagt. Dies ist etwas, was nur Gott und sein Gesandter wissen konnten!‹ Dann befahl er einem Sklaven, seinen Beutel zu holen, streckte seine Hand hinein, holte hundert Dinar heraus und sprach: ›Dies sind die hundert Dinar, von denen dir der Gesandte Gottes gesprochen hat. Hier sind dann weitere hundert Dinar für die frohe Botschaft, und hier schließlich nochmals hundert Dinar als Geschenk von uns an dich!‹ Mit dreihundert Dinar im Ärmel verließ ihn der Mann!«

Alî, der Retter in der Not

Der Heerführer und Pilger Abu Alî erzählte mir im Monat Ramadan im Jahre 568 (= April/Mai 1173) folgende Begebenheit:
»Als ich eines Tages in Mosul im Laden des Mohammed ibn Alî ibn Mohammed ibn Mâma saß, kam ein Bierverkäufer bei uns vorbei. Er hatte eine mächtige Gestalt und kräftige Beine. Mohammed rief ihn herbei und sprach: ›O Abd Alî, bei Gott, erzähle meinem Gast hier deine Geschichte! ‹ Da sprach dieser: ›Ich verkaufe Bier, wie du siehst. Eines Mittwochabends begab ich mich völlig gesund zur Ruhe. Als ich erwachte, waren meine Hüften ausgerenkt, so daß ich mich nicht mehr bewegen konnte. Meine Beine vertrockneten und wurden immer dünner, bis sie nur noch aus Haut und Knochen bestanden. Ich mußte dann immer rückwärts kriechen, da meine Beine

mir nicht mehr folgten und überhaupt keine Bewegung mehr in sich hatten. Eines Tages saß ich auf der Straße Zainaddîn Alî Kûdschak im Weg. Er befahl, mich in sein Haus zu tragen, ließ die Ärzte holen und sagte ihnen, er wünsche, daß sie mich heilten. ‚Ja, wenn Gott will, werden wir ihn heilen!' erwiderten sie. Dann nahmen sie einen Nagel, erhitzten ihn und behandelten damit mein Bein. Ich spürte aber nichts. Da erklärten sie Zainaddîn, sie könnten mich nicht heilen und mir sei nicht mehr zu helfen. Zainaddîn schenkte mir daraufhin zwei Dinar und einen Esel. Nachdem der Esel jedoch etwa einen Monat bei mir gewesen war, verendete er. Als ich mich dann wieder auf die Straße dem Zainaddîn in den Weg setzte, schenkte er mir einen neuen Esel, doch auch dieser starb. Schließlich schenkte er mir noch einen dritten Esel, der aber ebenfalls verendete. Als ich mich dann erneut bittend an Zainaddîn wandte, sagte er zu einem seiner Begleiter, er solle mich wegschaffen und in den Graben werfen. ‚Bei Gott', bat ich ihn, ‚laß mich so hineinwerfen, daß ich auf meine Hüften falle. Dann werde ich nichts spüren!' Doch er erwiderte: ‚Nein, ich werde dich auf keinen anderen Körperteil als auf den Kopf fallen lassen!' Später kam dann jedoch ein Bote Zainaddîns und holte mich zurück zu ihm. Was er darüber gesagt hatte, mich in den Graben zu werfen, war nur Spaß gewesen. Und als man mich zu ihm brachte, schenkte er mir vier Dinare und einen Esel. In dieser Lage blieb ich nun bis zu jener Nacht, in der ich im Traum einen Mann über mir stehen sah, der mich aufforderte aufzustehen. Auf meine Frage, wer er sei, antwortete er: ‚Ich bin Alî ibn abi Talib!' Dann erhob ich mich auf meine Beine. Ich weckte meine Frau und erzählte ihr, was für eine erstaunliche Erscheinung ich gehabt hatte. ‚Aber du stehst ja!' rief meine Frau aus, und wirklich, ich ging wieder auf meinen Füßen, mein Leiden verschwand, und ich wurde wieder so, wie du mich hier siehst. Ich begab mich dann zum Emir Zainaddîn Alî Kûdschak und erzählte ihm von meinem Traum. Als er sah, daß mein Leiden verschwunden war, gab er mir zehn Dinar.‹« Gepriesen sei Der, Der gesund macht und heilt!

Der Schaich und Korankenner Abu l-Chattâb Omar ibn Mohammed ibn Abdallâh ibn Ma'mar al-'Ulaimî berichtete mir Anfang des Jahres 572 (Juli 1176) in Damaskus, daß ihm einmal ein Mann in Bagdad die folgende Begebenheit vom Kadi Abu Bakr Mohammed ibn Abdalbâqî ibn Mohammed al-Ansârî al-Furdî, der auch als »der Richter des Krankenhauses« bekannt ist, in dessen eigenen Worten erzählte:

»Als ich während der Pilgerfahrt um die Kaaba lief[51], da fand ich auf einmal eine Perlenkette und befestigte sie am Saum meines Pilgergewandes. Nach einer Weile hörte ich im Heiligen Bezirk einen Mann nach der Kette suchen. Er setzte für denjenigen, der sie ihm zurückbrächte, eine Belohnung von zwanzig Dinar aus. Ich fragte ihn nach einem Zeichen dafür, daß die verlorene Kette die seine sei, und er gab es mir. Nachdem ich ihm die Kette überreicht hatte, sagte er, ich solle ihn zu seiner Wohnung begleiten, damit er mir die Belohnung, die er ausgesetzt hatte, bezahlen könne, doch ich antwortete ihm, ich bräuchte die Belohnung nicht und hätte ihm auch nicht deswegen die Kette zurückgegeben, da mich Gott mit großem Reichtum gesegnet habe. ›So hast du sie nur Gottes wegen zurückgegeben?‹ fragte er mich, und als ich bejahte, sprach er: ›So wende dich mit mir zur Kaaba und beende mein Gebet mit deinem Amen!‹ Wir wandten uns der Kaaba zu, und er betete: ›O Gott, vergib ihm seine Sünden und hilf mir, daß ich ihm seine Tat einmal vergelten kann!‹ Dann verabschiedete er sich von mir und ging weg.

Später ergab es sich, daß ich von Mekka nach Ägypten reiste und mich dort einschiffte, um in den Maghreb zu fahren. Unterwegs wurde das Schiff jedoch von den Byzantinern aufgebracht, und ich geriet mit anderen in Gefangenschaft. Ich kam in den Beuteanteil eines Priesters, in dessen Diensten ich blieb, bis er dem Tod nahe war und in seinem Letzten Willen meine Freilassung verfügte. Ich verließ daraufhin die byzantinische Stadt und begab mich in einen Ort im Maghreb, wo ich in einem Bäckerladen als Schreiber tätig wurde. Jener Bäcker machte mit einem der Großgrundbesitzer jener Stadt Geschäfte. Als es wieder einmal Monatsanfang war, kam ein Sklave jenes Großgrundbesitzers zum Bäcker und sagte, sein Herr lasse ihn zu sich bitten, um die Abrechnung mit ihm zu machen. Der Bäcker

bat mich, ihn zu begleiten, und ich ging mit ihm zu dem Großgrundbesitzer, der entsprechend seinen Notizen mit ihm abrechnete. Als der Großgrundbesitzer sah, wie gut ich mich aufs Rechnen und aufs Schreiben verstand, bat er den Bäcker, mich ihm zu überlassen. Er gab mir andere Kleider und übertrug mir die Aufgabe, die Abgaben seiner gewaltigen Ländereien einzuziehen. Neben seinem Haus machte er eine Wohnung für mich frei.
Bereits kurze Zeit später fragte er mich, was ich davon hielte, mich zu verheiraten. Als ich ihm zu bedenken gab, wie ich denn noch für eine Frau aufkommen sollte, nachdem ich nicht einmal für mich selbst aufkommen konnte, bot er mir an, sich selbst um das Brautgeld, die Wohnung, die Kleidung und alles, was ich sonst noch nötig hätte, zu kümmern. ›Wie du willst‹, erwiderte ich ihm, worauf er sprach: ›Mein Junge, diese Braut hat aber Fehler aller Art.‹ Dann zählte er mir alle Fehler einzeln auf, die das Mädchen vom Kopf angefangen bis zu den Füßen an ihrem Körper aufwies. Doch ich sagte jeweils: ›Ich bin es zufrieden!‹, und ich sagte dies nicht nur, sondern meinte es auch. Da sprach er: ›Die Braut ist meine eigene Tochter!‹ Dann ließ er einige Leute holen, und der Heiratsvertrag wurde unterzeichnet.
Einige Tage später sagte er zu mir, ich solle mich vorbereiten, mich in mein Haus zu begeben. Er ließ mich mit prächtigen Gewändern versehen, und ich betrat ein Haus, das wunderschön ausgestattet und mit allen Gerätschaften ausgerüstet war. Dann ließ man mich auf einem erhöhten Sitz Platz nehmen, und die Braut wurde, von einer Wolldecke verhüllt, aus ihrem Gemach herausgeführt. Ich erhob mich, um sie zu empfangen. Als ich die Decke von ihr nahm, erblickte ich eine Gestalt, so schön, wie ich noch niemals eine in dieser Welt gesehen hatte. Fliehend verließ ich das Haus. Da begegnete mir der alte Mann und fragte mich, weshalb ich denn davonlaufe, worauf ich ihm antwortete: ›Dies ist nicht die Braut, deren Fehler du mir alle aufgezählt hast!‹ Da lächelte er und sprach: ›Mein lieber Junge, es ist deine Frau! Sie ist mein einziges Kind. Ich habe sie dir so beschrieben, damit du nicht zu gering erachtest, was du siehst!‹ Da kehrte ich in das Haus zurück, und sie wurde mir enthüllt.
Am folgenden Morgen, als ich den Schmuck und die prächtigen Juwelen, die sie trug, zu betrachten begann, sah ich unter all den anderen Dingen an ihr auch jene Kette, die ich einst in Mekka gefunden

hatte. Ich wunderte mich sehr und versank in Gedanken darüber. Als ich das Gemach verließ, rief mich mein Schwiegervater zu sich, fragte mich nach meinem Befinden und sprach: ›Das Erlaubte hat die Nase der Eifersucht abgeschnitten [52].‹ Ich dankte ihm für alles, was er für mich getan hatte. Dann überwältigten mich die Gedanken an jene Kette und daran, wie sie zu ihm gelangt sein mochte. Und als er mich fragte, woran ich denke, sagte ich: ›An eine bestimmte Kette. Als ich nämlich in einem gewissen Jahr die Pilgerfahrt machte, fand ich im Heiligen Bezirk eine Kette oder jedenfalls eine Kette, die ihr ähnlich ist.‹ Da rief er aus: ›Bist du es also, der mir damals die Kette zurückgegeben hat?‹ Und als ich dies bestätigte, sprach er: ›Freue dich! Gott hat mir und dir vergeben, denn damals habe ich zu Gott dem Gepriesenen gebetet, daß Er uns unsere Sünden vergibt und daß Er mir hilft, dir eines Tages deine Tat zu vergelten. Nun habe ich dir mein Vermögen und mein Kind übergeben, und ich glaube, mein Ende ist nahe.‹ Dann vermachte er mir alles in seinem Testament, und kurze Zeit später starb er. Möge Gott sich seiner erbarmen!«

Ein Mann trinkt rohe Eier und verliert seinen Furunkel

Der Emir Saifaddaula Zankî ibn Qarâdschâ – Gott sei ihm gnädig! – erzählte mir einmal folgende Begebenheit:
»Schâhinschâh« – er war der Gatte von Zankîs Schwester – »lud uns einmal in Aleppo ein. Nachdem wir uns bei ihm versammelt hatten, schickten wir noch einen Boten zu einem Freund von uns, mit dem wir oft zusammen waren und tranken und der ein liebenswerter und angenehmer Gesellschafter war, und forderten ihn auf, sich zu uns zu gesellen. Er kam, doch als wir ihm etwas zu trinken anboten, erklärte er, er müsse Diät halten, die ihm der Arzt für einige Tage verordnet habe, bis sich seine Geschwulst öffne. Hinten an seinem Hals hatte er einen großen Furunkel. Da baten wir ihn, er möge es an diesem Tag doch noch mit uns halten und mit der Diät erst am folgenden Tage beginnen. So ließ er sich umstimmen, und wir tranken zusammen bis zum Ende des Tages. Dann baten wir Schâhinschâh um etwas zu essen. Er behauptete zwar, er habe nichts zum Essen da, doch wir blieben hartnäckig, bis er sich schließlich einverstanden erklärte, uns ein paar Eier zu bringen, um sie auf dem Kohlenbecken

zu braten. Er brachte die Eier, wir holten eine Schüssel, zerbrachen die Eier, leerten ihren Inhalt in die Schüssel und setzten die Bratpfanne auf das Kohlenbecken, damit sie heiß wurde. Ich winkte dem Mann mit dem Furunkel am Hals zu, etwas von den rohen Eiern abzuschlürfen. Er hob die Schüssel an den Mund, um etwas abzutrinken, doch da rutschte ihm der gesamte Inhalt der Schüssel in den Hals, und er schluckte alles hinunter. Wir baten den Hausherrn, er möge uns nochmals Eier geben, doch er weigerte sich. So tranken wir noch eine Weile und gingen dann auseinander. Früh am folgenden Morgen, als ich noch im Bett lag, wurde an meine Tür geklopft. Als eine Sklavin hinausging, um nachzusehen, wer an der Tür sei, da war es jener unser Freund. Ich befahl der Sklavin, ihn herein zu mir zu lassen. Er kam zu mir, während ich immer noch im Bett lag, und sagte: ›Herr, der Furunkel an meinem Hals ist verschwunden, ohne eine Spur zu hinterlassen!‹ Ich betrachtete mir die Stelle, und siehe da, sie war wie jede andere Stelle an seinem Hals. Und als ich ihn fragte, was den Furunkel an seinem Hals zum Verschwinden gebracht hatte, erklärte er: ›Gepriesen sei Gott! Soweit ich weiß, habe ich kein Mittel verwendet, das ich nicht schon vorher verwendet hätte, außer daß ich jene rohen Eier getrunken habe.‹«
Gepriesen sei der Allmächtige, der sowohl Prüfungen verhängt als auch Heilung schenkt!

Hodenbruch und Rabenfleisch

Bei uns in Schaizar lebten zwei Brüder, von denen der ältere Muzaffar und der jüngere Mâlik ibn Ajjâd hieß. Sie stammten aus *Kafartâb* und pflegten als Händler nach Bagdad und in andere Orte zu reisen. Muzaffar hatte einen mächtigen Hodenbruch, der ihn sehr plagte. Eines Tages, als er mit einer Karawane auf dem Weg nach Bagdad durch die syrische Wüste war, machten sie bei einem arabischen Beduinenstamm halt. Die Beduinen bewirteten sie mit gekochten Vögeln. So aß man zu Abend und begab sich zur Ruhe. In der Nacht erwachte Muzaffar, weckte seinen Gefährten, der neben ihm lag, und fragte ihn: »Schlafe ich oder bin ich wach?« Der andere erwiderte: »Du bist wach! Wenn du schlafen würdest, würdest du dich doch nicht unterhalten!« Da sagte Muzaffar: »Mein Hodenbruch ist verschwunden, ohne eine Spur zu hinterlassen.« Der Gefährte sah nach und stellte fest, daß Muzaffar wieder gesund war wie jeder andere. Am folgenden Morgen fragten sie die Beduinen, von denen sie bewirtet worden waren, was sie ihnen zu essen gegeben hätten, worauf diese erklärten: »Als ihr bei uns abgestiegen seid, waren unsere Tiere gerade weit weg. Wir machten uns deshalb auf und fingen junge Raben, die wir für euch kochten.« Als die Karawane dann in Bagdad ankam, gingen sie ins Krankenhaus und erzählten die Geschichte dem Leiter des Hospitals. Dieser ließ daraufhin einige junge Raben besorgen und gab sie jenen, die an dieser Krankheit litten, zu essen, doch halfen ihnen die Raben nichts und hinterließen keine Wirkung. Da sagte der Leiter: »Der Vater jenes jungen Raben, den er gegessen hat, muß seine Brut mit dem Fleisch von Nattern geatzt haben. Und deshalb hat es ihm geholfen.«

Der große Arzt Ibn Butlân

Hier noch ein ähnlicher Fall! Es kam einmal ein Mann zu *Juhannâ ibn Butlân,* jenem Arzt, der wegen seiner Kenntnisse, seines Wissens und seiner Vorrangstellung in der Kunst der Medizin berühmt ist. Ibn Butlân sah, daß er an Wassersucht litt und daß sein Bauch aufgebläht, sein Hals dünn und sein ganzes Aussehen entstellt war. Da sagte er zu dem Kranken: »Mein Junge, bei Gott, für dich kann ich nichts mehr tun. Dir kann die Medizin nicht mehr helfen.« Der Kranke ging fort. Einige Zeit später kam der Kranke wieder bei Ibn Butlân vorbei, als dieser in seiner Praxis war. Seine Krankheit war von ihm verschwunden, sein Bauch war wieder zusammengeschrumpft, und sein ganzer Zustand hatte sich gebessert. Da rief ihn Ibn Butlân zu sich und fragte ihn: »Bist du es nicht, der vor einiger Zeit mit Wassersucht, einem dicken Bauch und einem dünnen Hals bei mir erschien und dem ich gesagt habe, ich könnte nichts mehr für ihn tun?« Und als der Mann dies bestätigte, fragte ihn Ibn Butlân weiter: »Und womit hast du dich behandelt, daß dein Leiden verschwand?« Da erwiderte der Mann: »Bei Gott, mit nichts habe ich mich behandelt. Ich bin ein armer Teufel und besitze nichts. Ich habe niemand, der sich um mich kümmert, außer meiner Mutter, die schon alt und gebrechlich ist. Sie hatte Essig in zwei irdenen Krügen von dem sie mir an jedem Tag etwas mit Brot zu essen gab.« Ibn Butlân erkundigte sich nun, ob von dem Essig noch etwas übrig sei, und als der Mann bejahte, bat er ihn, ihn zu begleiten und ihm den Krug zu zeigen, in dem sich der Essig befand. So ging nun der Mann vor Ibn Butlân her bis zu seinem Hause und zeigte ihm dort den Essigkrug. Ibn Butlân leerte den Essig, der noch darin war, aus, worauf er auf dem Grund des Kruges zwei Nattern entdeckte, die bereits zerfallen waren. Da erklärte er dem Mann: »Mein Sohn, niemand konnte dich mit Essig behandeln, in dem zwei Nattern waren, auf daß du gesund wurdest, außer Gott der Erhabene und Mächtige!«

Der genannte Ibn Butlân hat in der Medizin erstaunliche Heilerfolge erzielt. So kam einmal, als er sich gerade in seiner Praxis befand, ein Mann zu ihm, der seine Sprechfähigkeit verloren hatte, so daß man ihn kaum verstand, wenn er zu sprechen versuchte. Ibn Butlân fragte ihn nach seinem Beruf, worauf er ihm sagte, er sei Sieber. Da ließ ihn Ibn Butlân einen halben *Ratl* sauren Essig holen und forderte ihn auf, den Essig zu trinken. Der Mann tat es und blieb einen Augenblick sitzen. Dann wurde ihm speiübel, und er erbrach mit dem Essig eine Menge Lehm. Seine Kehle war daraufhin frei, und er konnte wieder ordentlich sprechen. Ibn Butlân aber sagte zu seinem Sohn und zu seinen Schülern: »Behandelt nie jemanden mit diesem Mittel, da ihr den Kranken damit töten könnt! Bei diesem Mann indes hatte sich in der Speiseröhre Staub festgesetzt, den nur Essig herausbringen konnte.«

Ibn Butlân stand einige Zeit in den Diensten meines Urgroßvaters *Muqallad ibn Nasr ibn Munqidh*. Als mein Großvater *Alî ibn Muqallad* noch ein kleiner Junge war, zeigten sich einmal auf seiner Haut weiße Flecken, worüber mein Urgroßvater sehr in Unruhe geriet, da er fürchtete, es könne sich um Aussatz handeln. Er ließ deshalb Ibn Butlân holen und bat ihn, sich die Erscheinung auf Alîs Körper anzusehen. Ibn Butlân betrachtete sich den Jungen und sagte dann: »Ich will fünfhundert Dinar im voraus dafür, daß ich ihn behandle und diese Erscheinung an ihm zum Verschwinden bringe!« Da erwiderte mein Urgroßvater: »Selbst wenn du Alî bereits geheilt hättest, wäre ich nicht damit einverstanden, dir fünfhundert Dinar zu geben!« Als Ibn Butlân sah, wie verärgert mein Urgroßvater war, sprach er: »Herr, ich bin dein Diener und dein Sklave und lebe von deiner Güte. Was ich sagte, habe ich nur im Spaß gemeint. Diese

Flecken auf Alîs Körper sind nur ein Ausschlag, wie ihn Jugendliche haben. Sobald er das Mannesalter erreicht, werden sie wieder verschwinden. So mache dir keine Sorgen darüber und lasse dir von niemandem das Geld aus der Tasche ziehen, der behauptet, er könne den Jungen behandeln! Die Flecken gehen nämlich weg, sobald er erwachsen ist.« Es kam dann auch so, wie Ibn Butlân gesagt hatte.
In Aleppo lebte einmal eine Frau aus der vornehmen Gesellschaft namens Barra, die in ihrem Kopf von einer Erkältung heimgesucht wurde. Gegen die Kälte in ihrem Kopf legte sie sich alte Baumwolle darauf sowie einen Hut, ein Stück Samt und Taschentücher, bis sie aussah, als trüge sie einen riesigen Turban. Dennoch bat sie immer noch darum, man möge ihr doch gegen die Kälte helfen. Schließlich ließ sie Ibn Butlân holen und klagte ihm ihr Leid. Da sprach er: »Besorge mir für morgen früh fünfzig *Mithqâl* stark riechenden Kampfer, den du dir von einem der Parfumhändler entweder leihen oder mieten kannst, da er ihn wieder völlig zurückbekommt!« Die Frau besorgte ihm den Kampfer. Am folgenden Morgen nahm dann Ibn Butlân alle die Tücher von ihrem Kopf, rieb ihr Haar mit dem Kampfer ein und legte alle Tücher wieder darauf, während sie um Hilfe gegen die Kälte rief. Danach schlief sie einen Augenblick, und als sie erwachte, klagte sie über die Hitze und den Druck in ihrem Kopf. Da entfernte Ibn Butlân Stück für Stück die Tücher, bis sie nur noch einen Schleier über dem Kopf hatte. Schließlich schüttelte er ihr auch noch den Kampfer aus den Haaren. Daraufhin wich die Kälte von ihr, und sie war fortan mit einem einzigen Schleier zufrieden.

Wie einmal meine eigene Erkältung geheilt wurde

Etwas Ähnliches widerfuhr mir einmal in Schaizar. Mich befiel große Kälte, und ich wurde von Kälteschauern geplagt, wobei ich aber kein Fieber hatte und obwohl ich zahlreiche Kleider und Pelze trug. Sobald ich mich im Sitzen bewegte, zitterte ich, meine Haare stellten sich auf, und meine Muskeln zogen sich zusammen. Schließlich ließ ich Schaich Abu l-Wafâ' Tamîm, den Arzt kommen und klagte ihm mein Leid. Er ließ sich daraufhin eine indische Melone bringen, brach sie auf und sagte mir, ich solle davon so viel essen, wie ich könnte. Da wandte ich ein: »Ich sterbe fast vor Kälte, und auch der Granatapfel[53] ist kalt. Wie kann ich so etwas Kaltes essen?« – »Iß, wie ich dir gesagt habe!« befahl mir der Arzt. Ich gehorchte ihm, und ich hatte die Melone noch nicht aufgegessen, als ich in Schweiß ausbrach und die Kälte, die ich verspürt hatte, verschwand. Darauf erklärte mir der Arzt: »Das, was du hattest, rührte von einer Überfunktion der Galle her und nicht von einer wirklichen Erkältung.«

Ein heilsamer Traum und die Käseseife

Ich habe zuvor von einigen ungewöhnlichen Träumen berichtet. In meinem Buch, das den Titel »Das Buch über den Schlaf und die Träume« trägt, habe ich die verschiedenen Meinungen über den Schlaf und die Träume, über die Traumzeiten und die Ansichten der Gelehrten dazu aufgeführt, habe ihre Ansichten mit den entsprechenden Versen aus der arabischen Dichtung belegt, habe ausführliche Erläuterungen gegeben und habe das ganze Thema gründlich abgehandelt. Ich muß deshalb hier nichts mehr davon erwähnen. Eine Geschichte habe ich jedoch in jenem Buch erzählt, die ich besonders interessant fand und die ich deshalb hier nochmals aufführen möchte: Mein Großvater *Alî ibn Muqallad* hatte eine Sklavin namens Lu'lu'a, die meinen Vater *Murschid ibn Alî* großzog. Als mein Vater älter geworden war und das Haus meines Großvaters verließ, ging die Sklavin mit ihm. Nachdem ich dann zur Welt gekommen war, zog die alte Sklavin auch mich auf. Als ich dann erwachsen war, heiratete, und das Haus meines Vaters verließ, begleitete sie mich und zog dann auch noch die Kinder auf, die mir selbst geschenkt wurden. Sie – Gott sei ihr gnädig! – gehörte zu den frommen Frauen, sie fastete am Tag und betete des Nachts. Von Zeit zu Zeit litt sie unter Koliken. Eines Tages hatte sie eine so starke Kolik, daß sie bewußtlos wurde und man sie schon aufgab. Zwei Tage und zwei Nächte blieb sie in diesem Zustand. Dann erwachte sie und sprach: »Es gibt keinen Gott außer Gott! Wie erstaunlich war, worin ich mich befand! Ich bin allen unseren Verstorbenen begegnet, und sie haben mir wundersame Dinge berichtet. Unter anderem sagten sie mir, daß mich diese Kolik nie wieder befallen werde.« Sie lebte dann noch lange, ohne daß sie noch einmal eine Kolik hatte.

Sie wurde fast hundert Jahre alt, wobei sie immer ihre täglichen Gebete einhielt. Als ich eines Tages zu ihr ins Zimmer trat, das ich ihr in meinem Hause zugewiesen hatte, fand ich sie, wie sie vor sich eine Waschschüssel hatte und ein Tuch wusch, das sie bei den Gebeten zu benutzen pflegte. »Was ist damit, Mutter?« fragte ich sie, worauf sie mir antwortete: »Mein lieber Sohn, irgendwelche Leute, die den Geruch von Käse an den Händen hatten, haben dieses Tuch angefaßt, und je mehr ich es wasche, desto mehr stinkt es nach Käse.« Ich bat sie, mir doch einmal die Seife zu zeigen, mit der sie wusch. Da nahm sie die Seife aus dem Tuch, und siehe da, es war ein Stück Käse. Und sie hatte geglaubt, es sei Seife! Je mehr sie das Tuch mit dem Käse einrieb, desto mehr stank es danach. Ich sagte ihr: »O Mutter! Das ist ein Stück Käse, keine Seife!« Da sah sie es sich an und rief aus: »Du hast recht! Und ich dachte immer, es wäre Seife!«

Gesegnet sei Gott, der wahrste Sprecher, der sagt: DEN, DEM WIR EIN LANGES LEBEN SCHENKEN, WENDEN WIR IN SEINER KÖRPERLICHEN ERSCHEINUNG UM! (Sure 36, 67)

Zu langes Erzählen bringt Langeweile mit sich, und der Unglücksfälle und Mißgeschicke sind zu viele, als daß man sie alle aufzählen könnte. Ich bitte Gott den Mächtigen und Erhabenen, daß Er mich in dem Leben, das mir noch verbleibt, beschützt und mich gesund erhält und daß Er mir, wenn der Tod kommt, Seine Barmherzigkeit und Sein Wohlgefallen schenkt, denn Er ist der Großmütigste von allen, an die man Bitten richtet, und der Naheste von denen, auf die man hofft. Preis sei Gott allein und Segen und Heil über unserem Herrn Mohammed und seiner Familie!

ICH VERTRAUE AUF GOTT DEN ERHABENEN (Sure 10, 72).

Auf der Jagd an allen Orten

Ich habe zuvor über die Dinge des Krieges und über die von mir bestandenen Schlachten, Kämpfe und Gefahren gesprochen, an die ich mich noch erinnere und die mich der Lauf der Zeit nicht vergessen ließ, denn mein Leben währt schon lange, und ich habe mich nun der Einsamkeit und der Zurückgezogenheit verschrieben. Das Vergessen ist ein Erbe, das uns von unserem Stammvater Adam überkommen ist.

Im folgenden Abschnitt will ich nun von Erlebnissen und Begebenheiten berichten, die ich auf der Jagd hatte, sei es auf der gewöhnlichen Jagd oder auf der Jagd mit Beizvögeln. Einiges davon erlebte ich in meinen frühen Lebensjahren in Schaizar, anderes mit dem König der Emire, dem *Atabek Zankî*, wieder anderes mit *Mahmûd ibn Buri* in Damaskus, wieder anderes in Ägypten, wieder anderes mit *Nûraddîn Abu l-Muzaffar* und wieder anderes schließlich mit dem Emir *Fachraddîn Qarâ Arslân* in Dijâr Bakr.
Was ich davon in Schaizar erlebte, geschah in Begleitung meines Vaters – Gott sei ihm gnädig! Er war ein großer Liebhaber der Jagd, beschäftigte sich ständig damit, sammelte alle Arten von Beizvögeln und scheute keine Unkosten für diese seine Art von Zerstreuung. Es war sein einziges Vergnügen. Sonst widmete er sich ausschließlich dem Kampf, dem Heiligen Krieg gegen die Franken und dem Abschreiben des Korans, wenn ihm die Beschäftigung mit seinen Freunden dazu die Muße ließ. Er fastete viel und rezitierte oft den Koran. Die Jagd hatte für ihn eine Bedeutung, wie sie in der Überlieferung mit den Worten beschrieben wird: »Erfrischt eure Herzen, auf daß sie Gottes Wort besser aufnehmen!« Ich habe nie etwas erlebt, was seiner Art zu jagen und eine Jagd auszurichten, vergleichbar gewesen wäre.
Ich nahm auch an Jagden in Begleitung des Atabek Zankî teil, der zahlreiche Beizvögel besaß. Dabei habe ich ihn folgendermaßen jagen sehen: Während wir an den Flußufern entlangzogen, gingen die Falkner mit den Habichten voraus, die sie dann auf die Wasservögel losließen. Dabei wurden, wie es üblich ist, die Trommeln geschlagen. Die Habichte fingen von den Vögeln, so viele sie konnten, und verfehlten den Rest. Dahinter folgten dann die Bergwanderfalken auf den Händen der Falkner. Sobald die Habichte ihre Jagd beendet und eine Reihe von Wasservögeln verfehlt hatten, ließen die Falkner die Bergwanderfalken auf die Wasservögel los, als diese sich bereits auf höheres Gelände geflüchtet hatten. Die Wanderfalken holten sie ein und fingen sie. Dann wurden sie auf Rebhühner losgelassen, die sie, während sie am Abhang des Berges hinaufliefen, verfolgten und erjagten. Die Bergwanderfalken besitzen eine erstaunliche Schnelligkeit im Fliegen.
Eines Tages waren wir in dem sumpfigen Gebiet in der Umgebung von Mosul und zogen durch Auberginenpflanzungen. Vor dem

Atabek ging ein Falkner, der einen weiblichen Sperber auf der Hand trug. Da flog plötzlich ein männliches Haselhuhn auf, und der Falkner ließ den Sperber los, der das Haselhuhn fing und es herunterbrachte. Als er sich auf dem Boden befand, entwischte ihm jedoch das Haselhuhn aus den Fängen und flog davon. Als es hoch in die Luft stieg, flog der Habicht[54] vom Boden auf, fing das Haselhuhn wieder und kam, das Huhn fest in seinen Klauen, wieder herunter.
Mehrere Male erlebte ich den Atabek auch auf der Jagd nach wilden Tieren. Sobald die Jagdgesellschaft einen Kreis gebildet hatte, innerhalb dessen sich das Wild sammelte, konnte niemand mehr in den Kreis eindringen. Wenn dann eines der Tiere aus dem Kreis auszubrechen versuchte, schoß man auf es, wobei der Atabek selbst einer der besten Bogenschützen war. Immer wenn ihm eine Gazelle nahe kam, schoß er auf sie, worauf wir sahen, wie die Gazelle zu straucheln schien und schließlich niederfiel und geschlachtet wurde. Die erste Gazelle, die er auf jeder Jagd, bei der ich ihn begleitete, erlegte, pflegte er mir immer durch einen seiner Sklaven zu schicken.
Einmal begleitete ich ihn im Gebiet von *Nisibis* am Hirmâs-Fluß. Der Kreis war bereits gebildet und die Zelte aufgeschlagen worden, als die Tiere zu den Zelten kamen. Mit Stöcken und Keulen machten sich die Sklaven auf und erlegten eine große Menge des Wildes. Im Kreis war auch ein Schakalwolf eingeschlossen worden, und dieser stürzte sich nun mitten im Kreis auf eine Gazelle, packte sie und wurde getötet, als er schon auf ihr lag.
Eines Tages begleitete ich ihn in *Sindschâr*, als einer seiner Reiter zu ihm kam und ihm berichtete, in der Gegend sei eine schlafende Hyäne. Sofort zog der Atabek mit uns zu einem nahe gelegenen Wadi, wo die Hyäne auf einem Felsen am Rande des Wadis schlief. Der Atabek stieg vom Pferd und ging zu Fuß, bis er der Hyäne gegenüberstand. Dann schoß er einen Pfeil auf sie, womit er sie auf den Grund des Wadis warf. Seine Leute stiegen hinunter und brachten die tote Hyäne zu ihm.
Einmal war ich auch in der Umgebung von Sindschâr in seiner Begleitung, als man Hasen aufgescheucht hatte. Er ließ die Hasen von den Reitern einkreisen und befahl einem Sklaven, der hinter ihm einen Luchs in der Weise trug, wie man auch den Gepard trägt, vorzugehen und den Luchs auf die Hasen loszulassen, die daraufhin zwischen die Beine der Pferde liefen, wo sie der Luchs nicht

fangen konnte. Ich hatte vorher noch nie einen Luchs bei der Jagd gesehen.
In Damaskus in den Tagen des *Mahmûd ibn Bûrî* mulûk nahm ich an Jagden auf Vögel, Gazellen, Wildesel und Rehe teil. Eines Tages begleitete ich ihn in das Waldgebiet von *Bânjâs,* wo der Boden dicht mit Gras bewachsen ist. Wir erlegten viele Rehe. Dann wurden die Zelte in Kreisform aufgeschlagen, und wir lagerten uns. Da tauchte aus der Mitte des Kreises ein Reh auf, das dort im Gras geschlafen hatte. Man fing es mitten zwischen den Zelten.
Auf dem Rückweg sah ich, wie ein Mann Mahmûd berichtete, daß er auf einem Baum ein Eichhörnchen entdeckt hatte. Schi-Mahmûd ging hin, stellte sich unter den Baum und schoß zwei oder drei Pfeile ab, traf das Eichhörnchen aber nicht. Ziemlich wütend darüber, daß er es nicht getroffen hatte, gab er es auf und zog weiter. Da sah ich einen Türken kommen und auf das Eichhörnchen schießen. Sein Pfeil drang mitten durch das Tier hindurch, dessen Vorderbeine daraufhin schlaff herabhingen. Mit den Hinterbeinen klammerte es sich jedoch trotz des Pfeiles in seinem Körper weiter am Baum fest und fiel erst herunter, als man den Baum schüttelte. Hätte dieser Pfeil einen Menschen getroffen, wäre dieser auf der Stelle tot gewesen. Gepriesen sei der Schöpfer aller Geschöpfe!
Ich habe auch Jagden in Ägypten erlebt. Der Kalif *al-Hâfiz* besaß eine große Anzahl Beizvögel, Habichte ebenso wie Sakerfalken und Seewanderfalken. Der Hauptverantwortliche für die Beizvögel pflegte zweimal in der Woche mit den Falknern, von denen die meisten zu Fuß gingen und die die Beizvögel auf ihren Händen trugen, hinauszuziehen. An jenen Tagen schloß ich mich immer zu Pferd dem Zug an, um mich am Anblick ihrer Jagd zu erfreuen. Einmal ging der Oberfalkner zum Kalifen und erzählte ihm, daß ich, sein Gast, immer mit ihnen hinauszöge. Er wollte seine Meinung darüber erkunden. Der Kalif erwiderte: »Laß ihn dich begleiten und sich an den Beizvögeln freuen!«
Als wir eines Tages wieder auszogen, hatte einer der Falkner einen rotäugigen, in Gefangenschaft vermauserten Habicht dabei. Als wir einige Kraniche erblickten, befahl ihm der Oberfalkner, vorzulaufen und den Habicht auf die Kraniche loszulassen. Die Kraniche flogen auf, doch der Habicht holte in einiger Entfernung von uns einen der Vögel ein und brachte ihn herunter. Da sagte ich zu einem meiner

Sklaven, der ein vorzügliches Pferd ritt: »Reite schnell hin! Dann steige dort ab, stecke den Schnabel des Kranichs in die Erde, halte ihm die Flügel am Rücken zusammen und nehme seine Beine zwischen deine Füße, bis wir bei dir sind!« Der Sklave ritt davon und tat, was ich ihm befohlen hatte. Sobald dann der Falkner ankam, schlachtete er den Kranich und fütterte den Habicht satt.
Nach unserer Rückkehr erzählte der Oberfalkner dem Kalifen, was geschehen war und was ich zu meinem Sklaven gesagt hatte. »O unser Gebieter«, fügte er hinzu, »er spricht wie ein richtiger Jäger!« Da antwortete ihm al-Hâfiz: »Was hat er auch sonst zu tun außer kämpfen und jagen!«
Die Falkner hatten auch Sakerfalken dabei, die sie auf fliegende Reiher losließen. Immer wenn ein Reiher einen Sakerfalken erblickte, stieg er kreisend hoch, während der Sakerfalke an anderer Stelle ebenfalls in Kreisen emporflog, bis er höher als der Reiher war. Dann stieß er auf ihn herab und packte ihn. Es gibt in jenem Lande Vögel, die sie Buddsch nennen und die den Flamingos ähneln, auf die die Ägypter ebenfalls Jagd machen. Die Wasservögel lassen sich an den Nilfurten leicht jagen. Gazellen sind bei ihnen selten, dafür gibt es »die Rinder der Kinder Israels«, die eine gelbliche Farbe besitzen, Hörner wie die gewöhnlichen Rinder haben, aber kleiner als diese sind und dabei sehr schnell laufen können. Aus dem Nil steigt zuweilen ein Tier ans Land, das die Ägypter »Flußpferd« nennen. Es ähnelt einem kleinen Rind, hat kleine Augen und ist haarlos wie der Büffel. Im Unterkiefer hat es lange Zähne und im Oberkiefer für diese Zähne Höhlungen, die sich unterhalb der Augen nach außen wölben. Es quiekt ähnlich wie das Schwein. Es lebt immer in Wassermulden und frißt Brot, Gras und Getreide.
Nachdem ich mit dem Emir *Mu'înaddîn* nach Akkon zum König der Franken *Fulk*, dem Sohne Fulks, gezogen war, sahen wir einmal einen Mann aus Genua, der aus dem Land der Franken gekommen war und einen großen vermauserten Habicht für die Jagd auf Kraniche sowie eine kleine Hündin mitgebracht hatte. Immer wenn er den Habicht auf Kraniche losließ, lief die Hündin unter ihm her. Und wenn der Habicht dann einen Kranich gepackt und auf den Boden gebracht hatte, biß sie sich an dem Kranich fest, der sich daraufhin nicht mehr von ihr befreien konnte. Jener Genuese erklärte uns, daß man bei ihm zu Hause den Habicht für die Jagd auf Kraniche ver-

wendet, wenn sein Schwanz aus dreizehn Federn besteht. Wir zählten die Federn am Schwanz jenes Habichts und stellten fest, daß es so war, wie er sagte. Der Emir Mu'înaddîn erbat sich den Habicht vom König, der ihn daraufhin zusammen mit der Hündin dem Genuesen wegnahm und ihn dem Emir schenkte. Wir nahmen den Habicht mit uns, und ich sah unterwegs, wie er sich auf die Gazellen stürzte, als seien es Fleischstücke, mit denen man ihn fütterte. Wir brachten ihn bis nach Damaskus, wo er aber nicht mehr lange lebte. Er jagte nicht mehr und verendete.

In *Hisn Kaifâ* habe ich gemeinsam mit dem Emir *Fachraddîn Qarâ Arslân* an Jagden teilgenommen. Es gab dort Rebhühner, viele Sandhühner und Haselhühner. Die Wasservögel leben dort am Flußufer, das aber so ausgedehnt ist, daß der Habicht sie nicht fangen kann. Die Leute dort jagen hauptsächlich Bergziegen, und zwar in der Weise, daß sie in den Wadis Netze aufspannen, in die sie die Bergziegen treiben, die dann in den Netzen hängenbleiben. Die Bergziegen sind dort überaus zahlreich und leicht zu jagen. Das gleiche gilt für die Hasen.

Auch mit *Nûraddîn* bin ich auf die Jagd gegangen. Einmal begleitete ich ihn im Gebiet von Hamât, als seine Leute gerade einen Hasen aufgescheucht hatten. Nûraddîn traf ihn mit einem an der Spitze eingekerbten Pfeil. Die Häsin rannte jedoch davon und entkam in ihren Bau. Wir galoppierten hinter ihr her. Nûraddîn hielt an ihrem Bau an, und der edle, vom Propheten abstammende Herr Bahâ'ddîn reichte mir einen Fuß der Häsin, den ihr der Pfeil oberhalb der Knieflechse abgetrennt hatte. Außerdem hatte ihr eine Zacke der Pfeilspitze den Leib aufgerissen, und durch die Öffnung war die Gebärmutter herausgefallen. Trotzdem war sie uns noch davongelaufen und hatte sich in ihrem Bau versteckt. Nûraddîn befahl dann einem seiner Diener abzusteigen, seine Schuhe auszuziehen und zu versuchen, hinter dem Tier in den Bau einzudringen. Er erreichte die Häsin aber nicht. Zu dem, der die Gebärmutter aufgehoben hatte, in der sich zwei kleine Häschen befanden, sagte ich, er solle die Gebärmutter aufreißen und die Jungen mit Erde bedecken. Als er die Gebärmutter öffnete, bewegten sich jedoch die Häschen und lebten!

Eines Tages war ich dabei, als Nûraddîn vor Qarâ Hisâr in der Gegend von Aleppo eine Hündin auf einen Fuchs hetzte. Im Galopp ritt er selbst hinterher und ich mit ihm. Die Hündin holte den

Fuchs ein und biß ihn in den Schwanz, doch der Fuchs drehte seinen Kopf nach hinten und biß die Hündin in die Nase. Da heulte die Hündin auf, während Nûraddîn lachte. Schließlich ließ der Fuchs von der Hündin ab und verkroch sich in seinem Bau, worauf wir seiner nicht mehr habhaft werden konnten.
Als wir eines Tages unterhalb der Festung von Aleppo nördlich der Stadt dahinritten, brachte man Nûraddîn einen Habicht. Da forderte er Nadschmaddîn Abu Tâlib ibn Alî Kurd auf, er möge mir sagen, ich solle mir den Habicht nehmen und mit ihm jagen. Und als ich ihm daraufhin beteuerte, daß ich mich darauf nicht verstünde, sagte Nûraddîn: »Wo ihr doch dauernd auf der Jagd seid, verstehst du es nicht einmal, einen Habicht abzurichten?« Da erklärte ich ihm: »Herr, wir pflegen unsere Beizvögel nicht selbst abzurichten, sondern wir haben Falkner und Sklaven, die dies für uns tun, mit den Beizvögeln uns vorausziehen und mit ihnen jagen.« Ich nahm den Habicht nicht.

Mein Vater und seine Falken

Mit allen diesen bedeutenden Männern hatte ich so viele Jagderlebnisse, daß ich nicht die Zeit habe, sie hier alle im einzelnen zu schildern. Sie konnten sich alles, was sie wollten, für die Jagd beschaffen und besaßen alle notwendigen Jagdgeräte und sonstigen Ausrüstungsgegenstände. Ich habe jedoch niemanden so trefflich jagen sehen wie meinen Vater – Gott sei ihm gnädig! Ich weiß nicht, ob mein Urteil nur daher rührt, daß ich ihn immer mit den Augen der Liebe betrachtete – so wie der Dichter sagt: »Geliebt wird alles, was der Geliebte tut!« –, oder ob meine Ansicht über ihn der Wirklichkeit entspricht. So will ich denn einiges davon berichten, damit der Leser selbst darüber urteilen kann.
Tagsüber widmete mein Vater alle seine Zeit der Koranrezitation, dem Fasten und der Jagd, während er des Nachts den Koran abschrieb. Insgesamt hat er 46 vollständige Kopien mit eigener Hand geschrieben, darunter zwei vollständige Kopien ganz in goldenen Lettern. An einem Tag pflegte er zur Jagd zu reiten und am nächsten Tag sich auszuruhen. Dabei fastete er ständig.
Wir hatten im Gebiet von Schaizar zwei Jagdreviere, nämlich eines

in den Bergen südlich des Ortes für die Jagd auf Rebhühner und Hasen und ein anderes am Fluß in den Röhrichten westlich der Stadt für die Jagd auf Wasservögel, Haselhühner, Hasen und Gazellen.
Mein Vater scheute weder Mühen noch Unkosten, um Männer aus seiner Umgebung in die verschiedenen Länder zu schicken, um Falken[55] zu kaufen. Einmal schickte er sie sogar bis nach Konstantinopel, damit sie ihm von dort Falken brachten. Für die Rückreise nahmen seine Diener Tauben in solcher Anzahl mit, daß sie nach ihrer Meinung für die Ernährung der Falken ausreichten. Eine rauhe See verzögerte jedoch ihre Rückreise, so daß ihnen die für die Falken mitgeführte Nahrung ausging und sie sich gezwungen sahen, die Falken mit Fischfleisch zu füttern. Dies hatte jedoch zur Folge, daß die Flügelfedern spröde und zerbrechlich wurden. Nachdem die Männer dann mit den Vögeln in Schaizar angekommen waren, konnte sich der Ort seltener Falken rühmen. Ein Falkner namens Ghanâ'im, der in den Diensten meines Vaters stand und eine geschickte Hand in der Abrichtung und Pflege der Falken hatte, brachte ihre Flügel wieder in Ordnung und jagte mit ihnen. Einige der Falken mauserten auch bei ihm.
Die meisten Habichte bestellte und kaufte mein Vater aus dem Wadi Ibn al-Ahmar im Gebiet von *al-'Alâ'*. Er ließ einige Leute aus den Bergen in der Nähe von Schaizar, nämlich aus den Dörfern Baschîla, Jasmâlich und Hillat Ârâ, kommen und besprach mit ihnen die Möglichkeit, daß sie in ihren Orten Fangplätze für Falken einrichteten. Nachdem er sie noch beschenkt und ihnen Gewänder überreicht hatte, zogen sie wieder davon und errichteten Fanghütten. Sie fingen viele Habichte, sowohl junge als auch vermauserte und auch männliche[56]. Dann brachten sie sie zu meinem Vater und sagten: »O unser Gebieter! Um dir zu Diensten zu sein, haben wir die Besorgung unseres Lebensunterhaltes und unsere Landwirtschaft aufgegeben. Wir wünschen uns deshalb, daß du uns alles abnimmst, was wir fangen, und uns einen Preis festsetzt, den wir kennen und über den dann nicht mehr gesprochen wird.« Da setzte mein Vater folgende Preise fest: Ein junger Habicht fünfzehn Dinar, ein junger männlicher Habicht halb soviel, ein vermauserter Habicht zehn Dinar und ein vermauserter männlicher Habicht halb soviel. Damit eröffnete sich für die Bergbewohner eine Möglichkeit, ohne große Mühe und Anstrengung Geld zu verdienen. Der Fänger mußte sich dafür nur eine

etwa mannshohe Steinhütte errichten, die er mit Zweigen und darüber mit Stroh und Heu bedeckte und mit einer Öffnung versah. Dann nahm er eine Taube, band sie mit ihren Beinen an einen Stock und streckte diesen durch die Öffnung hinaus. Wenn er den Stock dann bewegte, bewegte sich auch die Taube und öffnete ihre Flügel. Sobald ein Habicht die Taube erblickte, stürzte er hinunter und packte sie. Wenn der Fänger den Habicht spürte, zog er den Stock durch die Öffnung in die Hütte, ergriff die beiden Fänge des Habichts, während dieser noch die Taube festhielt, nahm ihn zu sich herunter und bräute ihn auf[57]. Früh am nächsten Morgen brachte er dann den Habicht zu uns, um sich den Preis für das Tier abzuholen, und kehrte zwei Tage später wieder nach Hause zurück. Immer mehr Bergbewohner betätigten sich deshalb als Fänger, und entsprechend wuchs bei uns die Zahl der Habichte, bis wir so viele Habichte wie Hühner hatten. Einige der Habichte wurden für die Jagd verwendet, andere verendeten auf ihren Sitzstangen, da es einfach zu viele waren.
Im Dienste meines Vaters standen Falkner, Männer für das Abrichten der Sakerfalken und Hundepfleger. Einigen seiner Mamelucken brachte er auch das Abrichten von Habichten bei, so daß sie darin bestens bewandert wurden. Wenn mein Vater zur Jagd zog, wurde er von uns, seinen vier Söhnen, begleitet. Bei uns hatten wir auch immer unsere Sklaven, Seitpferde und Waffen, da die Franken ganz in unserer Nähe waren und wir nie vor ihnen sicher sein konnten. Wir hatten immer so um die zehn Falken dabei. Mein Vater nahm immer zwei Falkner für die Sakerfalken, zwei Gepard- und zwei Hundeführer mit. Einer der Hundeführer hatte die *Slugis*, ein anderer die Hühnerhunde bei sich. An den Tagen, an denen mein Vater zur Rebhuhnjagd in die Berge zog, pflegte er noch in großer Entfernung von den Bergen, wenn er sich auf den Weg dorthin machte, zu uns zu sagen, wir sollten uns verteilen und jeder von uns, der seine Koranrezitation noch zu verrichten hatte, sollte dies nun tun. Wir, seine Söhne, kannten alle den Koran auswendig. Wir verteilten uns also und rezitierten, bis wir zum Jagdgebiet gelangten, wo er uns dann zu sich rufen ließ und jeden von uns fragte, wie viele Verse wir rezitiert hatten. Wenn wir es ihm berichtet hatten, sagte er uns dann immer, daß er selbst hundert oder fast hundert Verse rezitiert hatte. Mein Vater rezitierte den Koran so, wie er geoffenbart worden ist.

Sobald wir im Jagdrevier waren, befahl mein Vater einigen Sklaven, sich mit den Falknern zu zerstreuen. Wohin die Rebhühner auch flogen, in jeder Richtung war ein Falke, der auf sie losgelassen wurde. Insgesamt wurde mein Vater von vierzig seiner *Mamelucken* und Gefährten begleitet, die alle äußerst jagderfahrene Männer waren. Kaum ein Vogel flog auf und kaum ein Hase oder eine Gazelle zeigte sich, ohne daß wir sie erbeuteten. So jagten wir in den Bergen bis zum späten Nachmittag. Dann machten wir uns auf den Heimweg, nachdem wir die Falken gefüttert und sie zum Trinken und Baden zu den in den Bergen gelegenen Wassertümpeln gebracht hatten. Nach Einbruch der Dunkelheit waren wir dann wieder zurück in Schaizar.
Wenn wir zur Jagd auf Wasservögel und Haselhühner ausritten, war dies ein Freudentag für uns. Wir brachen mit der Jagdgesellschaft am Tor der Unterstadt auf und zogen zu den Röhrichten. Während wir dann mit den Habichten eindrangen, wurden die Geparde und Sakerfalken draußen gelassen. Wenn ein Haselhuhn aufflog, wurde es von einem Habicht gefangen, und wenn ein Hase aufsprang, warfen wir einen Habicht hinter ihm her. Entkam ein Hase aus dem Röhricht, hetzte man die Geparde auf ihn. Wenn eine Gazelle aufsprang, ließ man sie das Röhricht verlassen und hetzte dann die Geparde auf sie. Entkam die Gazelle auch den Geparden, warf man die Sakerfalken hinter ihr her. So konnte uns ein Wild nur durch eine besondere Schicksalsfügung entkommen. In den Röhrichten gab es auch viele Wildschweine. Im Galopp machten wir Jagd auf sie und erlegten sie. Wildschweine zu töten machte uns mehr Spaß als jede andere Jagd.
Mein Vater richtete jede Jagd so aus, als gelte es einen Kriegszug oder sonst eine wichtige Sache zu organisieren. Keiner durfte sich durch ein Gespräch mit einem Gefährten ablenken lassen und um etwas anderes kümmern, als sich genau das Gelände zu betrachten, um Hasen oder Vögel in ihren Nestern zu erspähen.
Zwischen meinem Vater und den beiden Söhnen des *Ruben,* Theodoros und Leon, den armenischen Herren von *al-Massîsa, Antartûs, Adhana* und den Durûb, bestanden freundschaftliche Beziehungen und briefliche Kontakte, deren Hauptursache im Wunsch meines Vaters nach Beizvögeln bestand. Jedes Jahr schickten sie ihm etwa zehn Beizvögel, die von armenischen Falknern zu Fuß gebracht wurden, sowie eine Reihe von Hühnerhunden, während mein Vater

ihnen Pferde, Parfums und ägyptische Gewänder sandte. Wir erhielten von ihnen ausgezeichnete und seltene Beizvögel. In einem Jahr hatten wir einmal eine Sammlung von Falken von den Durûb, darunter einen jungen, der so groß war wie ein Adler, und andere kleinere.

Aus den Bergen erhielten wir damals auch eine Anzahl Habichte, unter denen sich ein noch junger befand, der so breit war wie ein Sakerfalke, aber nicht so schnell fliegen konnte wie die anderen. Ghanâ'im, der Falkner, meinte zwar über ihn, er – er hieß al-Jahschûr – habe Anlagen wie keiner der anderen Habichte und würde später nie eine Beute verfehlen, doch wir glaubten ihm nicht. Nachdem er ihn jedoch abgerichtet hatte, wurde aus ihm einer der flinksten, im Fluge schnellsten und klügsten Habichte, wie er es schon vorher von ihm geglaubt hatte. Jahschûr mauserte bei uns und ging aus der Mauser noch trefflicher hervor, als er es schon vorher gewesen war. Er lebte und mauserte bei uns dreizehn Jahre und war dann so etwas wie ein Mitglied der Familie geworden, wobei er immer für seinen Herrn jagte und nicht, wie es bei den anderen Beizvögeln üblich ist, für sich selbst. Er lebte ständig bei meinem Vater, der ihn nicht der Obhut des Falkners überließ, da die Falkner die Habichte des Nachts herumzutragen pflegten und sie hungern ließen, damit sie dann besser mit ihnen jagen konnten. Al-Jahschûr aber tat von sich aus alles, was man von ihm verlangte. Wenn wir mit einer Anzahl Habichte auf Rebhuhnjagd gingen, gab ihn mein Vater an einen der Falkner und befahl diesem, sich mit Jahschûr abseits zu halten und ihn nicht mit den anderen Habichten, wenn sie angriffen, fliegen zu lassen, sondern sich am Berg verborgen zu halten. Jedesmal, wenn sich dann der Falkner mit Jahschûr von den übrigen getrennt hatte und man meinem Vater berichtete, daß man ein Rebhuhn unter einem Baum auf die Erde geduckt gesehen habe, befahl er, Jahschûr zu holen. Sowie mein Vater dann Jahschûr seine Hand entgegenstreckte, flog dieser ohne jede weitere Aufforderung von der Hand des Falkners weg und setzte sich auf die Hand meines Vaters, wo er dann aufmerksam Kopf und Hals reckte. Mein Vater hielt in der Nähe des schlafenden Rebhuhnes an und warf mit einem Stock, den er in der anderen Hand hielt, nach ihm, worauf es aufflog. In diesem Augenblick ließ er Jahschûr auf das Rebhuhn los und er fing es noch innerhalb einer Entfernung von zehn Ellen. Der Falkner stieg dann zu

ihm hinunter, tötete das Rebhuhn in Jahschûrs Fängen und hob ihn wieder hoch. Erneut forderte mein Vater den Falkner auf, mit Jahschûr abseits zu gehen. Sobald man dann ein anderes Rebhuhn geduckt am Boden sah, wiederholte sich das Schauspiel, bis Jahschûr fünf oder sechs Rebhühner, alle noch innerhalb einer Entfernung von zehn Ellen, gefangen hatte. Dann befahl mein Vater dem Falkner, Jahschûr zu füttern. Wenn der Falkner einwandte: »Herr, willst du ihn nicht noch weiter mit uns jagen lassen?«, pflegte mein Vater zu sagen: »Mein Sohn, wir haben zehn Habichte dabei, mit denen wir jagen können. Jahschûr hat schon genug gejagt. Ihn noch mehr loszulassen, könnte sein Leben verkürzen.« Da fütterte ihn der Falkner und ging mit ihm abseits.
Wenn wir am Ende der Jagd die Habichte fütterten und sie ans Wasser setzten, damit sie trinken und sich baden konnten, blieb Jahschûr immer auf der Hand des Falkners. Auf unserem Rückweg nach Schaizar, aber noch in den Bergen, befahl dann mein Vater dem Falkner, ihm Jahschûr zu bringen, und mit dem Habicht auf der Hand zog er dahin. Flog vor ihm ein Rebhuhn auf, warf er Jahschûr nach ihm, und dieser fing es. Das Schauspiel wiederholte sich, bis der Habicht je nach der Anzahl der Rebhühner, die vor ihm aufflogen, zehn oder mehr Flüge gemacht hatte. Da er bereits satt gefüttert war, schlug er seinen Schnabel nicht in den Hals der Rebhühner und kostete nicht von ihrem Blut. Zu Hause angekommen, ließ sich mein Vater eine Schale Wasser bringen, die er vor Jahschûr, den er dabei noch auf der Hand hielt, hinstellte, worauf er daraus trank. Wenn Jahschûr baden wollte, gab er seinen Wunsch in der Weise zu erkennen, daß er seinen Schnabel im Wasser hin und her bewegte. Mein Vater ließ dann eine große Schüssel mit Wasser holen und setzte Jahschûr vor sie hin. Jahschûr flog mitten in sie hinein und schlug im Wasser mit den Flügeln, bis er vom Baden genug hatte und wieder herauskam. Dann setzte ihn mein Vater auf einen großen hölzernen Handschuh, den er eigens für ihn hatte machen lassen, und stellte ein Kohlenbecken in seine Nähe. Nachdem Jahschûr sein Gefieder geglättet und eingefettet hatte, bis es trocken war, legte man ihm einen zusammengefalteten Pelz hin, auf dem er sich niederließ und schlief. Auf diesem Pelz schlief er mitten unter uns, bis ein Großteil der Nacht verstrich und mein Vater ins Frauengemach gehen wollte. Mein Vater bat dann einen von uns, Jahschûr zu tragen, worauf der

Habicht, schlafend auf dem Pelz, wie er war, hochgenommen und neben dem Bett meines Vaters abgesetzt wurde.
Von den zahlreichen wunderbaren Eigenschaften dieses Habichts will ich hier nur jene erwähnen, die mir noch in Erinnerung sind, denn seitdem ist viel Zeit vergangen, und die Jahre haben mich viele seiner Eigenschaften vergessen lassen.
Im Hause meines Vaters gab es Tauben, grüne Wasservögel mit ihren Weibchen und .....[58] von jener Art, die sich zwischen den Rindern aufhält, um die Fliegen am Haus wegzufangen. Mein Vater pflegte mit dem Habicht auf der Hand in den Innenhof des Hauses zu gehen und sich dort auf eine Bank zu setzen, mit dem Habicht auf einem Handschuh neben sich. Jahschûr zeigte jedoch kein Verlangen nach einem jener Vögel und stürzte sich nicht auf sie, als seien es eben Vögel, die zu jagen nicht seine Gewohnheit war.
Im Winter gab es in der Umgebung von Schaizar so viel Wasser, daß sich außerhalb der Stadtmauern Wasserlachen wie regelrechte Teiche bildeten, an denen sich die Vögel einfanden. Mein Vater befahl dann immer dem Falkner, sich mit einem Sklaven hinaus in die Nähe der Vögel zu begeben. Er selbst nahm sich Jahschûr auf die Hand und stellte sich auf die Festung, um ihm die Vögel zu zeigen. Mein Vater befand sich dabei im Osten von Schaizar, die Vögel dagegen westlich davon. Wenn Jahschûr die Vögel erspähte, ließ ihn mein Vater los, worauf er hinabflog und dicht über dem Ort dahinglitt, bis er ihn hinter sich ließ und die Vögel erreichte. Dann schlug der Falkner die Trommel, die Vögel flogen auf, und Jahschûr fing einige von ihnen, obwohl die Entfernung zwischen den Vögeln und der Stelle, von der aus mein Vater ihn losgelassen hatte, beträchtlich war.
Wir pflegten zur Jagd auf Wasservögel und Haselhühner hinauszuziehen und kehrten dann immer erst nach dem ersten Drittel der Nacht zurück. Oft vernahmen wir dann bei der Rückkehr Vogellaute in den großen Wasserläufen in der Nähe von Schaizar, worauf sich mein Vater Jahschûr bringen ließ und mit ihm, obwohl er sattgefüttert war, auf die Vögel zuritt. Dabei wurden die Trommeln geschlagen, so daß die Vögel aufflogen. Dann ließ er Jahschûr auf sie los. Wenn Jahschûr eine Beute fing, kam er mit ihr zurückgeflogen und ließ sich zwischen uns auf der Erde nieder. Der Falkner stieg dann zu ihm hinab, tötete den Vogel in seinen Fängen und hob ihn

wieder hoch. Wenn Jahschûr nichts fing, setzte er sich an eine Uferböschung des Flusses, ohne daß wir ihn sehen konnten und ohne daß wir wußten, wo er war. Wir überließen ihn dann sich selbst und zogen nach Schaizar hinein. Am nächsten Morgen zog der Falkner in der Dämmerung hinaus, holte Jahschûr und brachte ihn hinauf in die Festung zu meinem Vater, wobei er erklärte: »Herr, der Reif hat während der ganzen Nacht seinen Nacken wie ein Schwert geschärft. Er kann jetzt sogar Stahl ritzen! Reite deshalb aus und siehe, was er heute vollbringen wird!«
Diesem Habicht entging von der Wachtel über die Wildgans [59] bis zum Hasen keine Beute. Der Falkner wollte mit ihm immer auch einmal Kraniche und indische Störche jagen, doch ließ dies mein Vater nicht zu und sagte: »Indische Störche und Kraniche jagt man mit Sakerfalken!« In einem Jahr ließ Jahschûr in seiner gewohnten Jagdfähigkeit derart nach, daß er, wenn man ihn warf und er die Beute verfehlte, nicht mehr auf den Lockruf hin zurückkam. Er war schwach und badete nicht mehr. Wir wußten jedoch nicht, was mit ihm los war. Schließlich erholte er sich aber von seiner Kraftlosigkeit und jagte auch wieder. Als er dann eines Tages wieder gebadet hatte und der Falkner ihn aus dem Wasser hob, sah man an seiner Seite, an der sich das Gefieder durch die Feuchtigkeit zerteilt hatte, eine mandelgroße Geschwulst. Der Falkner brachte Jahschûr zu meinem Vater und sagte: »Herr, dies ist es, was den Habicht so geschwächt hat und ihn fast umgebracht hätte.« Mein Vater ergriff daraufhin den Habicht und drückte die Geschwulst aus, deren Inhalt wie ein getrockneter Mandelkern herauskam. Die Wunde schloß sich, und Jahschûr griff die Vögel wieder mit Schwert und Blutleder [60] an.
Mahmûd ibn Qarâdschâ, der Herr von Hamât in jener Zeit, erbat sich in jedem Jahr einmal Jahschûr, der daraufhin vom Falkner zu ihm gebracht wurde und zwanzig Tage bei ihm blieb, in denen Mahmûd mit ihm jagte. Danach nahm ihn der Falkner und brachte ihn wieder zurück. Jahschûr verendete in Schaizar.
Einmal begab es sich, daß ich Mahmûd in Hamât besuchte. Eines Morgens fand ich dort die Koranleser, die Männer, die »Allâhu akbar« rufen, und Einwohner der Stadt in großer Zahl versammelt. Als ich mich erkundigte, wer gestorben sei, sagte man mir: »Eine Tochter Mahmûds.« Ich wollte hinter der Bahre mit hinausziehen, doch Mahmûd stritt sich mit mir und hielt mich davon zurück. Die

anderen begaben sich jedoch hinaus und bestatteten den Leichnam auf dem Saqrûn-Hügel. Als sie zurückkehrten, fragte mich Mahmûd: »Weißt du, wer der Tote war?« – »Ein Kind von dir, hat man mir erklärt«, erwiderte ich, worauf er sagte: »Nein, bei Gott! Es war der Habicht Jahschûr! Als ich von seinem Tod erfuhr, ließ ich ihn holen, machte ihm einen Sarg, richtete für ihn eine Bestattung aus und begrub ihn. Er hat es verdient!«

Ein gar außerordentlicher Gepard meines Vaters

Mein Vater besaß eine Gepardin, die unter den Geparden dasselbe war wie Jahschûr unter den Habichten. Man fing sie wild, und sie war einer der größten Geparde, die es gab. Der Gepardenbändiger nahm sie an sich, schnitt ihr ein Stück Haut von der Nase ab [61] und zähmte sie. Sie lernte reiten, wollte zunächst aber nicht jagen. Sie bekam epileptische Anfälle wie ein Verrückter, bildete Schaum vor dem Mund, und bot man ihr ein Gazellenjunges zum Fraß an, verschmähte sie es und wollte nichts davon haben, selbst wenn sie es berochen und hineingebissen hatte. In dieser Verfassung blieb sie lange Zeit, ungefähr ein Jahr. Eines Tages zogen wir dann zu den Röhrichten. Während die übrigen Reiter ins Röhricht eindrangen, blieb ich am Zugang zum Röhricht stehen. Der Gepardenbändiger befand sich mit der Gepardin in meiner Nähe. Da tauchte aus dem Röhricht eine Gazelle auf und lief auf mich zu. Ich gab meinem Reittier, das eines der besten Pferde war, die Sporen, um die Gazelle der Gepardin zuzutreiben. Mein Pferd lief jedoch schneller als die Gazelle, traf sie mit einem Huf an der Brust und warf sie zu Boden. Da sprang die Gepardin auf die Gazelle und packte sie. Sie war wie aus einem Schlaf erwacht und als wollte sie uns sagen, wir könnten uns jetzt so viel Wild holen, wie wir wollten. Danach fing sie jede Gazelle, die sich ihr zeigte, wobei der Gepardenbändiger sie nicht mehr festhalten konnte, sondern von ihr fortgezogen und umgeworfen wurde. Sie blieb gar nicht mehr stehen, wie andere Geparde es während der Jagd tun, sondern immer, wenn der Bändiger schon meinte, sie sei endlich stehengeblieben, lief sie wieder los und fing aufs neue Gazellen.

Im Gebiet von Schaizar jagten wir vor allem die erdfarbenen Gazel-

len, eine besonders große Gazellenart. Immer wenn wir mit den Geparden nach *'Alât* und in das ostwärts gelegene Gebiet zogen, wo es viele weiße Gazellen gab, ließen wir den Bändiger nicht mit der Gepardin loslaufen, damit sie ihn nicht davonzerrte und umwarf und die Gazellen angriff, als seien sie für sie wegen des niederen Wuchses der weißen Gazellen nur Gazellenjunge.
Diese Gepardin war die einzige von allen unseren Geparden, die im Hause meines Vaters gehalten wurde. Eine Sklavin meines Vaters kümmerte sich um sie. An seiner Seite des Innenhofes war für die Gepardin ein zusammengefaltetes Samttuch über eine Schicht Heu gebreitet. In der Wand war eine schmiedeeiserne Pflugschar angebracht. Der Bändiger führte die Gepardin nach der Jagd zur Tür des Hauses, in dem sich ihr Schlafplatz befand, und ließ sie dort zurück. Die Gepardin ging dann selbst ins Haus zu jener Stelle, wo man ihr das Lager bereitet hatte, und legte sich dort schlafen. Dann kam die Sklavin und band das Tier an der Pflugschar in der Wand fest.
Im Hause meines Vaters gab es, bei Gott, etwa zwanzig erdfarbene und weiße Gazellen, sowohl Böcke und Geißen als auch Kitze, die im Hause geboren worden waren. Die Gepardin fiel sie aber nicht an und ängstigte sie nicht. Sie blieb immer an ihrem Platz. Auch wenn sie frei herumlief und in den Innenhof kam, kümmerte sie sich nicht um die Gazellen.
Ich habe gesehen, wie die Sklavin, die sich um die Gepardin kümmerte, mit einem Kamm ihr das Fell kämmte, ohne daß sich das Tier wehrte oder zu entkommen versuchte. Eines Tages, als die Gepardin auf das Stoffstück, das ihr als Lager diente, gepißt hate, sah ich, wie die Sklavin sie dafür schüttelte und schlug, ohne daß das Tier sie anknurrte oder verletzte. Ein andermal erlebte ich die Gepardin, wie sie, nachdem sie vor dem Bändiger zwei Hasen aufgescheucht hatte, den einen Hasen einholte und mit dem Maul packte und dann gleich den anderen Hasen verfolge, ihn einholte und mit ihren Tatzen auf ihn einzuschlagen begann, während sie noch den ersten Hasen im Maul hatte. Erst nachdem sie dem zweiten Hasen eine Anzahl Hiebe versetzt hatte, ließ sie von ihm ab, und der Hase lief davon.

Wie beeindruckt Schaich Abu Abdallâh, der Grammatiker aus Toledo, von unserer Gepardin war

An unseren Jagden nahm auch der gelehrte Schaich und Grammatiker *Abu Abdallâh* aus Toledo teil, der auf dem Gebiet der Grammatik der *Sîbawaih* seiner Zeit war. Ich studierte bei ihm etwa zehn Jahre lang Grammatik. Zuvor war er der Leiter des »Hauses der Wissenschaft« in Tripoli gewesen. Als die Franken jedoch Tripoli einnahmen[62], sandten mein Vater und mein Oheim – Gott sei beiden gnädig! – nach Tripoli und lösten Schaich Abu Abdallâh und auch den Abschreiber Jânis aus. Dieser Jânis stand in seiner Art der Kalligraphie dem *Ibn al-Bawwâb* nahe. Er lebte eine Zeitlang bei uns in Schaizar und schrieb für meinen Vater zwei Koranexemplare ab. Dann zog er nach Ägypten, wo er starb. An Schaich Abu Abdallâh habe ich etwas Wunderbares erlebt. Als ich eines Tages zum Unterricht zu ihm ins Zimmer trat, sah ich vor ihm die folgenden Grammatikwerke liegen: »Das Buch des Sîbawaih«, »Das Buch der sprachlichen Eigentümlichkeiten« von Ibn Dschinnî, »Das Buch der Erläuterung« aus der Feder des Abu Alî al-Fârisî, »Das Buch der Lichtschimmer« und »Das Buch der Sätze«[63]. Als ich ihn fragte, ob er diese Werke denn alle gelesen habe, antwortete er: »Gelesen? Nein, bei Gott, ich habe sie sogar alle Stück für Stück auf meine Tafel geschrieben und auswendig gelernt! Wenn du dich davon überzeugen willst, nimm irgendeinen Band, schlage ihn auf und lies vom Anfang der Seite eine Zeile vor!« Ich nahm also einen Band, schlug ihn auf und las eine Zeile. Da trug er auswendig die ganze restliche Seite vor, und so konnte er es bei allen Bänden. Damit habe ich etwas Unglaubliches an ihm erlebt, was die menschlichen Fähigkeiten übersteigt. – Diese Bemerkungen, die ich hier eingeschoben habe, haben mit dem Fortgang meines Berichtes jedoch nichts zu tun.

Schaich Abu Abdallâh war einmal dabei, als wir mit der Gepardin jagten. Er hatte beim Reiten seine Füße nur mit Lumpen umwickelt. Auf dem Boden standen viele Dornensträucher, die an seine Füße schlugen und sie blutig machten. Er war jedoch so sehr in den Anblick der Gepardin vertieft, wie sie sich an die Gazellen heranschlich, auf sie zusprang und sie erjagte, daß er den Schmerz an seinen Füßen nicht spürte.

Mein Vater war gesegnet mit seltenen und geschickten Beizvögeln, weil er so viele Beizvögel hatte, daß die geschicktesten darunter auffielen. In einem der Jahre hatte er auch einmal einen in Gefangenschaft vermauserten Habicht mit roten Augen, der einer der geschicktesten Habichte überhaupt war. Da kam ein Brief von meinem Oheim *Tadschal'umarâ* Abu l-Mutawwadsch Muqallad aus Ägypten, wo er im Dienste des Kalifen *al-Âmir* stand. Mein Oheim schrieb: »Bei einem Beisammensein mit *al-Afdal* hörte ich, wie jemand von deinem rotäugigen Habicht erzählte und wie al-Afdal sich dann bei dem Erzähler nach dem Habicht und seiner Art zu jagen erkundigte.« Daraufhin ließ mein Vater den Habicht von seinem Falkner zu al-Afdal bringen. Den Habicht vor sich, fragte al-Afdal: »Dies ist also der Habicht mit den roten Augen?« Und als der Falkner bejahte, fragte al-Afdal weiter: »Worauf macht er Jagd?« Da antwortete der Falkner: »Er jagt alle Vögel von der Wachtel bis zum Rebhuhn.« Der Habicht blieb eine Zeitlang in Ägypten, dann entwich er und verschwand. Nachdem er ein Jahr lang zwischen wilden Feigenbäumen im freien Feld gelebt und auch gemausert hatte, fingen sie ihn wieder ein. Danach erhielten wir einen Brief von meinem Oheim, in welchem er schrieb: »Der rotäugige Habicht war verlorengegangen und hat in den wilden Feigenbäumen gemausert. Man hat ihn jedoch wieder eingefangen und jagt wieder mit ihm. Und für die Vögel stellt er wieder ein großes Verhängnis dar!«

Eines Tages waren wir bei meinem Vater, als ein Bauer aus *Ma'arrat an-Nu'man* einen vermauserten Habicht mit gebrochenen Flügel- und Schwanzfedern brachte, der so gewaltig wie ein großer Adler war. Ich habe nie einen Habicht wie diesen gesehen. Der Bauer erklärte: »O mein Gebieter! Ich habe Schlingen ausgelegt, um Holztauben zu fangen. Da schlug dieser Habicht eine Holztaube in der Schlinge. Ich habe ihn gefangen und bringe ihn nun zu dir.« Mein Vater nahm den Habicht und belohnte den Bauern reichlich für sein Geschenk. Der Falkner brachte die Federn des Habichts wieder in Ordnung, trug ihn herum und zähmte ihn. Dabei zeigte sich, daß er bereits ein jagdgewohnter Habicht war, der in Gefangenschaft vermausert, dann den Franken entkommen war und in den Bergen von Ma'arra gemausert hatte. Er war dann einer der geschicktesten und klügsten Beizvögel.

Wanderfalken

Eines Tages hatte ich meinen Vater zur Jagd hinausbegleitet, als in einiger Entfernung ein Mann auf uns zukam, der etwas bei sich hatte, was wir zunächst aber nicht genau erkennen konnten. Als er näher herankam, sahen wir, daß er einen jungen Wanderfalken trug, einen der größten und schönsten seiner Art. Der Vogel hatte ihm beim Tragen die Hände zerkratzt, worauf er das Tier umgedreht und an seinen Gelenken und Füßen gepackt hatte, so daß es nun mit dem Kopf nach unten und mit gespreizten Flügeln herabhing. Als der Mann uns erreichte, sagte er: »O mein Gebieter, ich habe diesen Vogel hier gefangen und bringe ihn dir nun.« Mein Vater übergab den Wanderfalken an den Falkner, der ihn zähmte und seine gebrochenen Federn wieder in Ordnung brachte. Er erwies sich jedoch dann als nicht so gut, wie es sein Aussehen hätte vermuten lassen. Der Fänger hatte ihn durch seine Behandlung verdorben. Wanderfalken sind nämlich überaus empfindlich und werden bereits durch die kleinste Kleinigkeit verdorben und zugrunde gerichtet. Unser Falkner war ein Fachmann auf seinem Gebiet und verstand sich bestens auf das Abrichten der Wanderfalken.

Wenn wir vom Tor der Unterstadt zur Jagd aufbrachen, nahmen wir unsere gesamte Jagdausrüstung mit, einschließlich Netzen, Äxten, Schaufeln und Haken für das Wild, das sich in die Erde verkroch. Bei uns hatten wir auch die verschiedenen Beizvögel wie Habichte, Saker- und Wanderfalken sowie unsere Geparde und Hunde. Wenn wir aus der Stadt hinausritten, ließ mein Vater ständig zwei Wanderfalken über der Jagdgesellschaft kreisen. Sobald einer der beiden Vögel von der Richtung abwich, räusperte sich der Falkner nur und deutete mit der Hand in die Richtung, in die der Falke fliegen sollte, worauf dieser, bei Gott, sofort wieder die richtige Richtung einschlug.

Einmal sah ich, wie mein Vater einen Wanderfalken über einer Schar Wildtauben kreisen ließ, die sich auf einer Wiese niedergelassen hatte. Als der Wanderfalke die richtige Höhe erreicht hatte, wurde die Trommel geschlagen, worauf die Tauben aufflogen. Der Wanderfalke stieß auf sie hinab, riß einer Taube den Kopf ab, packte ihren Körper und kam damit herunter. Wir suchten dann, bei Gott, überall nach dem Kopf, fanden ihn aber nicht. Seine Spuren verloren

sich in einiger Entfernung im Wasser, da wir uns in der Nähe des Flusses befanden.
Eines Tages sagte ein Sklave namens Ahmad ibn Mudschîr, der nicht mit meinem Vater zur Jagd auszureiten pflegte, zu ihm: »O mein Gebieter, ich möchte zu gern einmal bei der Jagd zusehen!« Mein Vater ließ ihm daraufhin ein Pferd zur Verfügung stellen, damit er mit uns hinausreiten konnte. Wir zogen zur Haselhuhnjagd. Ein männliches Haselhuhn flog auf und schlug, wie es die Art der Haselhühner ist, mit den Flügeln. Mein Vater trug Jahschûr auf der Hand und warf diesen nun auf das Haselhuhn. Jahschûr flog dicht über dem Boden dahin, wobei ihm das Gras an die Brust schlug. Das Haselhuhn war inzwischen hoch hinaufgeflogen. Da sagte Ahmad zu meinem Vater: »O mein Gebieter, bei deinem Leben, er macht sich einen Spaß mit ihm, bevor er es fängt!«

Mit Hunden auf der Jagd

Aus dem Land der Byzantiner bekam mein Vater Hühnerhunde, ausgezeichnete Tiere, sowohl Rüden als auch Fähen, die sich dann bei uns vermehrten. Die Jagd auf Vögel lag ihnen im Blut.
Einmal sah ich einen Welpen, ein weibliches Tier, hinter den anderen Hunden herlaufen, die der Hundeführer mit auf die Jagd genommen hatte. Als man einen Habicht auf ein Haselhuhn warf, das sich daraufhin im Strauchwerk an der Böschung des Flusses versteckte, ließ man die Hunde in die Sträucher laufen, um das Haselhuhn aufzuscheuchen. Der Welpe blieb am Ufer stehen. Als dann das Haselhuhn aufflog, sprang der junge Hund vom Ufer hinter ihm drein und fiel mitten in den Fluß. Er verstand eben noch nichts vom Jagen und hatte zuvor noch nie gejagt.
Einmal sah ich in den Bergen, wie einer dieser Hühnerhunde in ein schwer zugängliches Bilsenkrautgestrüpp eindrang, in dem sich ein Rebhuhn versteckt hatte, und lange darin blieb. Schließlich vernahmen wir ein heftiges Geräusch, und mein Vater sagte: »In dem Bilsenkraut ist ein wildes Tier. Es hat den Hund sicher getötet.« Nach einer Weile kam jedoch der Hund heraus, wobei er einen Schakal am Fuß hinter sich herzog. Der Schakal war in dem Gestrüpp gewesen, und der Hund hatte ihn getötet und zerrte ihn nun zu uns heraus.

Mein Vater war früher einmal nach Isfahan an den Hof Sultan *Malikschâhs* gezogen. Später erzählte er mir dann: »Nachdem ich meine Geschäfte beim Sultan besorgt hatte und mich zur Heimreise rüstete, wollte ich mir einen Beizvogel mitnehmen, um mich unterwegs an ihm zu ergötzen. Man brachte mir einige Habichte sowie ein Wiesel, das dazu abgerichtet war, Vögel aus den Bilsenkrautsträuchern herauszuholen. Ich nahm mir dann aber nur Sakerfalken für die Jagd auf Hasen und Trappen mit, da ich es für zu schwierig hielt, Habichte auf einem so langen und beschwerlichen Weg angemessen zu versorgen.«

Auch unter seinen *Slugi*-Hunden hatte mein Vater einige vorzügliche Tiere. Eines Tages ließ er einmal Sakerfalken auf Gazellen fliegen. Der Boden war nach einem Regenguß schwer und schlammig. Ich war damals noch ein kleiner Junge und begleitete meinen Vater auf einem Packpferd, welches mir selbst gehörte. Während nun die Pferde der anderen Männer im Lehm steckenblieben und nicht mehr weiter konnten, kam mein Packpferd, weil ich so leicht war, gut mit dem Schlamm zurecht. Inzwischen hatten die Sakerfalken und die Hunde eine Gazelle zu Boden geworfen. Da rief mir mein Vater zu: »Usâma, reite hin zu der Gazelle, steige ab und halte sie an den Hinterbeinen, bis wir zu dir kommen!« Ich tat, was mir mein Vater aufgetragen hatte. Dann kam mein Vater und tötete die Gazelle. Bei sich hatte er eine gelbfarbene vorzügliche Hündin, die al-Hamawijja genannt wurde. Sie hatte die Gazelle niedergeworfen und stand nun daneben. Da kam plötzlich die Gazellenherde, aus der wir das eine Tier herausgefangen hatten, wieder zurück und lief an uns vorbei. Mein Vater packte al-Hamawijja am Halsband und rannte mit ihr davon, bis die Hündin die Gazellen sah. Dann ließ er sie los, und sie erbeutete noch eine weitere Gazelle.

Trotz seines schweren Körpers und seines hohen Alters und obwohl er ständig fastete, konnte mein Vater den ganzen Tag lang im Galopp reiten. Auf der Jagd ritt er immer auf einem schnellen Reitpferd oder einem vorzüglichen Packpferd. Und wenn wir, seine vier Söhne, schon müde und erschöpft waren, zeigte er weder Schwäche noch Erschöpfung, noch Müdigkeit. Auch durfte kein Diener, kein Seitpferdführer und kein Waffenträger während des schnellen Rittes zur Jagd zurückbleiben.

Ich hatte einen Sklaven namens Jûsuf, der meine Lanze und meinen

Schild trug und mein Seitpferd führte. Er rannte jedoch nicht hinter der Jagd her und folgte ihr nicht, weshalb mein Vater wütend auf ihn wurde. Als sich dies von Mal zu Mal wiederholte, sagte der Sklave zu meinem Vater: »O mein Gebieter! Gott beschütze mich, aber keiner von denen, die zugegen sind, ist dir so von Nutzen wie dein Sohn hier. Lasse mich deshalb mit seinem Pferd und seinen Waffen hinter ihm bleiben! Immer wenn du ihn brauchst, findest du ihn. Was mich angeht, so tue, als wäre ich gar nicht bei euch!« Danach tadelte mein Vater den Sklaven nicht mehr und nahm es ihm nicht übel, daß er nicht hinter der Jagd herrannte.

Wie die Franken eine Jagd unterbrachen

Einmal griff uns der Herr von Antiochia an, es kam zum Kampf, und danach zog er, ohne einen Waffenstillstand geschlossen zu haben, wieder ab. Die Nachhut der Franken war noch nicht weit von Schaizar entfernt, da ritt mein Vater schon wieder auf die Jagd. Unsere Reiter verfolgten inzwischen die Franken, die sich aber nun wieder zurück gegen sie wandten, während sich mein Vater bereits ziemlich weit von Schaizar entfernt hatte. Als die Franken Schaizar erreichten, war mein Vater inzwischen auf den Sikkîn-Hügel gestiegen, um die Franken zu beobachten, die sich zwischen ihm und Schaizar befanden. Er blieb auf dem Hügel stehen, bis sie erneut abzogen, und wandte sich dann wieder der Jagd zu.

Reitpferd und Packpferd

Mein Vater pflegte im Gebiet der Brückenfestung Rehe zu jagen. Eines Tages, als er einen Rappen ritt, den man nach seinem früheren Besitzer, von dem ihn mein Vater für 320 Dinar gekauft hatte, »Pferd des Churdschî« nannte, streckte er fünf oder sechs Rehe nieder. Bei der Verfolgung des letzten Rehs geriet sein Pferd mit dem Vorderhuf in ein Loch, wie man sie für Wildschweine gräbt. Es überschlug sich, begrub meinen Vater unter sich und brach sich dabei das Schlüsselbein. Dann erhob es sich und lief etwa zwanzig Ellen weiter, während mein Vater noch auf der Erde lag. Danach kam es jedoch zurück und blieb schreiend und wiehernd neben dem Kopf meines Vaters stehen, bis er aufstand und die herbeigeeilten Sklaven ihm wieder aufs Pferd halfen. So verhalten sich arabische Pferde! Eines Tages zog ich mit meinem Vater in die Richtung der Berge zur Rebhuhnjagd. Einer seiner Sklaven namens Lu'lu', der auf einem Packpferd ritt, stieg unterwegs, als wir uns früh am Morgen noch in der Nähe von Schaizar befanden, aus irgendeinem persönlichen Grunde von seinem Reittier. Als das Packpferd plötzlich den Köcher des Mannes erblickte, scheute es, warf den Mann zu Boden und lief davon. Zusammen mit einigen Sklaven galoppierte ich, bei Gott, vom frühen Morgen bis zum späten Nachmittag hinter ihm her, bis wir es zu einer Viehherde in einem der Rohrsümpfe treiben konnten. Die Viehhirten spannten Seile und fingen es ein, wie man wilde Tiere einzufangen pflegt. Dann nahm ich das Packpferd und brachte es zurück. Mein Vater hatte die ganze Zeit in der Umgebung von Schaizar auf mich gewartet, ohne zur Jagd oder nach Hause zu gehen. Packpferde sind eher mit wilden Tieren zu vergleichen als mit Reitpferden.

Der Gelehrte, der einem Rebhuhn helfen wollte

Einmal erzählte mir mein Vater – Gott sei ihm gnädig! – folgendes: »Bei meinen Jagdausflügen pflegte mich der Ra'îs Abu Turâb Haidara ibn Qatrmatar zu begleiten.« – Dieser Abu Turâb war der Lehrer meines Vaters gewesen, bei dem er den Koran auswendig gelernt und die arabische Sprache studiert hatte. – »Wenn wir das Jagdrevier erreichten, stieg er immer vom Pferd und setzte sich auf einen Felsen, um den Koran zu lesen, während wir um ihn herum der Jagd nachgingen. Hatten wir die Jagd beendet, stieg er wieder auf sein Pferd und ritt mit uns davon. Eines Tages sagte er zu mir: ›Herr, als ich auf einem Felsen saß, kam plötzlich ein Rebhuhn völlig erschöpft zu meinem Felsen gelaufen und versteckte sich darunter. Da erschien in ziemlicher Entfernung der Habicht, der es verfolgte. Der Habicht ließ sich dann mir gegenüber auf der Erde nieder, während Lu'lu' schrie: ‚Herr, gib acht, gib acht!' Dann kam er galoppierend heran, während ich zu Gott betete, Er möge das Rebhuhn beschützen. Und als Lu'lu' mich fragte, wo das Rebhuhn sei, behauptete ich, ich hätte nichts gesehen und das Rebhuhn sei nicht hierher gekommen. Er stieg jedoch vom Pferd, ging um den Felsen herum und schaute genau darunter. Da sah er das Rebhuhn und sprach: ,Ich sage, das Rebhuhn ist hier, und du sagst nein!' Dann, o Herr, nahm er das Rebhuhn, zerbrach ihm die Beine und warf es dem Habicht hin, während es mir fast das Herz zerriß.‹«

Hasenjagd

Dieser Lu'lu' war der jagderfahrenste von allen. Einmal waren aus der Steppe zahlreiche Hasen zu uns in die Nähe gekommen und liefen ungeschützt herum. Wir zogen oft hinaus und erbeuteten viele von ihnen. Es waren kleine, rötliche Hasen. Eines Tages nun sah ich, wie Lu'lu' zehn Hasen aufspürte und neun von ihnen mit einem Spieß durchbohrte. Als er dann noch einen zehnten Hasen entdeckte, sagte mein Vater zu ihm, er solle ihn den Hunden überlassen, damit sich die Jagdgesellschaft am Anblick, wie sie ihn fangen würden, ergötzen konnte. Da ließen sie den Hasen davonlaufen und hetzten die Hunde hinter ihm her. Der Hase war jedoch schneller und entkam unversehrt. Darauf sagte Lu'lu' zu meinem Vater: »Herr, hättest du mich gelassen, hätte ich den Hasen aufgespießt und erbeutet!«

Eines Tages sah ich einmal, wie sich ein Hase, den wir aufgescheucht und auf den wir die Hunde gehetzt hatten, in einem Loch im Boden des Gartens [64] versteckte. Eine schwarze Hündin kroch hinter ihm in das Loch, kam jedoch sofort röchelnd wieder heraus, fiel um und starb. Wir hatten sie noch nicht verlassen, da war ihr Kadaver schon völlig zerfallen. Der Grund hierfür war, daß eine Schlange in dem Loch sie gebissen hatte.

Der Habicht und der Star

Zu den erstaunlichen Dingen, die ich bei der Falkenjagd erlebte, gehört auch die folgende Begebenheit: Nach ununterbrochenen Regenfällen, die uns über mehrere Tage am Ausreiten gehindert hatten, zog ich mit meinem Vater mit den Habichten hinaus, um Wasservögel zu jagen. Unterhalb einer Anhöhe sahen wir auf einer Wiese eine

Schar Vögel zerstreut. Mein Vater zog voraus und warf einen in Gefangenschaft vermauserten Habicht auf die Vögel. Der Habicht flog mit den Vögeln empor und fing einen von ihnen. Als er wieder herunterkam, sahen wir jedoch keine Beute in seinen Fängen. Erst als wir abstiegen und zu dem Habicht hingingen, entdeckten wir, daß er einen Star gefangen hatte, den er von seinen Krallen umschlossen hielt, ohne daß er ihn verwundet oder verletzt hätte. Als der Falkner hinunterstieg und den Star befreite, war er völlig heil.

Von der Tapferkeit der Gänse und der seltsamen Verteidigungsweise der Trappen

An den Wildgänsen [65] habe ich einen Kampfesmut und eine Tapferkeit erlebt, wie man sie sonst nur bei Männern findet. So trug sich einmal folgendes zu: Wir ließen die Sakerfalken auf eine Herde Braungänse los und schlugen die Trommeln, worauf die Gänse aufflogen. Die Sakerfalken holten die Gänse ein, packten eine von ihnen, trennten sie von der Herde und brachten sie auf die Erde. Wir waren noch ziemlich weit weg. Die Gans schrie, worauf fünf oder sechs Gänse aus der Herde zu ihr auf die Erde kamen und mit ihren Flügeln auf die Sakerfalken schlugen. Wären wir nicht rasch hingeeilt, hätten sie die Gans befreit und mit ihren Schnäbeln den Sakerfalken die Flügel gestutzt.

Von ganz anderer Art ist der Kampfesmut der Trappe. Wenn sich ihr ein Sakerfalke nähert, läßt sie sich auf die Erde nieder und wendet ihm, wohin er sich auch immer drehen mag, ihren Schwanz zu. Kommt ihr der Habicht zu nahe, spritzt sie einen Kotstrahl auf ihn, womit sie seine Federn besudelt und seine Augen ganz bekleckert. Dann fliegt sie davon. Gelingt es ihr allerdings nicht, den Habicht auf diese Weise zu treffen, fängt er sie.

Ein Habicht unterliegt

Wie ein Habicht meines Vaters einmal ein sehr ungewöhnliches Wild jagte, trug sich so zu: Mein Vater trug einen Habicht, ein noch junges, aber edles Tier, auf der Hand, als über einem Wasserlauf eine

Aima auftauchte. Die Aima ist ein großer Vogel, in der Färbung ihres Gefieders dem Reiher ähnlich, aber noch größer als der Kranich. Von der Spitze des einen Flügels bis zur Spitze des anderen mißt sie vierzehn Spannen. Als der Habicht begierig nach der Aima blickte, ließ ihn mein Vater auf sie los und schlug die Trommel, worauf die Aima hochflog. Der Habicht drang auf sie ein, packte sie und stürzte mit ihr ins Wasser. Dies war die Rettung für den Habicht, denn sonst hätte ihn die Aima mit ihrem Schnabel getötet. Dann warf sich einer unserer Sklaven mitsamt seinen Kleidern und seiner Ausrüstung ins Wasser, packte die Aima und holte sie heraus. Als sie am Ufer war, betrachtete sie der Habicht, schrie auf, flog von ihr weg und wagte es nicht, ihr nochmals in den Weg zu kommen. Dies war der einzige Habicht, den ich jemals auf eine Aima habe Jagd machen sehen. Mit der Aima verhält es sich so, wie *Abu l-Alâ'* einmal über den Vogel Greif sagte: »Zu groß erachte ich den Vogel Greif, als daß man ihn erjagen könnte!«

Ein Löwe, der vor einem Habicht floh

Mein Vater pflegte oft zur Brückenfestung zu ziehen, wo es viel Wild gab, und dort einige Tage zu verbringen. Wir jagten mit ihm Rebhühner, Haselhühner, Wasservögel, Rehe, Gazellen und Hasen. Eines Tages begab er sich wieder dorthin, und wir bestiegen die Pferde, um Haselhühner zu jagen. Er ließ auf ein Haselhuhn einen Habicht fliegen, der von einem *Mamelucken* namens Niqûlâ getragen und abgerichtet wurde. Niqûlâ lief nun hinter dem Habicht her, nachdem sich das Haselhuhn in einem Gebüsch versteckt hatte. Da erfüllte plötzlich Niqûlâs Schreien unsere Ohren, und eilends kam er zurückgerannt. Und als wir ihn fragten, was mit ihm los sei, antwortete er: »Ein Löwe kam aus dem Gebüsch, in das sich das Haselhuhn geflüchtet hat. Da habe ich den Habicht Habicht sein lassen und bin geflohen.« Doch siehe da, der Löwe war genauso erbärmlich feige wie Niqûlâ, denn als er das Kreischen des Habichts hörte, verließ er das Gebüsch und floh in den Wald.

Die Freude, den Fischern zuzusehen

Wenn wir von der Jagd zurückkehrten, rasteten wir oft am Bûschamîr, einem Flüßchen in der Nähe der Festung, ließen die Fischer herbeikommen und sahen ihnen bei ihrem erstaunlichen Treiben zu. Einer von ihnen hatte ein Rohr, an dessen Ende sich eine Lanzenspitze mit einem hohlen Schaft befand, in der das Rohr wie ein Spieß steckte. Am Schaft waren drei Zinken angebracht, jeder eine Elle lang. Am anderen Ende des Rohrs war eine lange Schnur befestigt, die der Fischer an seine Hand gebunden hatte. Der Fischer stand am Rand des schmalen Flusses. Sobald er einen Fisch ausgemacht hatte, schleuderte er das Rohr mit der Eisenspitze nach ihm, ohne ihn zu verfehlen. Dann zog er das Rohr an der Schnur zu sich heraus, und der Fisch hing an dem Rohr.

Ein anderer Fischer hatte einen faustdicken Stock mit einem eisernen Dorn am einen Ende und einer Schnur am anderen. Die Schnur hatte er sich an die Hand gebunden. Dann stieg er ins Wasser hinunter und, wenn er einen Fisch sah, stieß er den Eisendorn in ihn hinein und ließ den Stock los. Danach stieg er wieder aus dem Wasser, wobei er mit der Schnur den Stock hinter sich herzog und auf diese Weise den Dorn mit dem Fisch herausholte.

Wieder ein anderer Fischer stieg in den Fluß hinunter und tastete mit seiner Hand unter den Wurzeln der am Ufer stehenden Weiden nach einem Fisch, bis er einem Fisch seine Finger so in die Kiemen steckte, daß er sich nicht mehr bewegen und nicht entfliehen konnte. Mit dem Fisch kam er dann wieder aus dem Wasser heraus. Den Fischern zuzusehen bereitete uns ebensoviel Freude wie unsere Jagd mit den Falken.

Unser Falkner Ghanâ'im

Während unseres Aufenthaltes in der Brückenfestung regnete und stürmte es einmal ununterbrochen mehrere Tage, so daß wir nicht ausreiten konnten. Als der Regen dann für einen Augenblick aufhörte, kam der Falkner Ghanâ'im zu uns und sagte zu meinem Vater: »Die Habichte sind hungrig und vorzüglich für die Jagd bereit. Auch ist das Wetter besser geworden, und der Regen hat aufgehört. Willst du nicht ausreiten?« Mein Vater stimmte zu. Wir bestiegen unsere Pferde, ritten aber gerade erst in die Wüste hinaus, als der Himmel seine Schleusen schon wieder öffnete und es erneut zu regnen begann. Da tadelten wir Ghanâ'im: »Du hast behauptet, das Wetter sei besser geworden und es habe sich aufgeheitert, und hast uns damit in dieses Regenwetter hinausgeschleppt.« Doch Ghanâ'im erwiderte: »Hattet ihr denn selbst keine Augen, um die Wolken und die Vorzeichen des Regens zu sehen? Ihr hättet mir ja sagen können, daß ich mir etwas in meinen Bart gelogen habe und daß das Wetter weder besser geworden sei noch sich aufgeklärt habe.«

Dieser Ghanâ'im verstand sich vorzüglich auf das Abrichten der Wanderfalken und Habichte und hatte überhaupt große Erfahrung mit Beizvögeln aller Art. Außerdem war er ein geistreicher Unterhalter und ein angenehmer Gesellschafter. Mit Beizvögeln hat er alle möglichen unbekannten und bekannten Dinge erlebt.

Eines Tages zogen wir von der Festung Schaizar hinaus zur Jagd. Bei der Dschalâlî-Mühle sahen wir etwas , was sich dann als ein Kranich herausstellte, der auf dem Boden lag. Als ein Sklave abstieg und ihn umdrehte, stellten wir fest, daß er tot war. Sein Körper war jedoch noch warm, und die Todeskühle war noch nicht eingetreten. Ghanâ'im betrachtete sich das Tier und sagte: »Ein rotäugiger Falke hat es geschlagen!« Er sah unter dem Flügel nach, und siehe da, an der einen Seite des Kranichs befand sich ein Loch, und sein Herz war herausgefressen. Da erklärte uns Ghanâ'im: »Der rotäugige Falke ist ein Raubvogel ähnlich dem 'Ausaq. Er verfolgt den Kranich, hängt sich unter seinen Flügel, durchbohrt seine Rippen und frißt sein Herz [66].«

Gott der Gepriesene beschloß, daß ich mich in die Dienste des *Atabek Zankî* begab. Einmal wurde ihm ein Beizvogel ähnlich dem 'Ausaq gebracht. Der Schnabel, die Füße und die Augenlider des Vogels waren rot, und er war einer der schönsten Beizvögel überhaupt. Man sagte, dies sei ein Merlin. Er blieb aber nur wenige Tage beim Atabek, denn er zerbiß die Riemen und flog davon.

Jagd auf Wildesel und wie mein Pferd ertrank

Als ich noch ein kleiner Junge war, begleitete ich eines Tages meinen Vater zur Gazellenjagd. Als wir das Wadi al-Qanâtir erreichten, fanden wir dort eine Gruppe räuberischer Neger, die der Wegelage-

rei nachgingen. Mein Vater nahm sie fest, fesselte ihnen die Hände auf den Rücken und übergab sie einigen seiner Sklaven, damit sie sie ins Gefängnis nach Schaizar brachten. Einem der Räuber nahm ich einen Spieß weg. Als wir dann unseren Jagdausflug fortsetzten, tauchte plötzlich eine Herde Wildesel auf, und ich bat meinen Vater: »Herr, ich habe bis zum heutigen Tage noch nie Wildesel gesehen. Lasse mich bitte hinreiten, um sie mir anzuschauen!« Mein Vater war einverstanden. Ich ritt eine vorzügliche Fuchsstute und galoppierte mit dem Spieß, den ich den Räubern weggenommen hatte, in der Hand davon. Als ich mitten in die Eselherde gelangte, sonderte ich eines der Tiere ab und begann mit dem Spieß auf es einzustechen. Da meine Hand noch zu schwach und der Spieß stumpf war, hatte dies jedoch keine Wirkung auf den Esel. So trieb ich ihn bis zu meinen Gefährten zurück, die ihn einfingen. Mein Vater und seine Begleiter waren sehr verwundert darüber, wie schnell mein Pferd gelaufen war.
Gott der Gepriesene beschloß, daß ich eines Tages hinauszog, um mich am Anblick des Flusses von Schaizar[67] zu ergötzen. Ich ritt dasselbe Pferd und wurde von einem Rezitator begleitet, der bald Gedichte, bald Koranverse und bald Lieder vortrug. Unter einem Baum stieg ich ab und übergab das Pferd meinem Sklaven, der ihm am Flußufer die Fußstricke anlegte. Da scheute das Tier und fiel in den Fluß daneben. Und jedes Mal, wenn es aufzustehen versuchte, fiel es wegen der Fesseln wieder ins Wasser. Der Sklave war noch jung und konnte das Pferd nicht aus seiner Lage befreien. Wir anderen aber merkten gar nichts davon. Erst als das Tier dem Tode nahe war, rief der Sklave nach uns, worauf wir hinliefen. Das Pferd lag bereits in den letzten Zügen. Wir schnitten die Fesseln durch und zogen es aus dem Wasser, doch es starb. Dabei reichte ihm das Wasser, in dem es ertrunken war, nicht einmal bis zu den Oberschenkeln. Die Fußstricke waren ihm zum Verhängnis geworden.

Der Emir, der sich um einen Habicht ängstigte

Eines Tages zog mein Vater – Gott sei ihm gnädig! – auf die Jagd. Es begleitete ihn ein Emir namens Samsâm, der zu Fachraddîn ibn Ammâr, dem Herrn von Tripoli, in einem Dienstverhältnis stand.

Er besaß nur wenig Jagderfahrung. Als mein Vater einen Habicht auf Wasservögel warf und der Habicht einen Vogel packte und dann mitten in den Fluß stürzte, begann der Emir die Hände zusammenzuschlagen und rief: »Es gibt keine Macht und keine Gewalt außer bei Gott! Wie konnte ich nur heute ausreiten?!« Da fragte ich ihn: »O Samsâm, hast du etwa Angst, daß der Habicht ertrinkt?« Er antwortete: »Gewiß. Er ist ja schon ertrunken! Oder ist er denn eine Ente, daß er ins Wasser fallen kann, ohne unterzugehen?!« Ich mußte lachen und sagte: »Gleich wird er wieder hochfliegen!« Der Habicht packte den Vogel am Kopf und schwamm mit ihm auf dem Wasser, bis er mit ihm vom Wasser aufflog. As-Samsâm aber wunderte sich noch lange darüber und pries und lobte Gott für die Unversehrtheit des Habichts.

Tierschicksale

Das Todesschicksal ereilt die Tiere auf verschiedene Weise. Mein Vater warf einmal einen weißen männlichen Habicht auf ein Haselhuhn. Dieses flog in ein Gebüsch und der Habicht mit ihm. In dem Gebüsch befand sich jedoch ein Schakal, der den Habicht packte und ihm den Kopf abriß. Der Habicht war einer der besten und geschicktesten Beizvögel gewesen.

Eines der Todesschicksale, die ich bei Beizvögeln erlebt habe, ist auch folgendes: Eines Tages ritt ich mit einem Sklaven aus, der vor mir einen weiblichen Sperber hertrug. Als er ihn auf eine Schar kleiner Vögel warf, packte der Sperber einen davon. Der Sklave ging hin und schlachtete den Vogel noch in den Fängen des Sperbers. Da schüttelte der Sperber den Kopf, erbrach Blut und fiel tot um, während der kleine Vogel zur gleichen Zeit bereits getötet war.

Eines Tages ging ich einmal in der Festung durch eine Tür, die wir als Zugang zu einem anderen dort stehenden Gebäude geöffnet hatten. Ich trug ein Blasrohr bei mir, und als ich auf einer Mauer, unterhalb der ich stand, einen Spatzen erblickte, schoß ich eine Kugel auf ihn, verfehlte ihn jedoch. Während der Vogel davonflog, verfolgte ich mit meinen Augen die Kugel, die an der Mauer nach unten fiel und dabei einen anderen Spatzen am Kopf traf, den der Vogel gerade aus einem Loch in der Mauer streckte. Die Kugel tötete ihn. Er fiel mir

vor die Füße, und ich schlachtete ihn. Daß ich diesen Vogel erlegt hatte, war völlig ohne meine Absicht geschehen.
Mein Vater ließ einmal seinen Habicht auf einen Hasen fliegen, der vor uns in einem dornenreichen Röhricht aufgetaucht war. Der Habicht packte den Hasen, doch konnte sich dieser wieder von ihm befreien, und während der Habicht dann auf dem Boden sitzenblieb, rannte der Hase davon. Ich ritt eine vorzügliche Rappenstute, die ich nun zu höchster Eile antrieb, um den Hasen wieder zurückzutreiben. Da geriet mein Pferd mit einem Vorderhuf in ein Loch, überschlug sich und begrub mich unter sich. Meine Hände und mein Gesicht waren mit Dornen übersät, und das Pferd renkte sich auch noch das Hinterbein aus. Der Habicht flog jedoch nun von seinem Platz am Boden auf, verfolgte den Hasen, der inzwischen ziemlich weit weg war, und erjagte ihn. Als hätte der Habicht nichts anderes im Sinn gehabt, als mein Pferd zugrunde zu richten und mich durch den Sturz in die Dornen zu verletzen!

Auf Wildschweinjagd

Eines Morgens, am ersten Tag des Monats Radschab, als wir fasteten, sagte ich zu meinem Vater: »Ich möchte gern ausreiten, um mich durch die Jagd vom Fasten abzulenken.« Mein Vater war einverstanden, und so zog ich mit meinem Bruder *Bahâ'addaula* und einigen Habichten zu den Röhrichten. Als wir in ein Süßholzfeld eindrangen, tauchte vor uns ein Wildschweineber auf. Mein Bruder traf ihn mit der Lanze und verletzte ihn, worauf der Eber in die Süßholzsträucher hineinlief. Mein Bruder sagte: »Gleich quält ihn seine Verletzung so sehr, daß er wieder herauskommt. Dann empfange ich ihn mit einem tödlichen Lanzenstoß.« Ich warnte ihn noch, er sollte es lieber nicht tun, da der Eber sonst auf sein Pferd treffen und es töten könnte, da kam auch schon der Eber, während wir uns noch unterhielten, heraus, um zu einem anderen Röhricht zu laufen. Mein Bruder stellte sich ihm entgegen und versetzte ihm mit der Lanze einen Stoß in die Rückenkuppe. Die Spitze der Lanze, mit der er den Stoß geführt hatte, brach im Rücken des Ebers ab. Der Eber geriet unter die Fuchsstute, auf der mein Bruder saß, die weiße Beine und einen weißen Schwanz hatte und im zehnten Monat trächtig war, und warf sie mitsamt meinem Bruder zu Boden. Meinem Bruder wurde der kleine Finger abgerissen und der Ringfinger gebrochen.

Ich galoppierte hinter dem Wildschwein her, das in ein üppiges Süßholz und Asphodelosdickicht hineinrannte, in dem eine Rinderherde ruhte, die ich aber wegen des dichten Bewuchses nicht sehen konnte. Da erhob sich ein Stier aus der Herde und stieß meinem Pferd gegen die Brust, so daß ich mitsamt dem Pferd zu Boden stürzte und die Zügel des Pferdes zerrissen. Ich stand auf, nahm meine Lanze, bestieg mein Pferd und verfolgte den Eber[68], der sich aber inzwischen in den Fluß gestürzt hatte. Ich hielt am Ufer an und schleuderte die Lanze nach ihm. Die Lanze traf, und zwei Ellen brachen von ihr ab, doch blieb die Spitze und der vordere abgebrochene Teil der Lanze in ihm stecken. Dennoch schwamm er noch zur anderen Seite des Flusses. Durch lautes Schreien machten wir uns einigen Leuten bemerkbar, die auf der anderen Flußseite Lehmziegel zum Bau von Häusern in einem Dorf meines Oheims bearbeiteten. Sie kamen herbei, postierten sich oberhalb des Ebers, dem es nicht gelang von unten die Böschung hinaufzusteigen, und warfen große Steine auf ihn, bis sie ihn töteten. Ich befahl meinem Pferdeknecht, zu dem Eber hinabzusteigen, worauf er seine Ausrüstung ablegte, sich auszog, sein Schwert ergriff, zu dem Eber schwamm und ihn endgültig erledigte. Als er dann, den Eber an einem Fuß hinter sich herziehend, bei uns anlangte, sagte er: »Möge euch Gott die Segnungen des Fastens im Monat Radschab erfahren lassen, das wir nun mit der Unreinheit der Schweine eröffnet haben!«

Wenn das Wildschwein Klauen und Zähne hätte wie der Löwe, würde es mehr Unheil anrichten als dieser. Ich habe einmal eine Bache gesehen, die wir von ihren Frischlingen vertrieben hatten. Eines der Jungen, das nur etwa so groß wie ein Katzenjunges war, schlug mit seinem Rüssel an einen Huf des Pferdes eines mich begleitenden Sklaven. Der Sklave nahm einen Pfeil aus seinem Köcher, beugte sich zu dem Frischling hinunter, durchbohrte ihn mit dem Pfeil und hob ihn am Pfeil hoch. Ich wunderte mich darüber, welchen Kampfesmut der Frischling gezeigt und wie er das Pferd am Huf angegriffen hatte, obwohl er noch so klein war, daß man ihn an einem Pfeil hochheben konnte.

Petrus, der Hundeführer

Zu meinen wundersamen Jagderlebnissen gehörte auch dies: Wir pflegten zur Rebhuhnjagd in die Berge zu ziehen, wobei wir zehn Habichte mitnahmen, um mit ihnen den ganzen Tag lang zu jagen. Die Falkner zerstreuten sich in den Bergen, jeder von ihnen in Begleitung von zwei oder drei *Mamelucken* zu Pferd. Bei uns hatten wir auch zwei Hundeführer, von denen der eine Petrus und der andere Zarzûr al-Bâdija hieß. Immer wenn ein Falkner einen Habicht auf ein Rebhuhn warf und dieses sich in einem Gebüsch verkroch, rief man nach Petrus, worauf dieser wie ein Rennkamel zu den Rufern lief. So rannten Petrus und sein Freund den ganzen Tag von Berg zu Berg. Wenn wir dann die Habichte gefüttert hatten und uns auf den Heimweg machten, nahm Petrus einen Stein, rannte hinter einem der Mamelucken her und warf mit dem Stein nach ihm, worauf der Sklave seinerseits einen Stein nahm und nach Petrus warf. So rannte Petrus von den Bergen bis zum Stadttor von Schaizar zu Fuß hinter den Sklaven her, die zu Pferde saßen, und bewarf sie mit Steinen, als wäre er noch nicht den ganzen Tag von einem Berg zum anderen gelaufen.

Zu den erstaunlichen Eigenschaften der Hühnerhunde gehört es, daß sie von den Vögeln, wenn überhaupt etwas, nur die Köpfe und die Beine fressen, an denen kein Fleisch ist, sowie die Knochen, von denen die Habichte bereits das Fleisch heruntergefressen haben.

Mein Vater besaß eine schwarze Hühnerhündin, der die Sklaven des Nachts eine Lampe auf den Kopf zu stellen pflegten. Und während sich die Sklaven dann daneben niedersetzten, um Schach zu spielen, bewegte sich die Hündin nicht und rührte sich nicht von der Stelle, bis ihr die Augen zu triefen begannen. Mein Vater wurde immer wütend auf die Sklaven und schimpfte, sie hätten die Hündin geblendet, doch sie hörten nicht auf damit.

Mit Hunden und Sakerfalken auf Gazellenjagd

Der Emir Schihâbaddîn Mâlik ibn Sâlim ibn Mâlik, der Herr der Festung Dscha'bar, schenkte meinem Vater einmal eine sehr verständige Hündin, die man unterhalb der Sakerfalken auf Gazellen hetzte. Mit

dieser Hündin haben wir erstaunliche Dinge erlebt. Die Jagd mit Sakerfalken läuft nach einer bestimmten Ordnung ab. Zunächst läßt man den vordersten Sakerfalken losfliegen, der sich dann an das Ohr einer Gazelle hängt und auf sie einhackt. Dann läßt man einen »Helfer« los, der eine andere Gazelle angreift, und schließlich noch einen zweiten und dritten »Helfer«. Jeder der vier Sakerfalken greift also eine andere Gazelle an. Der vorderste Sakerfalke zerrt dann seine Gazelle am Ohr und trennt sie von den übrigen Gazellen, worauf die anderen drei Sakerfalken alle ihre Gazellen, die sie angegriffen haben, aufgeben und zu dem vordersten Sakerfalken hinfliegen. Jene Hündin nun, die unter den Sakerfalken herlief, kümmerte sich um keine andere Gazelle außer um jene, über der sich die Sakerfalken befanden. Tauchte dann zufällig ein Adler auf, ließen die Sakerfalken von der Gazelle ab, die davonlief, während die Sakerfalken in der Luft kreisten. Im gleichen Augenblick, in dem die Sakerfalken die Gazelle aufgaben, sahen wir dann immer, daß auch diese Hündin von der Gazelle abließ und unterhalb der Falken auf dem Boden genauso im Kreis herumlief, wie die Falken in der Luft ihre Kreise zogen. Erst wenn die Sakerfalken auf den Lockruf hin herunterkamen, hörte auch die Hündin auf, im Kreis herumzurennen. Sie hielt dann inne und ging wieder hinter den Pferden her.
Zwischen Schihâbaddîn Mâlik und meinem Vater bestanden eine enge Freundschaft und eine ständige Verbindung durch Briefe und Boten. Eines Tages schickte Schihâbaddîn meinem Vater die Nachricht, daß er zur Gazellenjagd ausgezogen sei und daß sie an einem einzigen Tag dreitausend Gazellenkitze erjagt hätten. Der Grund hierfür lag darin, daß es bei ihnen im Gebiet der Festung Dscha'bar Gazellen in großer Zahl gibt. Zur Zeit, wenn die Gazellen Junge werfen, ziehen die Leute dort zu Pferd und zu Fuß hinaus und holen sich die Kitze, die in derselben Nacht, in der Nacht zuvor und vor zwei und drei Nächten geboren worden sind. Sie lesen die Kitze auf, wie man Holz und Gras einsammelt.
Auch die Haselhühner sind bei ihnen in den Röhrichten am Euphrat sehr zahlreich. Wenn man einem Haselhuhn den Leib aufschneidet, die Innereien herausnimmt und es mit Haaren ausstopft, bleibt sein Geruch viele Tage unverändert. Ich sah einmal, wie man einem Haselhuhn den Leib aufschnitt und ihm den Magen herausnahm. Da fand sich in seinem Magen eine etwa eine Spanne große Schlange, die

das Haselhuhn gefressen hatte. Einmal töteten wir auf der Jagd eine Schlange, aus deren Leib, dann eine andere Schlange herauskam, die die erstere in einem Stück verschlungen hatte und die nur wenig kleiner war sie selbst. Es liegt eben in der Natur aller Lebewesen, daß der Stärkere dem Schwächeren Unrecht zufügt!

Unrecht ist in allen Seelen eingerichtet,
und wenn ihr jemand seht,
der Unrecht nicht begeht,
dann hat er einen Grund, weshalb er drauf verzichtet.

Schlußwort

Alle Jagderlebnisse zu erfassen, die ich in den siebzig Jahren meines Lebens hatte, ist weder möglich noch durchführbar. Außerdem ist es eines der schlimmsten Übel, die einen Menschen befallen können, die ganze Zeit mit unwichtigen Geschichten zu vergeuden. Ich bitte deshalb Gott den Erhabenen um Vergebung, wenn ich den letzten Rest meines Lebens nicht in Gehorsam und nicht im Streben nach dem Erwerb himmlischen Lohnes verbringen sollte. Er ist der Gesegnete und der Erhabene, der den Fehltritt vergibt und der Seine Barmherzigkeit reichlich schenkt. Er ist der Gnädige, auf den niemand vergebens hofft und von dem kein Bittender zurückgewiesen wird.

Anmerkungen zum Text

(Die Pfeile verweisen auf das alphabetische Register)

1 Eine zeitliche Eingrenzung dieser Schlacht, von der hier nur das Ende erhalten ist, ergibt sich aus der Regierungszeit des erwähnten Kalifen ar-Râschid (Sept. 1135 – August 1136). Daraus folgt, daß es sich sehr wahrscheinlich um den erfolgreichen Versuch des → Atabek Zankî vom September 1135 handelt, die Kreuzfahrer aus dem Gebiet von Qinnasrîn (südlich von Aleppo) zu verdrängen. Im Jahre 1136 hielt sich der Atabek dann in Bagdad auf.

2 Bei dem byzantinischen Kaiser, von dem hier die Rede ist, handelt es sich um Johannes Comnenus, der von 1118–1143 regierte. Die Belagerung von Schaizar durch byzantinische und fränkische Truppen dauerte vom 28. April bis zum 31. Mai 1138 und wurde aufgehoben, als bekannt wurde, daß der Atabek Zankî auf Schaizar heranrückte. Usâmas Onkel → Izzaddîn mußte sich allerdings zur Zahlung einer Kriegsentschädigung bereit erklären.

3 Wenn wir einerseits davon ausgehen, daß sich Usâma unmittelbar nach der Belagerung von Schaizar, also Mitte 1138, in Damaskus niederließ und wir andererseits im folgenden Abschnitt von ihm selbst hören, daß er Ende 1144 bereits in Ägypten ankam, währte sein Aufenthalt in Damaskus nur gut sechs Jahre. Herr von Damaskus war in dieser Zeit → Mahmûd ibn Bûrî.

4 Die im folgenden geschilderten bürgerkriegsähnlichen Zustände in Ägypten fallen in die zweite Hälfte des Jahres 1149 und sind symptomatisch für die letzten Jahrzehnte des zerfallenden Reiches der fatimidischen Kalifen von Ägypten. Einer der Hauptgründe für den Zerfall war der ständige Streit zwischen den schwarzen und weißen (meist turkstämmigen) Waffensklaven, die den größten Teil des Heeres bildeten.

5 D. h. bei der Scheidung von ihren Frauen, eine häufige Schwurformel.

6 König Balduin III. von Jerusalem (reg. 1142–1163).

7 Im arabischen Original wird diese Bemerkung Usâmas weiter als Aussage des Boten angeführt. Aus inhaltlichen Gründen erscheint mir hier jedoch eine Konjektur angebracht.

8 Die folgenden Verse des vorislamischen Dichters → Antara finden sich bereits mit dem gesamten Gedicht im zweiten Band der BIBLIOTHEK ARABISCHER KLASSIKER (Abu l-Faradsch: Und der Kalif beschenkte ihn reichlich, S. 23).

9 D. h. mehr als jene, die sowohl väterlicher- als auch mütterlicherseits

von freien Arabern abstammten. Antaras Mutter war dagegen eine schwarze Sklavin gewesen.

10 Wie schon von den früheren Übersetzern bemerkt, hat Usâma dieses Datum offenbar mit der zweiten Schlacht von Dânîth verwechselt. Die Schlacht von al-Balât fand bereits am 28. Juni 1119 statt.

11 Diese Vorgänge fielen in das Jahr 1124.

12 Es gibt im Koran eine Reihe von Versen, durch die inhaltlich eine Reihe älterer Verse wieder aufgehoben wurden. In der islamischen Theologie spielen diese »aufhebenden und aufgehobenen« Verse, oder in der Fachsprache »das Abrogierende« und »das Abrogierte« (arab.: *nâsich* und *mansûch*) eine große Rolle.

13 Hier finden sich die verschiedenen formalen Einteilungen des Korans genannt. Der Koran enthält 114 Suren, die im wesentlichen nach dem äußeren Kriterium der Länge angeordnet sind. Jede Sure zerfällt in eine bestimmte Anzahl von Versen. Daneben bestehen die redaktionellen Einteilungen in Zehntel und Fünftel sowie in dreißig »Teile«.

14 Wahrscheinlich ist der Angriff gemeint, den Bertram von St. Gilles, damals Herr von Tripolis, im Jahre 1110 auf Schaizar unternahm, vielleicht aber eine kleine Schlacht, die 1111 zwischen den Muslimen und einem Kreuzfahrerheer (darunter auch Bertram) in der Nähe von Schaizar stattfand.

15 Um 1120.

16 Um 1140.

17 Im November 1108.

18 Im Frühjahr 1110.

19 Der diesbezügliche Bericht scheint sich in dem verlorenen Teil des Buches befunden zu haben. Die Auseinandersetzungen mit den → Ismâʿîliten fanden im Jahre 1109 statt.

20 Im arab. Text steht »aus Ägypten«, was aus historischen Gründen aber nicht möglich ist.

21 Wohl um die Jahre 1163/1164.

22 Eine Befestigungsanlage bei Schaizar, bei der man den Orontes überquerte.

23 D. h. freiwillige Gebete zusätzlich zu den fünf pro Tag vorgeschriebenen.

24 Im Jahre 1154.

25 Konrad III. (Usâma verwendet für »Deutsche« übrigens die Bezeichnung *al-Amân,* was für *al-Almân* verschrieben sein dürfte.)

26 Zwischen 1135 und 1138.

27 Wahrscheinlich ein Fehler für 531 oder 532.

28 Da es in Nordafrika nie Tiger *(babr)* gegeben hat, muß sich die Geschichte auf ein anderes Raubtier beziehen.

29 Unter Balduin I. von Jerusalem im Jahre 1113.

30 Usâma verwendet hier tatsächlich das Wort Bourgeois *(burdschâsîja)* und versteht darunter die fränkischen Kaufleute.

31 Im Text erwartet man einen Ortsnamen, doch läßt die undeutliche und unpunktierte Schreibung des betreffenden Wortes keine sichere Lesung zu.

32 Seit Tankreds Sieg im Jahre 1110 mußte Schaizar jährlich 4000 Golddinare an Antiochia entrichten.

33 Bei den »unerlaubten« Einkünften der Sklavin Buraika handelte es sich offenbar um Einkünfte aus der Prostitution, da andere Einkünfte, die von Sklaven erbracht wurden, natürlich für ihren Besitzer durchaus »erlaubt« waren.

34 Im Frühjahr 1109.

35 »Baumwollarbeiter« steht hier wohl nur als generelles Schimpfwort etwa im Sinn von »Barbaren« o. ä.

36 Die vor allem im letzten Teil des Buches immer wieder genannten *Zaghârijja*-Hunde sind im speziellen Sinne Vorsteh- oder Hühnerhunde, an dieser Stelle aber wohl allgemein Jagdhunde; vgl. auch → *Slugi*.

37 Ein Vers aus vorislamischer Zeit, der zum Sprichwort geworden ist, etwa im Sinne von: »Lassen wir solche unangenehmen Dinge und reden wir lieber von etwas Angenehmeren!« Harim war ein vorislamischer Stammesführer, der wegen seiner Großzügigkeit beliebt war und deshalb gern von den Dichtern seiner Zeit gepriesen wurde.

38 Sonst »Brückenfestung« genannt, vgl. Anm. 22.

39 Die Lesung des Ortsnamens ist nicht eindeutig. Hitti hat sich (wie vorher schon Derenbourgh) in der Edition für Baalbek entschieden, gibt in seiner Übersetzung jedoch Ta'nîl wieder, was er dem heutigen Ti'nâjil südlich von Baalbek gleichgesetzt.

40 Im Jahre 1134.

41 Der arabische Begriff *ghulâm* (pl. *ghilmân*) hat einerseits die allgemeine Bedeutung »Bursche«, »Junge« und andererseits, im speziellen Sinne die Bedeutung »Sklave« (vgl. das engl. boy). Bei Usâma und seinen Zeitgenossen sind fast immer Sklaven damit gemeint. Der Begriff deckt sich dann häufig mit → *mamlûk*. An dieser Stelle hier handelt es sich natürlich nur um Männer, die ursprünglich aus dem Stand der Heersklaven kamen, inzwischen aber längst freie Männer waren.

42 Wahrscheinlich handelte es sich hierbei um die Schlacht zwischen dem → Atabek Zanki und dem Kalifen Mustarschid im Jahre 1133.

43 D. h. diese Christen und Juden waren sogenannte Dhimmîs, die seit der Eroberung des Gebietes durch die muslimischen Heere im siebten Jahrhundert gegen die Entrichtung bestimmter Abgaben unter dem Schutz *(dhimma)* der Muslime standen.

44 Die bei uns eingebürgerte Namensform »Saladin« geht auf arabisch *Salâh ad-Dîn,* »die Güte des Glaubens« zurück. In der Formulierung »die Güte der Welt und des Glaubens« *(Salâh ad-Dunjâ wa d-Dîn)* liegt eine Erweiterung dieses Ehrennamens vor, wie er auch auf Saladins Münzen erscheint. Vgl. auch → Abu l-Muzaffar Jusuf ibn Ajjûb.

45 Dies bezieht sich auf Usâmas Aufenthalt in → Hisn Kaifâ von 1167 bis 1174, bevor er von Saladin nach Damaskus geholt wurde.

46 D.h. die ersten vier Kalifen Abu Bakr (632–634), Omar (634–644), Othmân (644–656) und Alî (656–661), die später als Vorbilder gerechten Herrschertums angesehen wurden.

47 Im Koran (6,61 und 81,10) erscheinen Hüterengel, allerdings nicht in der Zahl zwei. Hier sind entweder die beiden Schutzengel eines jeden Menschen oder die beiden Todesengel Munkar und Nakîr gemeint, die nach islamischer Vorstellung die Toten in den Gräbern verhören.

48 Die an dieser Stelle im arabischen Text erscheinende Überschrift »Abschnitt« *(fasl)* zeigt an, daß Usâma die restlichen Seiten seines Buches als gesonderte Einheit verstanden wissen wollte. Wahrscheinlich ist dieser Teil in einigem zeitlichen Abstand zum Vorhergehenden entstanden.

49 Das Haltmachen in der Ebene am Berg Arafât östlich von Mekka am neunten Tag des Pilgermonats ist ein Hauptbestandteil des Pilgerzeremoniells.

50 Das Zahnputzholz *(siwâk)* ist Zahnbürste und Zahnstocher in einem und besteht aus einem Holzstückchen oder einem Ästchen, das an einem Ende durch Einkerben oder Zerbeißen zerfasert ist. In einigen Teilen der arabischen Welt noch heute üblich.

51 Der siebenmalige Umlauf *(tawâf)* um die Kaaba ist einer der Hauptbestandteile des islamischen Pilgerzeremoniells.

52 Eine beliebte Redensart, die frei etwa wiederzugeben wäre: »Nun, da das Mädchen deine rechtmäßige Gattin geworden ist, kann ich mich nach ihm erkundigen, ohne daß du Eifersucht empfinden brauchst.«

53 Granatapfel und Indische Melone sehen ähnlich aus.

54 Gemeint ist natürlich der gerade erwähnte Sperber. Zur Problematik der Übersetzung des Wortes *bâz* (Habicht) siehe auch die folgende Anmerkung.

55 Usâma und seine Zeitgenossen verwendeten die Bezeichnung *bâz* (pl. buzât) sowohl ganz allgemein für Falken (so z. B. an dieser Stelle) als auch im speziellen Sinne für Habicht (eigentlich sogar nur »weiblicher Habicht«). Gewöhnlich habe ich den Begriff mit »Habicht« wiedergegeben, was jedoch nicht immer der Intention des Verfassers entsprechen mag. Der Leser, der sich eingehend über die arabische Falknerei informieren möchte, sei verwiesen auf das Buch von Detlef Möller: Studien zur mittelalterlichen arabischen Falknereiliteratur, Berlin 1965.

56 Die männlichen Beizvögel, die meist eigene Bezeichnungen trugen (so etwa hier der männliche Habicht: *zurraq*), galten, da stets kleiner als die Weibchen, als für die Jagd weniger geeignet.

57 »aufbräuen«, ein Begriff aus der Falknersprache im Sinne von »die Augen vernähen« (arab. *chajjata*).

58 Das im arabischen Text stehende Wort ergibt keinen Sinn. Hitti vermutet, daß es sich bei den Vögeln um Stare handelte, während Derenbourgh von Hühnern und Schumann von Wiedehopfen spricht!

59 Übersetzung unsicher.

60 Das »Blutleder« wurde den zum Tode Verurteilten untergelegt, bevor man sie enthauptete. »Schwert und Blutleder« dienen hier als Bild für die Angriffslust des Vogels.

61 Das im arabischen Text stehende Wort läßt zwei Deutungen zu, nämlich einerseits, daß dem Gepard »ein Stück Haut an der Nase abgeschnitten wurde«, um ihn zu kennzeichnen (so vor allem bei Kamelen üblich neben dem Brandzeichen), oder daß der Bändiger »ihn (in Gefangenschaft) zu fressen lehrte«.

62 Im Juli 1109.

63 Eine typische Sammlung von arabischen Standardwerken über die Grammatik. Das älteste und bekannteste ist »das Buch des Sîbawaih«. Sîbawaih gilt als der bedeutendste arabische Grammatiker überhaupt. Er war, wie sein Name verrät, persischer Herkunft und starb um 792. Sein »Buch« blieb bis in die Neuzeit die Autorität. Der jüngere Ibn Dschinnî (gest. 1002) ist nicht nur der Verfasser »des Buches der sprachlichen Eigentümlichkeiten«, sondern auch »des Buches der Lichtschimmer« (der Titel ist auch als »Buch der auffallenden Kennzeichen« übersetzbar). Der Autor »des Buches der Erläuterung«, Abu Alî al-Fârisî, starb 987. Wer der Autor des »Buches der Sätze« ist, läßt sich, da der Titel mehrfach erscheint, nicht eindeutig bestimmen.

64 Hitti und vor ihm auch Derenbourgh lesen hier im arabischen Text *Hubaiba* und vermuten dahinter einen Ortsnamen. Die Lesung *dschunaina,* »Garten«, ist jedoch auch möglich.

65 Übersetzung unsicher.

66 Der »rotfüßige Falke« *(luzaiq)* ist der falco vespertinus. Bei dem hier als *'ausaq* erscheinenden Vogel handelt es sich offenbar um eine Turmfalkenart, und zwar entweder um den falco tinnunculus *('âsûq)* oder um den falco Naumanni *('uwaisiq)*.

67 = Orontes.

68 Die früheren Übersetzungen gehen davon aus, daß der Stier und nicht der Eber weiterverfolgt wurde. Der arabische Text läßt beide Deutungen zu, doch legt es der Fortgang der Geschichte näher anzunehmen, daß der Eber verfolgt und getötet wurde.

Register der wichtigsten Orts- und Personennamen sowie einiger arabischer Termini mit kurzen Erläuterungen

(Es sind hier lediglich diejenigen Namen und Begriffe erfaßt, die im Text durch Kursivdruck besonders kenntlich gemacht wurden. Der arabische Artikel al- wurde in der alphabetischen Reihenfolge nicht berücksichtigt.)

Abu Abdallâh ibn Hâschim, ein Vetter Usâmas, der sonst aber nicht besonders in Erscheinung getreten zu sein scheint.

Abu Abdallâh Mohammed mit dem Ehrennamen Nadschmaddaula (»Stern des Staates«), einer der drei bekannten Brüder Usâmas. Ob er die fränkische Gefangenschaft, in die er 1154 geriet, überlebte, ist nicht bekannt.

Abu Abdallâh at-Tulaitulî (»der aus Toledo«), einer der Lehrer Usâmas. Trotz des überschwenglichen Lobes, das Usâma ihm zuteil werden läßt, scheint er in der arabischen Gelehrtengeschichte keine bleibenden Spuren hinterlassen zu haben.

Abu l-'Alâ' ibn Sulaimân al-Ma'arrî (lebte 979–1058), einer der berühmtesten und originellsten syrischen Dichter. Am bekanntesten wurde seine Reimprosaschrift »die Botschaft der Vergebung« (Risâlat al-ghufrân), die durch ihre Anklänge an Dantes Göttliche Komödie überrascht.

Abu Bakr, Schwiegervater des Propheten und erster Kalif von Medina (632–634). Seine Regierungszeit ist vor allem gekennzeichnet durch die Unterwerfung der nach Mohammeds Tod rebellierenden und vom Islam wieder abgefallenen Stämme auf der arabischen Halbinsel.

Abu l-Faradsch Abdarrahmân, bekannter unter dem Namen Ibn al-Dschauzî (lebte 1114–1201). Bedeutender irakischer Geschichtsschreiber und Traditiongelehrter, dem etwa 300 Bücher zugeschrieben werden. (Er ist nicht zu verwechseln mit dem Autor des zweiten Bandes der BIBLIOTHEK ARABISCHER KLASSIKER, Abu l-Faradsch al-Isfâhânî.)

Abu l-Hasan Alî mit dem Ehrentitel Izzaddaula (»Stärke des Staates«), älterer Bruder Usâmas, der im Jahre 1152 im Kampf gegen die Kreuzfahrer bei

Gaza den Tod fand. Er verfaßte angeblich ein umfangreiches historisches Werk, das aber verloren zu sein scheint.

Abu l-Muzaffar Jûsuf ibn Ajjûb, der berühmte Saladin (zur Namensform vgl. oben Anm. 44). Er wurde im Jahre 1138 in Takrît am Tigris von kurdischen Eltern geboren. Mit seinem Vater, der vom → Atabek Zankî zum Statthalter von Baalbek ernannt worden war, gelangte er schon 1139 nach Syrien. Bereits 1174 war er unbestrittener »Sultan« über Ägypten und die muslimischen Teile Syriens. Saladins Bedeutung für die islamische Geschichte liegt vor allem in zwei Punkten, nämlich einerseits in der Ausschaltung des fatimidischen Kalifats von Ägypten und der allgemeinen Wiedereinführung des sunnitischen Islams (anstelle des schiitischen) und andererseits in dem entschiedenen Kampf gegen die Kreuzritter (Rückeroberung von Jerusalem im Oktober 1187), womit er zunächst zwar noch den Dritten Kreuzzug auslöste, im Grunde aber bereits den Untergang der Kreuzfahrerstaaten einleitete. Er starb am 19. Februar 1198. Zum Verhältnis von Usâma zu Saladin vgl. die Einleitung.

Abu l-Qanâ Chitâm mit dem Ehrennamen Dhachîrataddaula (»Schatz des Staates«), ein sonst nicht in Erscheinung tretender Vetter Usâmas.

Abu Qubais, kleine Burg westlich von Schaizar.

Adhana, das heutige Adana im Süden der Türkei.

al-Afdal ibn Badr al-Dschamâlî, für 27 Jahre mächtiger Wesir unter den fatimidischen Kalifen von Ägypten. Im Jahre 1121 auf Betreiben des Kalifen → al-Âmir ermordet.

Ahmad ibn Salâhaddîn mit dem Ehrennamen Schihâbaddîn, Statthalter von Hamât in den dreißiger Jahren des 12. Jh.s für seinen Vater → Mohammed ibn Ajjûb.

Aima, nicht geklärte Vogelart.

Akkon, arab. Akkâ, bedeutende Stadt nördlich von Haifa. Akkon geriet 1104 in die Hände der Kreuzfahrer und wurde 1187 unter Saladin von den Muslimen zurückerobert.

al-'Alâ', häufige geographische Bezeichnung wie → 'Alât im Sinne von Hochfläche, felsiges Gelände u. ä. An der betreffenden Stelle ist die Lesung jedoch nicht sicher. Vielleicht handelt es sich dort gar nicht um eine Ortsbezeichnung und es ist vielmehr ghalâ' zu lesen. In diesem Falle wäre zu übersetzen »... (er kaufte sie) für einen hohen Preis.«

Alamaddîn Alî Kurd, Herr von Hamât um das Jahr 1110.

al-'Alât, Name einer Landschaft im Gebiet von Ma'arra nordöstlich von Schaizar.

Alî, Vetter des Propheten und vierter Kalif (reg. 656–661). Aus seiner Ehe mit der Tochter des Propheten, Fâtima, gingen Hasan und Husain hervor, die als einzige männliche Nachkommen das Blut des Propheten weitervererbten. Aus Alîs Opposition gegenüber Mu'âwija, dem Begründer der Omajjaden-Dynastie, entstand die Spaltung der Muslime in Schiiten und Sunniten.

Alî ibn Muqallad (Abu l-Hasan, mit dem Beinamen Sadîdalmulk), Großvater Usâmas, der im Jahre 1082 oder 1086 starb. Er war der Erbauer der Brückenfestung, und es gelang ihm, die eigentliche Festung Schaizar Ende 1081 den Byzantinern zu entreißen.

Âmid, das alte Amida und moderne Diyarbakir am Oberlauf des Tigris in der heutigen Türkei.

al-Âmir (vollständiger Titel: al-Âmir bi-ahkâm Allâh) zehnter fatimidischer Kalif in Ägypten. Im Jahre 1101 als fünfjähriges Kind von dem Wesir → al-Afdal zum Nachfolger seines Vaters, des Kalifen al-Musta'lî, bestimmt. Im Jahre 1130 ermordet.

Anbâr, Stadt am Euphrat etwa 60 km westlich von Bagdad.

Antara, berühmter vorislamischer Dichter und Held. Sein Vater war ein Stammesführer, seine Mutter eine schwarze Sklavin. Siehe ausführlich über ihn im zweiten Band der Bibliothek Arabischer Klassiker (Abu l-Faradsch: Und der Kalif beschenkte ihn reichlich).

Antartûs oder Tartûs, das alte Antaradus und mittelalterliche Tortosa. Syrische Hafenstadt nördlich von Tripoli.

Apamea, arab. Afâmija, heute unbedeutender Ort nordwestlich von Schaizar am Orontes.

al-Aqsâ-Moschee, eine Moschee auf dem Tempelplatz von Jerusalem. Das ursprüngliche Holzgebäude aus dem 7. Jahrhundert wurde im 8. Jahrhundert durch einen eindrucksvollen Sakralbau mit 280 Säulen ersetzt. Ein Erdbeben im 11. Jahrhundert richtete große Schäden an und machte erhebliche Veränderungen notwendig. Im 12. Jahrhundert von den Kreuzrittern zur königlichen Privatresidenz umgebaut. 1128 erhielten die »Templer«, die nach dem Bauwerk ihren Namen trugen, einen Teil zu ihrer Verfügung. Die vorgenommenen baulichen Veränderungen wurden später von Saladin wieder zerstört.

Asfûna, unbedeutender Ort westlich von → Kafartâb.

Atabek (auch Atabak, Atabeg), türk. Titel ursprünglich im Sinn von Prinzenerzieher. Im Verlaufe der Geschichte der Seldschuken wurde der Einfluß der Atabeks, die als Statthalter und milit. Oberbefehlshaber fungierten, immer größer. Schließlich entwickelten sich weitgehend unabhängige und mächtige Atabek-Dynastien im Verlaufe des 12. Jahrhunderts. (Zu den hier auftretenden Atabeks siehe → Zankî, Tughtakîn.)

Badlîs, das heutige Bitlis in Anatolien südwestlich des Van-Sees.

Bahâ' addaula (Ehrentitel: »Pracht des Staates«) Abu l-Mughîth Munqidh, einer der beiden jüngeren Brüder Usâmas, angeblich Verfasser einer Chronik. Blieb politisch offenbar bedeutungslos.

Bait Dschibrîl (auch: Bait Dschibrîn), von den Kreuzfahrern Beth Gibrin, Bethgibelin oder auch Gibelin genannt. Von den Kreuzfahrern zunächst zerstört, errichteten diese um 1134 dort eine Festung zur Verteidigung des Königreichs Jerusalem gegenüber Ägypten. 1187 von Saladin zurückerobert.

Balduin (II.), König von Jerusalem 1118–1131.

Bânjâs, das antike Balanea und das Valenia der Kreuzfahrer, Hafenstadt südlich von Latakiya in Syrien. Von den Kreuzfahrern 1109 eingenommen, kam es erst 1285 wieder in muslimische Hände.

al-Bâri'a oder Bârîn, Festung westlich von Homs.

Bâschamrâ. Lesung unsicher. Im Text steht Bâsahrâ, das sonst nicht nachzuweisen ist. Einen Ort Bâschamrâ dagegen gibt es in Nordsyrien.

Bilbîs oder Bilbais in Ägypten nordöstlich von Kairo. Im Mittelalter wegen seiner strategischen Lage von großer Bedeutung (»das Tor nach Syrien«).

Bohemund I., einer der wichtigsten Teilnehmer am Ersten Kreuzzug und erster Fürst von Antiochia (1099–1111).

Bohemund II., Sohn Bohemunds I. und Fürst von Antiochia von 1126 bis 1130.

Bohemund-Tal, Wâdî Abu l-Maimûn. Die Deutung als Bohemund-Tal ist unsicher.

Burdsch Churaiba, »der Turm von Churaiba«. Der Name Churaiba (»kleine Ruine«) ist zu allgemein, als daß man mit Sicherheit die Lage feststellen könnte.

Bursuq ibn Bursuq, siehe Isbâslâr Bursuq.

Busrâ, auch Bosrâ (das antike Bostra), Stadt im Süden Syriens nahe der heutigen jordanischen Grenze.

chafâdschisch. Die Chafâdscha waren ein arabischer Stamm, der wegen seiner edlen Pferde berühmt war.

Charba, nicht identifizierte Burg.

Chilât, das heutige Ahlat am Van-See in der Türkei.

Chorasan, wichtigste Provinz im Nordosten Persiens.

Dalâs, ehemals wichtiger Ort mit gleichnamiger Provinz in Oberägypten.

Dânîth, Ort etwa auf halbem Wege zwischen → Apamea und Aleppo, wo → Roger am 14. September 1115 dem muslimischen Heer unter dem → Isbâslâr Bursuq eine schwere Niederlage beibrachte, bei der etwa 3000 Muslime gefallen sein sollen.

Dârajjâ, heute ein Vorort von Damaskus.

Dijâr Bakr, wichtige Provinz am oberen Tigris, heute etwa den türkischen Distrikten Diyarbakir, Siirt und Mardin entsprechend. Ende des

11. Jahrhunderts, nach dem Tode Malikschâhs, bildeten sich in diesem Gebiet eine Reihe turkmenischer Dynastien, von denen die → Ortoqiden die wichtigste waren.

Dimjât = Damietta in Unterägypten, einst berühmt wegen seiner Textilindustrie.

Dîwân, Bezeichnung verschiedener Verwaltungsbehörden; so gab es einen Heeres-Dîwân, einen Finanz-Dîwân usw., entsprechend etwa den modernen Ministerien. Gelegentlich Bezeichnung für »Verwaltung« schlechthin.

Dschabala, ein Ort an der syrischen Küste südlich von Latakiya.

Dschamâladdîn Mohammed ibn Tâdschalmulûk Bûrî ibn Tughtakîn, Bruder und Nachfolger des → Mahmûd ibn Bûrî als Herr von Damaskus von Juni 1139 bis März 1140. Zuvor war er Herr von Baalbek gewesen.

Dschazîra, wichtige Provinz, etwa dem nördlichen Mesopotamien entsprechend.

Dschum'a aus dem arabischen Stamm der Banu Numair, von Usâma hochgeschätzter Waffengefährte in den zwanziger Jahren. Leider erfahren wir nichts über diesen denkwürdigen Mann außerhalb von Usâmas Werk.

Durûb (»Engpässe«) = Kilikische Pforte, das seit der Antike bekannte Einfalltor von Kleinasien nach Syrien.

Fachraddîn (Ehrentitel: »Stolz der Religion«) Abu Kâmil Schâfi', ein Oheim Usâmas väterlicherseits. Blieb politisch unbedeutend.

Fachraddîn Qarâ Arslân ibn Dâ'ûd ibn Suqmân ibn Artuq (Ortoq) aus der Dynastie der → Ortoqiden, Fürst von → Hisn Kaifâ in → Dijâr Bakr von 1148–1174.

al-Find az-Zimmâmî, vorislamischer Dichter und Stammesführer aus der ersten Hälfte des 6. Jahrhunderts.

Fulk oder Fulco von Anjou, König von Jerusalem von 1131–1143.

Gizeh, Ort am Kairo gegenüberliegenden Ufer des Nils (heute ein Stadtteil von Kairo).

Graf von Cerdagne = Guillaume Jourdain Comte de Cerdagne, Leiter der Landblockade gegenüber Tripoli von 1105–1109. Er fiel kurz vor der Einnahme von Tripoli (Juli 1109), betrachtete sich offenbar aber schon vorher als »Herr von Tripoli«, wie Usâma andeutet.

Hadîqa, ein Vorort von Medina, wo sich in vorislamischer Zeit die beiden wichtigsten Stämme der Stadt einmal eine Schlacht lieferten.

al-Hâfiz, siebter Fatimiden-Kalif in Ägypten von 1130–1149.

Haizân, armenische Stadt, das heutige Hizan südlich des Van-Sees.

Halbûn, malerischer Ort in dem gleichnamigen Wadi, etwa 20 km nördlich von Damaskus.

Hamât (= Hama), eine der bedeutendsten syrischen Städte, etwa 150 km südlich von Aleppo am Orontes. Nach dem Tode des letzten Seldschuken-Fürsten Ridwân 1113/4 wurde es zunächst vom Atabek von Damaskus → Tughtakîn beansprucht, der es aber um 1116/7 an den Herrn von Homs Chîrchân ibn Qarâdschâ abgeben mußte. Chîrchân unterstellte die Stadt seinem Bruder → Mahmûd ibn Qarâdschâ. In den folgenden Jahren bildete Hamât ein ständiges Streitobjekt zwischen Tughtakîn bzw. dessen Sohn Tâdschalmulûk Bûrî (Damaskus) und dem Atabek → Zankî, der den Norden Syriens kontrollierte. Saladin eroberte schließlich die Stadt im Jahre 1174, worauf sie unter ajjubidischer Herrschaft bis in die Mameluckenzeit blieb.

al-Hauf, ägyptische Provinz im Osten des Nildeltas.

Hisn Kaifâ, das heutige Hasankeyf in der Türkei südwestlich von Siirt am rechten Ufer des Tigris. Im Jahre 1102 erhielt Suqmân ibn Artuq (Ortoq), der Stammvater der → Ortoqiden, die Stadt von den Seldschuken. Suqmân und seine Nachkommen machten Hisn Kaifâ für ein Jahrhundert zum Zentrum eines blühenden Staatswesens.

Ibn al-Bawwâb (eigentlicher Name: Abu l-Hasan Alî ibn Hilâl), einer der bedeutendsten arabischen Kalligraphen des Mittelalters. Er starb in Bagdad 1032 oder einige Jahre früher.

Ibn Bischr = Abu Bakr Bischr ibn Karîm ibn Bischr, Abgesandter des Abbasidenkalifen von Bagdad, Râschid, an den Atabek → Zankî, um diesen für sich zu gewinnen.

Ibn Qarâdschâ, siehe: Mahmûd ibn Qarâdschâ.

Ibn Ruzzîk (vollständiger Name: Abu l-Ghârât Talâ' i' ibn Ruzzîk, Titel: al-Malik as-Sâlih). Aus dem Irak stammend. Er drang 1154 gewaltsam nach Kairo ein und übernahm das Wesir-Amt unter dem fatimidischen Kalifen al-Fâ'iz (reg. 1154–1160). Wurde 1161 auf Betreiben einer Tante des folgenden Kalifen al-Âdid (reg. 1160–1171) ermordet.

Ibn as-Sallâr (Name: Abu l-Hasan ibn as-Sallâr, Ehrenname Saifaddîn »Schwert des Glaubens«, Titel: al-Malik al-Âdil »der gerechte König«). Zunächst Statthalter von Alexandria. Übernahm dann unter dem fatimidischen Kalifen → az-Zâfir gewaltsam das Wesir-Amt in Kairo. Im Jahre 1153 ermordet.

Imâm, Vorbeter in einer Moschee. Spielt in kleineren Gemeinden oft die Rolle eines »Dorfpfarrers«.

Isbâslâr Bursuq ibn Bursuq, hoher Beamter der Großseldschuken von Isfâhân. Er führte 1115 den Feldzug nach Westen gegen die Kreuzfahrer. Die muslimischen Herrscher in Syrien (→ Nadschmaddîn Îlghâzî, → Tughtakîn) taten sich jedoch mit den Kreuzfahrern gegen ihn zusammen. Bei Dânîth erlitt er eine furchtbare Niederlage gegen → Roger und starb 1116.

Isbâslâr Maudûd (= Scharafaddîn Maudûd ibn Altûntikîn), Statthalter von Mosul im Auftrag des Seldschuken-Sultans. Er führte 1111 von Osten ein Heer gegen die Kreuzfahrer.

Is'ird, das heutige Siirt südlich des Van-Sees in der Türkei.

Ismâ'îliten (von Usâma und anderen Autoren seiner Zeit auch Bâtinîja genannt), eine etwa von der zweiten Hälfte des 9. Jahrhunderts politisch aktiv werdende schiitische Sekte, die bald wieder in zahlreiche Untergruppen zerfiel. Die große Zeit der Ismâ'îliten waren das 10., 11. und 12. Jahrhundert, als diese Glaubensrichtung durch die fatimidischen Kalifen in Ägypten und angrenzenden Gebieten zur »Staatsreligion« gemacht wurde und zeitweilig eine ernsthafte Bedrohung für den orthodoxen Islam darstellte. Im Syrien des 12. Jahrhunderts waren es die Nizârîs, eine Untergruppe der Ismâ'îliten, die sich vor allem in der Gegend nördlich und westlich von → Hamât festsetzten und mehrmals auch Schaizar bedrohten. Sie kamen auch mit den Kreuzfahrern in Berührung, und durch diese gelangte die arabische Bezeichnung Haschîschîn, wie man die Nizârîs ebenfalls nannte, als assassin u. ä. nach Europa.

Izzaddaula Abu l-Murhaf Nasr, Oheim Usâmas und Herr von Schaizar von 1082–1098. Unter ihm hatte das »Fürstentum« Schaizar die größte Ausdehnung und umfaßte zeitweilig u. a. Latakija, Apamea, Kafartab und Ma'arra.

Izzaddîn Abu l-'Asâkir Sultân, Oheim Usamâs und Herr von Schaizar von 1098–1148. (Vgl. zu ihm auch die Einleitung.)

Jahjâ ibn Mâlik ibn Humaid mit dem Ehrentitel Laithaddaula (»Löwe des Staates«), ein entfernter Vetter Usâmas, der politisch aber offenbar bedeutungslos blieb.

Joscelin I. von Courtenay, um 1103 mit → Tell Bâschir belehnt, von 1119 bis 1131 Graf von Edessa.

Jûhannâ (= Johannes) *ibn Butlân* (auch Botlân umschrieben), christlicher Araber aus Bagdad und einer der bedeutendsten Ärzte des arabischen Mittelalters. Außer im Irak hielt er sich auch in Aleppo, Antiochia, Konstantinopel und Ägypten auf und verfaßte zahlreiche berühmte medizinische Abhandlungen. Er starb 1066 in Antiochia.

Kafartâb, ehemals bedeutsamer befestigter Ort zwischen Schaizar und → Ma'arra.

Kinâna, ehemals bedeutender arabischer Stamm, zu dem auch die Fürsten von Schaizar gehörten.

Kûhistân, Bezirk im Bergland östlich von Irbil in Kurdistan.

Lâdhiqîja = Latakiya, bedeutende Hafenstadt in Nordsyrien. 1108 von den Kreuzfahrern eingenommen, 1188 unter Saladin von den Muslimen zurückerobert.

Lawâta, einstmals bedeutender Berberstamm in Nordafrika und am Westrand Ägyptens.

Lu'lu' mit dem Ehrentitel Badraddîn (»Vollmond des Glaubens«), von 1113 bis 1117 Herr von Aleppo.

al-Ma'arra (auch: Ma'arrat an-Nu'mân), das »Marre« der Kreuzfahrer, bedeutende Stadt in Syrien zwischen Hamât und Aleppo.

Mahmûd ibn Bûrî (Schihâbaddîn Mahmûd ibn Tâdschalmulûk Bûrî), Enkel → Tughtakîns und Herr von Damaskus von 1134 bis 1138.

Mahmûd ibn Qarâdschâ mit dem Ehrennamen Schihâbaddîn, Herr von → Hamât von 1116 bis 1123 im Auftrag seines Bruders Chîrchân, des Fürsten von Homs.

Mahmûd ibn Sâlih (vollständiger Name: Raschîdaddaula Mahmûd ibn Nasr ibn Sâlih), Enkel des Begründers der Dynastie der Mirdâsiden von Aleppo (1023–1079). Er regierte von 1060–1075.

Mâlik al-Aschtar (gest. 657), berühmter Held aus der frühislamischen Zeit und einer der wichtigsten Anhänger des Kalifen → Alî.

Mâlik ibn Sâlim (vollständiger Name: Schihâbaddîn Nadschmaddaula Mâlik ibn Schamsaddaula Sâlim), Herr der Festung Dscha'bar in der Nähe von Raqqa am Euphrat ab 1125. Wie lange er regierte, ist unbekannt.

Malikschâh (Dschalâladdîn Abu l-Fath), Sultan aus der Dynastie der Großseldschuken von Isfahan. Seine Regierungszeit (1072–1092) stellt den Höhepunkt der Seldschukenherrschaft dar. Der Besuch von Usâmas Vater bei Malikschâh fiel ins Jahr 1085.

mamlûk (pl. *mamâlîk*), eingedeutscht als *Mameluck*, ursprünglich Bezeichnung für »Sklave«, und zwar im engeren Sinn für »weißer Sklave« im Gegensatz zu *abd* »schwarzer Sklave«. Dadurch, daß die muslimischen Heere vom 9. Jahrhundert an in immer größerem Maße aus fremdstämmigen Sklaven und nicht mehr aus freien Arabern gebildet wurden, nahm die Bezeichnung *mamlûk* immer mehr den spezielleren Sinn von »Kriegssklave« an. Der nächste Schritt war die Bildung einer militärischen Aristokratie unter den »Mamelucken« selbst und schließlich die Übernahme der Macht in Ägypten im 13. Jahrhundert.

Mankîr (?), ein Ortsname, der vom arabischen Schriftbild im Text her auf die verschiedenste Weise gelesen werden kann, was eine Lokalisierung unmöglich macht. (Mankîr in Indien scheidet wohl aus.)

Masjâf (auch Masjâth oder Masjâd), berühmte Festung südwestlich von

Schaizar und bis 1140 meist den Fürsten von Schaizar gehörend. 1140 wurde die Festung von den Assassinen (→ Ismâ'iliten) erobert. Noch heute ist Masjâf ein wichtiges ismâ'ilitisches Zentrum in Syrien.

al-Massîsa, das alte Mopsuestia, mittelalterliche Mamistra und moderne Misis in der Türkei östlich von Adana.

mithqâl, Gewichtseinheit von ca. 4,6 g

Mohammed ibn Ajjûb al-Ghisjânî (auch: al-Yâghisjânî) mit dem Ehrennamen Salâhaddîn. Verschiedentlich Statthalter (von → Hamât ab 1135) und Heerführer des Atabek → Zankî.

al-Mu'abbad (»der Angebetete«), wahrscheinlich der Anführer der Assassinen (→ Isma'iliten) in den Bergen westlich von Hamât.

Mu'înaddîn Anar, einflußreicher Wesir des → Mahmûd ibn Bûrî von Damaskus und seiner Nachfolger. Mu'înaddîn starb 1149.

Muqallad ibn Nasr ibn Munqidh (Abu l-Mutawwadsch), der Urgroßvater Usâmas. Er erhielt in den zwanziger Jahren des 11. Jahrhunderts Schaizar als Lehen, das damals den Mirdâsiden von Aleppo gehörte. Er starb Anfang des Jahres 1059.

al-Muqtafî (vollständiger Titel: al-Muqtafi li-amr Allâh), abbasidischer Kalif von Bagdad 1136–1160.

Murschid ibn Alî (vollständiger Name: Madschdaddîn Abu Salâma Murschid), der Vater Usâmas. Murschid war von seinem Bruder → Izzaddaula, der bis 1098 in Schaizar regierte, angeblich zum Nachfolger ausersehen worden, verzichtete jedoch zugunsten seines Bruders → Izzaddîn Abu Asâkir. Vgl. auch die Einleitung.

al-Mustazhir, abbasidischer Kalif von Bagdad von 1094–1118.

muwallad, ein Begriff, auf den unser Wort »Mulatte« zurückgeht. Im arabischen Mittelalter wurden damit solche Personen bezeichnet, die von nicht reinarabischer Herkunft, jedoch unter Arabern geboren und aufgewachsen waren. Die Hautfarbe spielte dabei jedoch keine Rolle.

Nadschmaddîn Ilghâzî ibn Artuq (Ortoq), erster Herrscher der → Ortoqiden von Mardin. Regierte 1108–1122.

Nâsiraddaula Kâmil ibn Muqallad (sein Vater war → Tâdschal' umarâ'), ein Vetter Usâmas, der politisch aber unbedeutend blieb.

Nisibis (Nisîbîn, Nusaybin), Stadt im Norden Mesopotamiens an der heutigen türkischen Grenze südöstlich von Mardin.

Noria, gewaltige Wasserschöpfräder, die noch heute in → Hamât zu sehen sind.

Numair, seit frühislamischer Zeit in Syrien lebender arabischer Stamm.

Nûraddîn (vollständiger Name: al-Malik al-'Âdil Nûraddîn Abu l-Muzaffar Mahmûd), Sohn des Atabeks → Zankî und dessen Nachfolger im Jahre 1146 als Atabek von Aleppo/Syrien. Seit April 1154 war er auch Herr von Damaskus. Er starb am 15. Mai 1174.

Ortoqiden (auch Artuqiden), eine türkische Dynastie, die vom Anfang des 12. Jahrhunderts an im Gebiet von Dijâr Bakr herrschte. Sie zerfielen in zwei Linien, von denen die eine in → Hisn Kaifâ (von 1101–1231) und die andere in Mardin (von 1108–1408) regierte. → Nadschmaddîn kontrollierte seit 1117 auch für einige Jahre Aleppo.

Parasangen (arab. farsach), Längenmaß von knapp 6 km.

Qadmûs, bedeutende Festung südwestlich von Schaizar (vgl. die Karte).

Qarâdschâ, siehe → Mahmûd ibn Qarâdschâ.

Ra'bân und *Kaisûn* (heute: Raban, Keysun), zwei Festungen im Gebiet des oberen Euphrat, erstere östlich, letztere westlich des heutigen Ortes Samsat in der Türkei.

Rafanîja, kleiner Ort etwas westlich der Linie Homs-Hamât.

Raqqa, ehemals bedeutende Stadt in Syrien in der Nähe der Mündung des Belich in den Euphrat.

ar-Râschid ibn al-Mustarschid, abbasidischer Kalif in Bagdad, reg. 1135–1136.

ratl, Gewichtseinheit mit je nach Region zwischen ca. 1/2 kg und ca. 3 kg wechselnden Werten.

Ridwân ibn al-Walachschî (Titel: al-Malik al-Afdal), Wesir des Fatimidenkalifen al-Hâfiz in Ägypten ab 1137. Er mußte 1139 nach Syrien fliehen, kehrte 1140 zurück, wurde jedoch eingekerkert. Im Jahre 1147 konnte er fliehen, wurde aber gleich darauf umgebracht.

Ridwân ibn Tâdschaddaula Tutusch, Seldschukenherrscher, der von 1095 bis 1113 in Aleppo regierte.

Roger, Herr von Antiochia von Dezember 1112 bis Juni 1119. Er fiel in der Schlacht von al-Balât.

Ruben (arab. Rûbâl), armenischer König aus dem Geschlecht der Bagratiden. Sein Sohn Leo kämpfte zunächst auf der Seite Rogers, wurde später von den Kreuzfahrern hintergangen und mußte die Städte → Adhana und Massîsa abtreten. Er konnte sie zwar wieder zurückgewinnen, wurde dann aber vom byzantinischen Kaiser Leo Comnenus 1137 geschlagen und starb als Gefangener in Konstantinopel im Jahre 1144.

ar-Rûdsch, Ebene und gleichnamige Festung am Orontes westl. von → Ma'arra, von den Kreuzfahrern Rugia bzw. Chastel Rouge genannt.

Sahjûn, das Saône der Kreuzfahrer, bedeutende Festung etwa 30 km östlich von Latakiya. Anfang des 12. Jahrhunderts von den Kreuzfahrern erobert, fiel sie 1188 unter Saladin wieder an die Muslime.

Saifaddîn Suwâr (oder Aswâr), Emir und Feldherr in den Diensten des Atabeks → Zankî.

Saifaddaula Chalaf ibn Mulâ'ib al-Aschbahî. Erstmals um 1086 mit Apamea belehnt, das er 1091 aber wieder an die Herren von Schaizar abtreten mußte. Fünf Jahre später gelang es ihm mit ägyptischer Hilfe, sich erneut in Apamea festzusetzen. 1106 wurde er ermordet, und Apamea wurde von den Franken eingenommen.

Sarûdsch (heute: Sürüç), Stadt in der Nähe der heutigen türkischen Grenze südwestlich von Urfa.

as-Saur (heute: Savur), Festung nordöstlich von Mardin in der Türkei.

Schabîb ibn Hâmid (vollständiger Name: Sinânaddaula Schabîb ibn Hâmid ibn Humaid), ein entfernter Vetter Usâmas, der aber sonst nicht weiter hervorgetreten ist.

Schaizar, Festung und Geburtsstätte Usâmas am Orontes nordwestlich von Hamât. 1157 durch ein Erdbeben stark zerstört.

Schârûf, kleiner Nebenfluß des Orontes in der Nähe von Schaizar.

Schîrkûh (Ehrentitel: Asadaddîn) ein Oheim des berühmten Saladin und Feldherr → Nûraddîns. Er starb 1169 in Kairo.

Sîbawaih, einer der bedeutendsten, wenn nicht überhaupt der bedeutendste unter den frühen arabischen Grammatikern. Er war persicher Herkunft, gehörte zur sogenannten »Schule von Basra« und starb um 792. Sein »Buch« blieb für das klassisch Arabische Richtschnur bis in die Moderne.

Sindschâr, Höhenzug nördlich von Mosul in Kurdistan.

Slugi (Saluqî), eine kleine Windhundrasse.

Suwaidîja (türk. Süveydiye), das Saint Simeon der Kreuzfahrer, der Hafen von Antiochia.

Tâdschaddaula Tutusch ibn Alp-Arslân, Seldschukenherrscher von Syrien 1094–1095. Der hier geschilderte Vorfall bezieht sich wohl auf die Belagerung von Aleppo durch Tutusch im Jahre 1079.

Tâdschal'umarâ' Abu l-Mutawwadsch Muqallad, ein Oheim Usâmas, der sich zumindest einige Zeit in den Diensten des Fatimidenkalifen → al-Âmir (reg. 1101–1130) in Ägypten aufgehalten hat, sonst aber politisch unbedeutend geblieben zu sein scheint.

Tajji', einer der ältesten bekannten arabischen Stammesverbände, dessen Zentrum im Gebirge zwischen dem Nordhedschas und dem heutigen Ostjordanien lag.

Tankred, Herr von Antiochia im Auftrag des abwesenden → Bohemund I. von 1104–1112.

Tell Bâschir, das Turbessel der Kreuzfahrer, nahe der heutigen türkisch/syrischen Grenze südlich von Gaziantep.

Tharîda, ein heute noch beliebtes einfaches Gericht aus in Fleischbrühe eingeweichtem Brot.

Timurtâsch ibn Îlghâzî (mit dem Ehrennamen Husâmaddîn), Sohn und Nachfolger des Nadschmaddîn Îlghâzî als Fürst von Mardin von 1122–1152 (vgl. auch → Ortoqiden).

Tughtakîn (auch Tughdakin o. ä.) mit den Ehrennamen Amîraddaula, Zahîraddaula und Saifalislâm. Er war → Atabek von Damaskus von 1103–1128.

at-Tûr, eigentlich »der Berg«, im speziellen Sinne = Sinai.

Turkopolen, berittene einheimische Hilfstruppen der Byzantiner und Kreuzfahrer, meist offenbar Mischlinge aus griechisch/türkischen oder griechisch/arabischen Verbindungen.

Wâdî Mûsâ, Tal im heutigen Jordanien, in dem das antike Petra liegt.

Wilhelm Dschîba. Während der Vorname (arab. Kiljâm, vgl. frz. Guillaume) dieses fränkischen Ritters sicher zu rekonstruieren ist, muß der Nachname ungeklärt bleiben.

az-Zâfir, fatimidischer Kalif in Ägypten (reg. 1149–1154).

Zankî (auch Zengi u. ä.) = Malik al-Umarâ' Imâdaddîn Zankî ibn Âqsunqur, einer der bedeutendsten → Atabeks und der Begründer der nach ihm benannten Dynastie der Zankiden. Er wurde 1127 zum Gouverneur des Irak ernannt, unterstellte sich aber noch im gleichen Jahr auch Mosul (dort herrschten seine Nachkommen bis 1262) und im folgenden Jahr Aleppo und andere syrische Städte. In seinem Kampf gegen die Kreuzfahrer hat man ihn als Vorläufer Saladins gepriesen. Nach seinem Tod (1146) wurde das Herrschaftsgebiet zwischen seine beiden Söhne Saifaddîn Ghâzî und → Nûraddîn aufgeteilt. Ersterer erhielt Mosul und Mesopotamien, letzterer Syrien.

Bibliographische Hinweise

Im folgenden kann lediglich eine knappe und naturgemäß sehr subjektive Auswahl von Titeln aufgeführt werden, mit deren Hilfe sich der interessierte Leser weiter in die Materie einarbeiten kann. Der Schwerpunkt wurde bei dieser Auswahl auf solche Werke gelegt, die entweder in Bibliotheken leicht zugänglich oder noch über den Buchhandel beziehbar sind.

Allgemeines

Zunächst sei auf einige allgemeine und umfassende Nachschlagewerke hingewiesen. Die *Encyclopaedia of Islam* erscheint in einer neuen Ausgabe seit 1954 in einer englischen und französischen Version (bei Brill, Leiden und Luzac, London) und ist gegenwärtig bis zum Buchstaben K gediehen (auf bisher ca. 4300 Seiten). Die erste Ausgabe erschien auch deutsch (*Enzyklopädie des Islam,* 4 Bde., Leiden–Leipzig 1913–1934); einen Auszug daraus stellt das immer noch wertvolle Handwörterbuch des Islam dar (Leiden 1941), das noch zu beziehen und preiswert ist. Die Encyclopaedia deckt alle Bereiche des Islam, der islamischen Geschichte und Kultur ab. Zwei kleinere allgemeine deutsche Nachschlagewerke, die die Moderne stärker berücksichtigen, sind das *Lexikon der Arabischen Welt* (herausgegeben von St. und N. Ronart, Artemis-Verlag, Zürich–München 1972) und das *Lexikon der Islamischen Welt* (herausgegeben von Keiser, Diem, Majer; 3 Bde., Urban-Taschenbücher, Stuttgart 1974).

Literaturgeschichte

An literaturgeschichtlichen Nachschlagewerken sind zu nennen: *Brockelmann,* Carl: Geschichte der Arabischen Literatur, 5 Bde., 2. Auflage Leiden 1937–49; dieses Werk wird inzwischen abgelöst von *Sezgin,* Fuad: Geschichte des Arabischen Schrifttums, die seit 1967 erscheint (inzwischen fünf Bände). Die beiden genannten Werke richten sich in erster Linie an den Fachwissenschaftler und stellen mehr Enzyklopädien als Literaturgeschichten im eigentlichen Sinne dar. Gute kurze Einführungen bieten *Gibb,* H. A. R.: Arabic Literature, An Introduction, Oxford 1963; *Nicholson,* R. A.: A Literary History of the Arabs, London 1969; *Pellat,* Ch.: Langue et Littérature Arabes, Paris 1952; *Vernet,* J.: Literatura árabe, Barcelona 1968; *Goldziher,* I.: A short History of Classical Arabic Literature, Hildesheim 1966. Dem deutschen Leser besonders zu empfehlen ist: *Gibb,* H. A. R. und

Landau, J. M.: Arabische Literaturgeschichte, Artemis Verlag Zürich und Stuttgart (Die Bibliothek des Morgenlandes), Zürich 1968. Äußerst detailliert und umfassend informiert über die frühe arabische Dichtung (bis 750) das dreibändige Werk: *Blachère*, R.: Historie de la Littérature Arabe, Paris 1952–1966.

Geschichte

Als Überblick über die islamische und arabische Geschichte sind folgende Werke zu empfehlen: *The Cambridge History of Islam*, 2 Bde., London 1971 (sehr umfangreiches Werk mit Beiträgen zahlreicher Wissenschaftler; der erste Band behandelt die zentral-islamischen Länder bis in die Moderne, während sich der zweite Band mit dem Islam in Indien, Südostasien, Afrika und Europa sowie mit der islamischen Gesellschaft auseinandersetzt); *Hodgson*, G. S.: The Venture of Islam, 3 Bde., Chicago 1974 (das Werk geht nicht nur auf die Geschichte, sondern ausführlich auf die verschiedenen kulturellen Aspekte ein; sehr übersichtlich und hervorragend geeignet für den Studenten). Kurze Übersichten bieten: *Cahen*, Cl.: Der Islam I (Fischer-Weltgeschichte Bd. 14), Frankfurt 1968; *Hitti*, P. K.: History of the Arabs, 8. Aufl., London 1964; *Lewis*, B.: The Arabs in History, 4. Aufl., London 1968; *Miquel*, A.: L'Islam, Paris 1968; *Spuler*, B.: Geschichte der islamischen Länder (Handbuch der Orientalistik, Abt. 1, Bd. 6, 1.2.), Köln 1952/3. Der Kulturgeschichte speziell gewidmet sind folgende drei deutschsprachige Werke: *Kremer*, Alfred von: Culturgeschichte des Orients unter den Chalifen, Bd. 1.2, Wien 1875–1877 (trotz des Alters dieses Werkes ist es immer noch mit Gewinn lesenswert); *Mez*, Adam: Die Renaissance des Islams, Heidelberg 1922 (auch dieses Werk, das vor allem auf die gesellschaftlichen und wirtschaftlichen Verhältnisse des Kalifenhofes eingeht, ist noch nicht überholt und außerdem äußerst unterhaltsam geschrieben); *Grunebaum*, G. E. von: Der Islam im Mittelalter, Artemis Verlag Zürich und Stuttgart (Die Bibliothek des Morgenlandes), Zürich 1963 (tiefgehende Betrachtung verschiedener religions- und kulturhistorischer Aspekte unter besonderer Berücksichtigung auch der Schönen Literatur).

Aus der umfangreichen wissenschaftlichen Literatur über die Kreuzzüge seien nur einige Standardwerke aufgeführt: *Mayer,* Hans Eberhard: Geschichte der Kreuzzüge, Stuttgart 1965 (Urban-Bücher 86); *Runciman,* Steven: Geschichte der Kreuzzüge, München 1968; *Setton,* Kenneth M. (Herausgeber): A History of the Crusades, 3 Bände, Madison 1969, 1975 (das Standardwerk schlechthin, in dem auch die muslimische Seite stärker berücksichtigt wird). Von den neueren, für ein breiteres Publikum bestimmten Veröffentlichungen seien hervorgehoben: *Wollschläger,* Hans: Die bewaffneten Wallfahrten gen Jerusalem, 1973; *Pörtner,* Rudolf: Operation Heiliges Grab, 1977. Auszüge aus mehreren arabischen Quellen, darunter auch Usâma, finden sich bei *Gabrieli,* Francesco: Die Kreuzzüge aus arabischer Sicht, München/Zürich 1973.

Usâma ibn Munqidh

Erstmals in eine europäische Sprache übersetzt wurden die Memoiren Usâmas von Hartwig *Derenbourg* unter dem Titel: Autobiographie d'Ousâma Ibn Mounkidh (Paris 1895). Derenbourg hatte 1886 auch erstmals den arabischen Text ediert, und auf seiner Edition und seiner französischen Übersetzung basierten die ersten Übersetzungen ins Deutsche (von G. *Schumann,* Innsbruck 1905), ins Russische (von M. *Sallier,* Petrograd 1922) und ins Englische (von R. *Potter,* London 1929). Eine zweite, wesentlich bessere Edition brachte Philipp *Hitti* 1930 heraus, und ihm verdanken wir auch eine selbständige Neuübersetzung unter dem Titel An Arab Syrian Gentleman and Warrior in the Period of the Crusades, New York 1929 (Reprint unter dem Titel Memoirs of an Arab-Syrian Gentleman, Beirut 1964). Die vorliegende neue deutsche Übersetzung geht von Hittis Edition aus.

Syrien im 12. Jahrhundert